KB070200

엉터리 기사로 배우는
좋은 글 쓰기

나남
nanam

나남신서 1983

엉터리 기사로 배우는

좋은 글 쓰기

2019년 1월 25일 발행
2024년 5월 25일 3쇄

지은이   최정근
발행자   趙相浩
발행처   (주) 나남
주소   10881 경기도 파주시 회동길 193
전화   (031) 955-4601 (代)
FAX   (031) 955-4555
등록   제 1-71호 (1979.5.12)
홈페이지   http://www.nanam.net
전자우편   post@nanam.net

ISBN 978-89-300-8983-8
ISBN 978-89-300-8655-4 (세트)

나남신서 1983

엉터리 기사로 배우는

좋은 글 쓰기

최정근 지음

나남
nanam

추천사

김춘식 교수(한국외대)

우리는 2016년 민간인 국정농단 의혹 폭로와 대통령 탄핵 심판을 지켜 봤다. 시민이 사회 변혁을 이끌어 내는 과정에서 언론의 '좋은 저널리 즘' 실천이 큰 영향을 준다는 것을 경험했다.

　좋은 저널리즘이란 무엇일까? 뉴스 사회학자 셔드슨은 저널리즘을 "공적으로 중요한 것으로 간주되는 현재의 일들에 대한 정보와 논평"으 로 정의했다. 저널리즘의 위기를 염려하는 언론인들의 생각과 경험을 담은 책《저널리즘의 기본 원칙》은 저널리즘의 가장 중요한 목적이 "시 민의 자유와 가치 실현에 필요한 정보를 제공하는 것"이라 했다. 아울 러 저널리즘은 현실에 근거한 공통의 언어와 지식을 만들어 내는 데 도 움을 주고, 공동체를 정의하는 데 기여하며, 공동체의 목표를 알려주 고, 공동체를 해롭게 하는 악당과 이를 물리칠 영웅이 누구인지 보여 주는 역할을 한다고 정리했다. 한편 대화 저널리즘(conversational jour- nalism)을 강조하는 이들은 정보를 알리는 것이 저널리즘의 주요 목표 가 될 수 없다고 주장한다. 저널리즘은 공적인 사안을 둘러싼 사람들의 관심과 대화를 촉진해야 하기 때문이다. 민주주의 사회에서 다양한 공통의 관심사를 둘러싼 공적 대화에 참여하도록 시민들을 자극하는 일이 저널리즘의 가장 핵심적인 역할이기도 하지만, 무엇보다 시민들이 생각하고 말하고 행동하도록 격려하고 자극하며 다양한 목소리나 주장을 듣고 비교할 수 있는 공공 포럼을 제공하는 것만이 저널리즘이 공공 영역에서 민주적 제도로 생존할 수 있는 유일한 방법이라고 이들은 주장한다.

이 책은 전체 3부로 이루어졌다. 제 1부는 '논리 글'인 뉴스가 사실을 정확하고 논리 있게 전달해야 한다며 잘못된 방송기사를 사례로 삼아 반복 연습하면 좋은 글쓰기를 할 수 있음을 강조한다. 제 2부는 이 책의 핵심이다. 뉴스에서 자주 발견하는 잘못을 '또렷하게', '깔끔하게', '바르게', '편하게' 쓰라는 네 개의 큰 틀로 나누고, 각 틀 내에서 다시 하위 유형을 분류했다. 각 하위 유형에 해당되는 기사를 하나하나 살피고 이를 고친 후 바람직한 기사 문장을 제안했다. 제 3부에서 저자는 방송기사뿐만 아니라 일상의 글에서도 좋은 낱말, 쉬운 낱말 쓰기를 권하면서 구체적인 사례들과 그렇게 해야만 하는 이유들을 설명했다.

이 책의 큰 장점은 다섯 가지이다. 먼저, 방송기사를 작성할 때 기자가 저지르기 쉬운 문법 오류를 체계적으로 정리했다. 둘째, 잘못된 사례를 제시하고 이를 수정해서 바람직한 기사가 어떤 것인지를 구체적으로 보여 줬다. 셋째, 시청자들이 뉴스를 읽지 않고 듣는다는 것을 고려해 어려운 글쓰기를 지양하고 쉬운 글쓰기를 지향한다. 넷째, 적확한 낱말을 선택하고 한자말 가려 쓰기를 강조하면서 쓰지 말아야 할 낱말과 이를 대체할 낱말을 도표로 제시했다. 다섯째, 저널리즘 학자들이 강조하는 방송기사 원칙과 국문법 그리고 한글 표기법을 중시했다.

언론의 사회적 현실 묘사가 시청자의 현실 인식에 큰 영향을 주므로 방송은 사회적 사건들을 객관적이고 정확하게 묘사해야 한다. 무엇보다 독자와 시청자를 배려한 글쓰기가 필요하다. 더구나 한국인의 85퍼센트가 텔레비전 뉴스를 소비하는 만큼 방송기자는 저널리즘 원칙에 충실하고 국문법과 한글 표기법도 중시하는 글쓰기를 해야 한다.

2012~2013년 2년 동안 KBS 매체비평 프로그램〈미디어 비평(인사이드)〉자문교수로 활동한 적이 있다. 그때에 최정근 기자가 저널리즘 원칙에 충실하기 위해, 보도의 자율성을 위해 애쓰는 모습을 곁에서 지켜보았다. 그런 그가 자신의 경험을 참고삼아 올바른 방송기사 쓰기를 주문하는 책을 발간한다. 무척이나 반갑고 기쁜 소식이다.

국정농단 의혹 국면에서 우리는 언론 보도가 민주주의에 중요하다는 사실을 체험했다. 아무쪼록 이 책이 현직 기자와 훗날 방송기자가 되길 꿈꾸는 이의 글쓰기에 실질적인 도움을 주기를 희망한다. 아울러 이 책을 읽은 평범한 사람들도 일상에서 어려운 글쓰기가 아닌 쉬운 글쓰기, 나보다는 읽고 보는 이를 위한 글쓰기의 중요성을 경험하기 바란다.

책을 엮으며

"죄송합니다. 반성합니다." 2017년 말, 나를 비롯한 KBS 기자들은 이말을 참 많이 했다. 전국언론노조 KBS본부가 공영방송 KBS를 바로 세우기 위해 파업 투쟁을 하는 와중이었다. 다른 직종 노조원들도 마찬가지였지만 특히 기자들이 그랬다. 서울 광화문광장에서 꼬박 240시간동안 이어 말하기를 하면서도 그랬다. 영하 10도 아래 추위 속에서 밤을 새워 가며 한숨과 눈물 섞인 말을 쏟아냈다. 정치권력을 감시하지못하고 자본권력에 순응한 지난 몇 해를 쓰리게 반성했다. 힘없는 이웃의 아픔을 외면한 순치와 무기력의 시절을 뼈아프게 자성했다.

"믿어 주십시오. 지켜봐 주십시오." 시청자와 국민께 애원도 했다. 권력에 휘둘리지 않는 공정한 뉴스, 약자를 보듬는 따뜻한 기사를 내보내겠다고 다짐했다. 유익한 시사·보도 프로그램으로 시청자의 사랑과신뢰를 되찾겠다고 약속했다. 그렇게 KBS를 바로 세울 테니 한 번만더 기회를 달라고 사정했다. 그 간절함이 조금이나마 전달된 덕일까. 국민의 지지 속에 이사 몇 명이 바뀌고 사장도 바뀌었다. KBS는 새로운 체제를 갖추고 변화 중이다. 밑바닥에서부터 하나하나 체질을 바꿔

가고 있다. 조금씩 달라지는 뉴스를 시청자가 알아보고 관심과 격려를 보내 준다. 다행스러운 일이다.

날마다 그 뉴스를 만드는 현장에 있는 처지에서 여전히 죄스럽고 안타깝다. 고개 숙이고 눈물 흘리며 한 약속을 생각하면 아직 변화의 크기와 빠르기가 흡족하지 못한 탓이다. 민망함과 부끄러움은 뉴스기사 '글'에서 잦은 오류를 발견할 때마다 더욱 커진다. 기사의 내용이 아니라 웬 글 타령이냐는 물음이 있을지 모른다. 공정한 시각으로 사실을 취재하고 진실을 파헤쳐 전달하는 데 온힘을 쏟아도 모자랄 판에 무슨 한가한 소리냐고 타박을 할지도 모른다. 하지만 기사는 그 내용만큼이나 글의 완성도도 중요하다. 기사 글은 논리가 일관되고 문법에 어긋나지 않아야 한다. 표현이 되도록 쉽고 편해야 한다. 문장이 틀리거나 허술하면 내용이 아무리 훌륭해도 제대로 전할 수 없기 때문이다. 더구나 엉터리 뉴스 문장은 시청자의 언어 습관에도 큰 해악이다. 방송뉴스는 TV와 라디오를 통해 누구나 항상 쉽게 보고 듣는다. 그른 표현을 자주 접하면 가랑비에 옷 젖듯이 말글살이도 슬금슬금 망가지기 마련이다.

기사를 직접 쓰던 시절, 나 또한 잘못을 숱하게 저질렀다. 나름으론 긴장하고 경계한다고 했지만 한번 잘못 길든 몇몇 표현을 쉽게 고치지 못했다. 허덕허덕 마감시간에 쫓겨서라고 애써 핑계를 대며 눈감고 지나칠 때가 많았다. 후배들의 기사를 검토하고 고쳐 승인하는 요즘도 여전히 잘못을 되풀이한다. 후배 기자마다 가진 글 본새를 한껏 존중하려는 면이 크지만 못된 표현이 익숙해서 잘못을 미처 알아채지 못한 채 지나칠 때도 많다. 잘못인 줄 알면서도 마땅한 다른 표현을 찾지 못해 그냥 넘겨 버리기도 한다. 글버릇은 말버릇만큼이나 그렇게 무섭다.

시청자에게 옳지 못한 언어 습관을 심어 주는 죄를 어떻게든 조금이라도 씻고 싶었다. 뉴스를 제대로 만드는 본디 책무에 더해 시청자의 바람직한 말글살이에 미약하나마 보탬이 될 길이 없을지 고민했다. 이왕 방송기사 문장의 잘못에 주목한 터라 방송기사를 활용해 글쓰기 능력을 기르는 방법을 생각했다. 몇 년 전 방송기사의 오류를 낱말 중심으로 추려 책으로 펴내면서 다음에는 문장 차원의 잘못을 정리해 보겠다고 한 약속도 다시금 되새겼다. 그간 틈틈이 자료를 모으긴 했으나 게으름 탓에 묶어 낼 엄두를 내지 못하다가 이번 기회에 용기를 냈다. 이 책은 그렇게 엮었다.

글쓰기는 특별한 사람만 하지 않는다. 누구나 평생 해야 하는 일이 되었다. 한글을 깨치며 쓰기 시작하는 그림일기에서부터 친구들과 주고받는 편지도, 요점 정리나 관찰일기, 독서기록장, 기행문 같은 학교 숙제도 모두 글쓰기이다. 입학과 입사 때 필요한 논술이나 자기소개서 따위도 중요한 글쓰기 중 하나이다. 하다못해 스마트폰으로 주고받는 문자와 SNS 메시지도 짧은 글쓰기이다. 글로 자신을 얼마나 잘 표현하는지가 원만한 소통과 교류는 물론 업무의 성패를 가르기도 한다. 글쓰기 능력을 기르고 싶은 모두에게 이 책이 도움이 되길 감히 바란다.

더불어 현직 방송기자나 지망생들에게도 교본이 되길 희망한다. 이 책을 따라 기사를 고쳐 쓰다 보면 방송기사 문장을 옳고 쉽게 쓰는 법을 편히 익힐 수 있다고 믿는다. 기사 문장이 엉망인 현실에서도 방송사들은 바른 기사 문장 쓰기에 별달리 신경 쓰지 않는다. 기자들에게 딱히 실무 교육도 하지 않는다. 방송기자 개개인도 매일 되풀이하는 취재와 제작, 속보 경쟁에 내몰리다 보니 기사 문장 바로 쓰기에 소홀하기 마련이다. 이 책이 그 빈틈을 조금이나마 메운다면 더없이 기쁜 일이다.

세상에서 가장 큰, 초록 책을 쓰시는 나남의 조상호 대표와 미흡한 글을 책으로 매만져 준 방순영 편집장, 정지윤 편집자께 감사드린다. 흔쾌히 격려와 추천을 해 주신 김춘식 교수와 정세진 아나운서께도 감사드린다. 늘 믿어 주는 부모님과 든든한 힘이 되는 아내 소희, 씩씩하게 자라나는 딸 민제에게 고마움을 전한다.

2019년 1월

최 정 근

엉터리 기사로
배우는
좋은 글 쓰기

차례

일러두기

- 인용한 기사 문장은 모두 KBS 보도본부 기자들이 최근 몇 년 동안 쓴 기사의 일부이다. 잘못 쓴 예로 삼으면서 선후배들의 양해를 구하지 못했다. 이 책의 취지를 헤아려 너그럽게 이해해 주길 바란다.
- 기사는 모두 'KBS NEWS 보도정보시스템'으로 검색했다. 취재기자가 쓰고 데스크인 팀장·부장이 승인을 마친 최종 원고이다. TV나 라디오를 통해 방송한 기사 그대로이지만 일부는 실제 방송 내용과 다를 수 있다. 기자가 방송 리포트를 제작할 때 원고를 고쳐 읽어 녹음한 경우가 간혹 있다. 중계차 연결이나 스튜디오 출연 생방송 때 원래의 기사 원고와 다르게 말한 경우도 있다.
- 낱말 뜻풀이는 국립국어원 《표준국어대사전》을 따랐다.

제1부

글쓰기 연습과
방송기사

시나 소설을 잘 쓰고 싶다면 당장 이 책을 던져 버리기 바란다. 아무런 도움이 되지 않을 테니 망설일 필요 없다. 이 책은 문예 창작법이나 문학작품 글쓰기 요령을 단 한 줄도 언급하지 않는다. 감동과 여운을 주는 예술 분야의 글은 전혀 다루지 않는다. 우리가 일상에서 쓰는 글의 대부분은 예술이 아닌 실용 갈래의 글이다. 이런 성격의 글은 누구나 잘 쓸 수 있다. 재능이 없어도 노력으로 가능하다. 몇몇 기준을 채우는 연습을 하면 누구든지 '잘 쓴 글'을 충분히 쓸 수 있다.

글쓰기 연습을 제대로 시작하기에 앞서 잘 쓴 글이란 무엇인지를 따져 보자. 잘 쓴 글을 수월히 쓰려면 어떤 훈련이 필요한지도 함께 생각하자. 방송뉴스 기사의 성격과 특징은 무엇인지, 왜 굳이 방송기사 문장을 글쓰기 연습의 교재로 삼는지도 살펴보자.

제1장   글을 잘 쓰려면

글은 알림이다. 내가 아는 어떤 사실이나 나의 생각, 감정 따위를 누구에게인가 알리려고 글을 쓴다. 시, 소설, 논문, 신문기사, 광고 카피 따위가 다 그렇다. SNS에 남기는 가벼운 글이나 이름을 숨기고 쓰는 인터넷 댓글도 마찬가지다. 글에 따라 형식과 내용은 다 달라도 목적은 모두 같다. 나의 무언가를 문자 언어를 통해 남에게 전하려 함, 그것이 바로 모든 글의 뿌리이다. 일기는 어떨까? 다른 사람에게 보여 줄 글이 아니라서 다를까? 생각해 보자. 일기는 나 아닌 다른 누구도 읽지 않는다는 전제 아래 쓰는 글이다. 겪은 일이나 그에 대한 생각, 느낌, 각오 따위를 적는다. 그 글은 비밀스러운 기록이면서 동시에 나 자신에게 건네는 말이다. 때로는 지금의 내가 먼 훗날의 내게 남기는 말이기도 하다. 그래서 일기도 무언가를 전하려 하는 목적은 다른 글과 다르지 않다. 상대가 타인이 아닌 나 자신임이 다를 뿐이다. 모든 글의 근본 목적은 전달이다. '잘 쓴 글'은 이 목적을 잘 이룬 글이다.

　모든 글의 목적이 본디 같다고 해서 글의 성격까지 모두 다 같지는 않다. 글의 갈래에 따라 저마다 지닌 특성이 있다. 여러 분류법이 있으나 여기서는 크게 둘로 나눠 보자. 모든 글은 '감성 글'과 '논리 글', 두 갈래로 나뉜다. 감성 글에는 시나 소설 같은 문학작품과 선동문, 광고 카피 따위가 속한다. 논리 글은 학술논문이나 신문기사, 판결문 등이다. 유시민은 이를 '문학적인(또는 예술적인) 글과 논리적인(또는 공학적인) 글'로 봤다.[1] 고종석이 소개한 장 폴 사르트르의 '사물의 언어와 도구의 언어', 롤랑 바르트의 '자동사적 글쓰기와 타동사적 글쓰기' 구분도 거칠게 보면 맥락이 같다.[2]

감성 글, 특히 시와 소설, 시나리오 같은 문학 예술작품은 아무나 쓰지 못한다. 타고난 재주가 없으면 흉내는 낼지언정 좋은 '작품'을 쓸 수는 없다는 소리다. 힘겨운 노력으로 어찌어찌 일정한 수준에 다가서기는 가능할지 몰라도 경지에 이를 수는 없다. 박범신의 소설 《은교》에 등장하는 서지우가 좋은 예 아닌가? 서지우는 노시인 이적요의 작품 같은 글을 끝내 쓰지 못한다. 열정이 모자라서도, 노력이 부족해서도 아니다. 그렇다. 예술은 예술가의 몫이다.

논리 글은 다르다. 누구나 쓸 수 있다. 글재주를 타고나지 못했어도 누구나 잘 쓸 수 있다. 물론 저절로 되지는 않는다. 노력이 필요하다. 먼저, 책을 많이 읽고 다양한 경험을 하며 깊은 사색을 통해 논리와 사고를 가다듬는 일이 기본이다. 읽는 이에게 전달할 '무엇'이 명확하고 정연해야 하기 때문이다. 여기에 '글쓰기 기능'을 더하자. 글쓰기 기능이란 글의 전체 얼개를 튼튼히 세우고 짜임새 있게 구성하는 능력이다.

---

1 《유시민의 글쓰기특강》(유시민, 생각의 길, 2015).
2 《고종석의 문장》(고종석, 알마, 2014).

적합한 단어와 어울리는 표현을 적재적소에 써서 옳고 예쁜 문장을 만드는 힘도 포함한다. 이 글쓰기 기능이 전달이라는 목적을 잘 이룬 '잘 쓴 글'을 완성한다.

　글쓰기 기능은 어떻게 해야 갖추게 될까? 많은 이가 글을 매끄럽게 잘 쓰지 못해 아쉬워하면서도 그 기능을 익힐 노력은 잘 하지 않는다. 어떻게 연습해야 할지 막막해하는 이들이 대부분이다. 막상 어렵고 힘든 길이 아니다. 잘 쓴 글을 눈여겨 많이 읽자. 그 다음은 잘 쓴 글을 흉내 내 써 보자. 글쓰기 공부의 정도(正道)이다. 글도 말처럼 버릇이다. 잘 쓴 글을 읽고 따라 쓰다 보면 어느새 혼자서 쓰는 글도 잘 쓰게 되기 마련이다. 처음엔 흉내를 내는 일조차 쉽지는 않다. 한 단어 한 문장을 쓰는 데에도 이것저것 따지고 머뭇대며 진땀을 흘릴지 모른다. 그러나 꾸준히 연습하는 어느 순간, 멋진 글을 쓰는 자신을 발견하게 될 것이다. 글을 잘 쓰는 능력이 생긴 자신을 보고 깜짝 놀랄 것이다. 글쓰기 능력이 한번 생기고 나면 글쓰기는 한결 수월하다. 몸에 밴 버릇이 의식하지 않아도 불쑥불쑥 튀어나오듯 글쓰기 능력도 별 힘을 들이지 않아도 술술 풀려나오는 법이다.

제 2 장 방송기사를 교재로

우리의 일상은 온갖 글에 둘러싸여 있다. 무언가를 검색할 때에도 네이버나 다음 같은 포털이 아닌 유튜브를 활용하는 이들이 많을 정도로 영상이 친숙한 시대라지만 여전히 글은 늘 가까이에 있다. 그중에서도 가장 쉽게 보고 읽으며 흔히 소비하는 글이 바로 방송기사이다. 방송기사는 TV와 라디오를 통해 접한다. 태블릿PC와 스마트폰 같은 간편한 새 디바이스들에 밀려나고 있긴 하지만 TV와 라디오의 위상은 아직 여전하다. 시간에 맞춰 TV뉴스를 찾아보는 시청자들이 여전히 적지 않다. TV를 종일 틀어 놓는 식당, 라디오를 켠 채 운행하는 택시도 흔하다. 이처럼 방송뉴스는 책이나 신문처럼 일부러 마음먹고 펼치지 않아도 언제나 손쉽게 마주하게 된다. 게다가 다른 콘텐츠들과 함께 포털과 SNS를 통해서도 널리 유통된다.

읽지 않고 TV로 보거나 라디오로 들으니까 글이 아니라고? 그렇지 않다. 모든 방송기사는 글이다. 취재기자와 촬영기자가 현장을 취재하고 취재기자가 기사를 쓴 뒤 음성과 화면을 입혀 방송뉴스를 완성한다. 다음 두 기사를 보자.

노동부가 건설현장 추락 사고를 막고자 내년 지원예산을 대폭 확대합니다. 노동부는 오늘 공사금액 20억 원 미만의 소규모 건설현장에 대한 추락방지시설 설치비용 지원예산을 331억 원으로 증액한다고 밝혔습니다. 내년 지원예산은 올해 238억 원보다 93억 원 늘어난 규모입니다.

노동부의 지원 한도는 같은 현장당 최대 2천만 원 이내이며 같은 사업주에게는 연간 2곳 이내의 현장을 지원합니다.

정부는 2013년부터 건설현장 추락방지시설 설치를 지원했고, 지원을 받은 현장은 추락방지시설을 설치하지 않은 현장보다 추락사고가 24% 정도 감소한 것으로 나타났습니다.

오는 24일 미국에서 열리는 G20 정상회의에 앞서, 각국 재무장관과 중앙은행 총재들이 한자리에 모였습니다. 세계 경제가 회복 조짐을 보이는 상황에서 이른바 출구 전략의 시행은 아직 이르다는 쪽으로 논의가 모이고 있습니다.

런던 김태선 특파원의 보돕니다.

세계 주요 20개국 재무장관, 중앙은행 총재들의 관심은 이른바, 출구전략이었습니다. 세계 경제가 회복 조짐을 보이는 만큼 금융위기 이후 단행된 경기 부양책을 철회하는 이 전략을 언제, 어떻게 시행할 것인지를 두고 신경전까지 벌어졌습니다.

경기회복이 상대적으로 더딘 금융 강국 미국과 영국은 소극적입니다. 반면 최근 경제가 호조인 독일, 프랑스, 일본은 더 적극적입니다.

[인터뷰] 크리스틴 라가르드 / 佛 재무장관: "활발히 논의하고 준비하되, 아직은 출구전략 시행단계는 아니라는 공감대가 있습니다."

출구 전략을 활발히 논의하고 준비하되 당장 시행할 단계는 아니라는 쪽으로 가닥이 잡히고 있다고, 회의에 참석 중인 윤증현 기획재정부 장관은 전했습니다. 아직 국제시장에 불확실성이 크다는 겁니다.

윤 장관은 내년 G20 정상회의의 한국 개최에 대해선 각국의 반응이 호의적인 편이라고 말했습니다.

재무장관 회의의 결과는 우리 시각 내일 새벽쯤 발표됩니다. G20 정상들은 이를 토대로, 이달 하순 미국 피츠버그에서 만나 회복기 세계 경제 운용 방안을 논의합니다.

런던에서 KBS뉴스 김태선입니다.

뜯어보면 아쉬운 구석이 없지 않지만 썩 괜찮은 기사 문장들이다. 전하려는 내용을 잘 정리했고 문장도 단문으로 깔끔하다.

첫 기사는 단신기사, 다음 기사는 리포트기사이다. 최근엔 취재기자가 스튜디오에 출연하거나 중계차를 활용해 취재현장에서 직접 전하는 보도가 늘었다. 앵커와 기자가 문답하는 형식이다. 방송뉴스가 다양한 형식과 모습으로 변화하는 중이지만, 그 근간은 여전히 단신기사와 리포트기사이다.

단신기사는 방송뉴스에서 앵커나 아나운서가 읽어 전하는 형식이다. 여러 사실과 상황, 정황 가운데 중요하고 꼭 필요한 내용만 추려 쓴다. 길이는 30~40초 남짓이다. 요즘엔 1분 넘게 길게 쓰기도 한다. 방송만이 아니라 인터넷과 모바일 서비스를 염두에 두고 많은 정보를 담기 위해서이다. 대개 '역 피라미드형'의 구조이다. 기사의 핵심을 요약해 맨 앞에 제시한다. 중요하거나 강조하고 싶은 사실을 먼저 쓰고 뒤로 갈수록 뉴스 가치가 떨어지는 세부 내용을 적는다. 기사의 앞부분만 들어도 전체의 주요 내용을 파악할 수 있게 하려는 구성이다. 시청자들은 뉴스 시간 내내 모든 기사에 집중하지 않는다. 관심 가는 내용이 나오면 귀를 쫑긋 기울였다가도 이내 주의를 흩뜨리기 십상이다. 방송사 처지에서도 작성한 기사를 끝까지 전하지 못하고 도중에 끊어야 할 일이 적지 않다. 뉴스를 진행하다가 편성시간이 다 되면 기사를 마지막까지 읽지 못한 채 뉴스를 끝내야 한다. 신문기사도 마찬가지다. 독자들이 한두 문장만 읽어도 큰 흐름을 알 수 있어야 한다. 편집할 때 지면 여긴 때문에 뒷부분을 잘라 내도 기사 내용에 차질이 없어야 한다. 이런 이유로 방송의 단신기사와 신문기사 대부분은 '역 피라미드형' 구조를 갖는다.

리포트기사는 보통 2분 남짓한 길이로 구성한다. 앵커가 기사를 소개하는 말, 곧 앵커멘트를 한 뒤 본 기사에서 기자가 주된 내용을 전하는 형식이다. 단신기사와 달리 이야기의 전개가 있다. TV뉴스용 리포트기사는 어떠한 영상과 함께 보여 줄지 염두에 두고 구성한다. 때로는 화면이 주가 되고 문장은 영상을 뒷받침하기만 한다. 보통 인터뷰도 한둘 들어간다.

이처럼 단신기사와 리포트기사는 성격이 확연히 달라도 둘 다 매우 간결한 글이다. 현장감이 살아 있어 생생하다. 적확한 낱말과 명료한 문장을 써서 전달이라는 글의 본디 목적을 잘 이룬 '잘 쓴 글'이다. 흔히 신문기사를 깔끔하고 논리 있는 글의 모범답안처럼 여기는데 방송기사는 거기에다 입말투(구어체)라는 장점까지 더했다. 말하듯 쓴 글은 쉽고 힘차며 맛이 살아 있다. "말이 글보다 먼저"라는 이오덕 선생의 가르침을 떠올려 보자.

하나의 주제 아래 어떠한 사실과 상황을 정리해 정확한 문장으로 표현한 글로 방송기사만 한 게 없다. 앞서 설명한 대로 부담 없이 언제나 접하는 글이기도 하다. 그래서 좋은 글쓰기 버릇을 갖기 위해 이제 막 연습을 시작하는 이들에게는 방송기사가 아주 적합한 교재라고 감히 추천한다. 말하고 싶은 내용을 추려 글로 정리하는 연습에는 단신기사와 리포트기사가 모두 좋고, 글의 구성과 글맛을 익히기에는 단신기사보다 긴 호흡을 가진 리포트기사가 적합하다.

방송기사를 눈여겨보고 읽으며 기본 구조와 표현, 단어 선택 따위를 잘 살펴 익숙해지자. 주제를 흐트러뜨리지 않고 적확한 단어와 바른 문장으로 글을 쓰는 버릇이 어느 틈엔가 몸에 밸 것이다. 그 다음엔 자기만의 개성을 더해 글을 쓰는 능력이 생길 것이다. 나아가 주장과 의견을 펴고 이를 논증하는 논설문 같은 글도 어렵지 않게 쓰게 될 것이다. 누구든 방송기사로 글쓰기를 훈련하면 머잖아 명료하고 힘이 넘치며 아름다운 글을 쓰는 좋은 버릇을 갖게 되리라 믿는다.

제3장 엉터리 방송기사의 역설

안타깝게도 현실은 다르다. 방송기사가 따라 쓰며 글쓰기 기능을 연마하기에 좋은 글이라는 명제는 참이자 분명한 거짓이다. 방송기사 가운데 상당수는 이 명제를 충족하지 못한다. 그 가운데에는 아예 글의 논리가 꼬인 기사도 있다. 논리가 흐려지면 무슨 말을 하려는 글인지 알기 어렵다. 잘 쓴 글, 좋은 글이 아니다. 다음 기사를 보자.

내년 삼성전자와 중국 화웨이가 폴더블 스마트폰 출시를 준비하는 등 세계 폴더블 디스플레이 패널 시장 규모가 2022년 10조 원을 돌파할 것으로 전망됐습니다.

미국의 디스플레이 전문 시장조사업체 '디스플레이 서플라이 체인 컨설턴츠'(DSCC)는 이달 초 내놓은 보고서에서 내년 전 세계 폴더블 디스플레이 패널의 출하 대수를 약 310만 대로 추산했습니다.

이는 삼성전자와 화웨이가 내놓을 폴더블 스마트폰 수요에 따른 것으로, 디스플레이 업체들의 양산 체제가 본격화할 경우 가격이 떨어지면서 폭발적인 시장 성장세가 이어질 것으로 예상했습니다.

"폴더블 매출 2022년 10조 원 전망"이라는 제목으로 쓴 단신기사의 앞부분이다. 첫 문장부터 엉켰다. '등'은 같은 종류의 다른 것이 더 있음을 나타낼 때 쓴다. 또는 둘 이상을 열거한 뒤 나머지를 생략할 때 쓴다. 삼성전자와 화웨이의 출시 준비 사실과 세계 시장 규모 전망은 '등'으로 연결할 성격이 아니다. 한 문장 안에서조차 이야기 흐름이 꼬인 셈이다. 둘째와 셋째 문장도 엉망이다. 셋째 문장의 앞부분은 둘째 문장 내용을 뒷받침하는 내용이다. 셋째 문장의 뒷부분 내용과는 직접 관계가 없다. 이어지지 않는 두 내용이 한 문장 안에 어색하게 붙었다. 이 기사에는 다른 잘못도 많지만 내용 흐름만 다듬어 본다.

내년 삼성전자와 중국 화웨이의 폴더블 스마트폰 출시를 시작으로 세계 폴더블 디스플레이 패널 시장 규모가 급속히 커져 2022년 10조 원을 돌파할 것으로 전망됐습니다.

미국의 디스플레이 전문 시장조사업체 '디스플레이 서플라이 체인 컨설턴츠'(DSCC)는 이달 초 내놓은 보고서에서 내년 전 세계 폴더블 디스플레이 패널의 출하 대수를 약 310만 대로 추산했습니다. 이는 삼성전자와 화웨이가 내놓을 폴더블 스마트폰 수요에 따른 것입니다.

이후 디스플레이 업체들의 양산 체제가 본격화할 경우 가격이 떨어지면서 폭발적인 시장 성장세가 이어질 것으로 예상했습니다.

낱말이나 표현도 엉뚱하기 일쑤이다. 심지어 문법에 어긋난 문장도 적지 않다. 그런 엉터리 글을 전파에 실어 버젓이 뉴스로 내보내는 현실이다. 민망하고 부끄러운 일이다. 다음 예에서 살펴보자.

1. 이 과정에서 흡입을 가정해 독성 측정 시험은 없었습니다.
2. 경찰 지시 없이는 범행 상황을 제대로 재현하지 못합니다.
3. 자구 수정단계인 제재결의안은 금명간 회원국들에게 회람됩니다.
4. 그나마 제시된 공약 중 상당수도 과거 정책의 재탕이거나, 재원 마련 방
   안 등 검증되지 않아 현실성이 없다는 지적이 많습니다.

네 문장 가운데 몇이나 옳은가? 답은 '하나도 없다'이다. 넷 모두 잘
못이 있는 문장이다. 다음처럼 고쳐 써야 맞다.

1. 이 과정에서 흡입을 가정한 독성 측정 시험은 없었습니다.
2. 경찰 지시 없이는 범행 상황을 제대로 재연하지 못합니다.
3. 자구 수정단계인 제재결의안은 곧 회원국들이 회람합니다.
4. 그나마 제시한 공약 중 상당수도 과거 정책의 재탕이거나, 재원 마련 방
   안 등을 검증하지 않아 현실성이 없다는 지적이 많습니다.

무엇이 어떻게 달라졌는지 한눈에 보이는가? 예문 1은 "가정해"가 잘
못이다. 명사인 "시험"을 수식하니 '～ㄴ'의 형태로 써야 맞다. 예문 2는
낱말을 잘못 선택했다. "재현"은 '다시 나타남, 또는 다시 나타냄'이다.
문맥상 여기서는 '한 번 하였던 행위나 일을 다시 되풀이함'을 뜻하는
'재연'이 맞다. 예문 3에서 "회람됩니다"라는 공연한 피동 표현은 능동
형태로 고쳐야 자연스럽다. 한자어인 "금명간"도 고쳐 써야 좋다. '오늘
내일 사이' 또는 '곧'으로 순화해 써야 한다. 예문 4는 의미가 모호하고
문장이 어색하다. 필요한 문장 성분을 빼 억지로 줄인 탓이다. 피동 형

태인 '제시된'은 능동 표현인 '제시한'으로, '방안 등이 검증되지'는 '방안 등을 검증하지'로 바꿔야 좋다.

방송기사를 보고 글쓰기를 따라 배우라고 해 놓고 정작 방송기사가 엉망이라고 하니 독자들은 황당하실 게다. 방송기사가 엉터리라면 대체 거기서 뭘 배우란 소리냐고 볼멘소리를 하실지도 모른다.

올바르게 잘 쓴 방송기사는 앞서 강조한 대로 그 자체가 따라 배울 만한 훌륭한 교재이다. 더불어, 오류가 있는 방송기사 문장 또한 더할 나위 없이 좋은 교재이다. 위에서 고쳐 본 대로 무엇이 왜 틀렸는지 따지고 바로잡아 보면서 연습하기에 적당하다. 오히려 이 방법이 글쓰기 기능을 익히는 데 더 큰 도움이 된다. 엉터리 문장이 많은 우리 방송뉴스, 그 안타까운 현실이 주는 유쾌한 역설이다.

제4장 방송기사의 특성

엉터리 방송기사를 제대로 고쳐 쓰기 위해 먼저 방송기사의 특성을 알아보자. 방송이든 신문이든 언론기사는 있는 사실과 벌어지는 상황을 그대로 시청자와 독자에게 전달하는 게 기본이다. 그래서 화려한 수사나 기교보다도 명확한 '팩트' 전달이 중요하다. 기사의 내용이 정확하고 공정하며 객관성을 가져야 한다.

내용 면에서는 이 기본이 같지만, 형식에 있어서는 방송기사와 신문기사의 차이가 작지 않다. 매체의 특성 때문이다. 지면에 실린 신문기사는 천천히 정독하며 행간까지 살필 수 있다. 읽다가 뭔가 궁금하면 다시 앞으로 돌아가 되짚어 읽을 수도 있고, 아예 읽기를 멈췄다가 나중에 이어 읽을 수도 있다. 방송기사는 한번 흘러가면 끝이다. 시청자나 청취자가 텔레비전과 라디오 전파를 통해 접하는 그 순간이 전부다. 요즘엔 인터넷이나 모바일 기기를 통해 '다시 보기'와 '다시 듣기'를 할 수 있고 텍스트를 찾아 읽는 것도 가능하지만, 방송뉴스는 여전히 '실시간'이고 '일회성'이다. 그래서 방송기사는 한 번 듣고 쉽게 알아듣게 써야 한다. 가장 큰 특징이다.

방송기사의 문장 작성 원칙을 흔히 '3C의 원칙'으로 정리한다. 간결하게(Concisely), 정확하게(Correctly), 명료하게(Clearly) 쓰라는 말이다. '3C의 원칙'에 친근하게(Friendly)를 더하기도 한다.

① 간결하게
앞에서 얘기한 방송뉴스의 '일회성' 때문에 짧고 군더더기 없는 문장이 필수이다. 방송기사가 질질 끌고 늘어져서는 내용을 제대로 전달할 수 없다.

② 정확하게
정확하고 올바른 표현을 써야 한다. 문법과 맞춤법을 바르게 써야 한다. 정확하지 않은 표현으로 팩트를 잘못 전달하거나 중요한 사실을 빠트리면 안 되는 건 물론이다.

③ 명료하게
어렵고 모호한 표현은 피한다. 되도록 쉬운 단어와 문장으로 구성해야 한다. 한 번 듣고 알아들을 수 없다면 방송뉴스의 가치가 없다.

④ 친근하게
방송뉴스는 특정한 계층이나 집단이 아닌 모든 대중이 아무런 여과 없이 전달 받는다. 문자가 아니라 음성언어를 통해서다. 구어체의 편한 표현이 좋다.

방송통신심의위원회의 〈방송심의에 관한 규정〉도 참고할 만하다.

제 2장 일반기준

제 8절 방송언어

제 51조(방송언어)

② 방송언어는 원칙적으로 표준어를 사용하여야 한다. 다만, 프로그램의 특성이나 내용·전개 또는 구성상 불가피한 경우에는 예외로 하되, 이 경우에도 특정 지역 또는 인물을 희화화하거나 부정적으로 묘사하여서는 아니 된다.

③ 방송은 바른 언어생활을 해치는 억양, 어조, 비속어, 은어, 저속한 조어 및 욕설 등을 사용하여서는 아니 된다. 다만, 프로그램의 특성이나 내용 전개 또는 구성상 불가피한 경우에는 예외로 한다.

제 52조(외국어) 방송은 외국어를 사용하는 경우 국어순화 차원에서 신중하여야 한다.

여기서도 알 수 있듯이 방송뉴스를 비롯한 방송언어는 올바른 표준언어여야 한다. 방송의 영향력과 권위가 예전만 못하다 해도 여전히 방송, 특히 뉴스는 신뢰를 바탕으로 한다. 시청자들은 일부러 의식하든 아니든 간에 방송뉴스의 내용뿐 아니라 문장도 정확하다고 여기고 수용한다. 앵커와 기자가 쓰는 단어와 표현이 옳다고 믿는다. 문법에 맞는 바른 문장, 적확한 단어, 더 편한 표현은 시청자들에 대한 예의이자 방송기자의 의무이다.

제 2 부

실전,
방송기사 다듬기

이제, 방송기사에서 되풀이해 나타나는 잘못을 하나하나 살피고 다듬어 보자.

또렷하게, 깔끔하게, 바르게, 편하게, 이렇게 넷으로 큰 장을 나눈다. 그 안에서 다시 세부 유형을 분류한다. 유형마다 해당하는 기사를 예로 든다. 바로 이어서 왜 틀렸는지를 따지고 설명한다. 설명 뒤에는 그 잘못을 고쳐 올바른 문장과 표현으로 바로잡아 제시한다. 언론학자들이 규정하는 방송기사 작성 원칙과 국문법, 한글 표기법 등을 충실히 따르되 대중이 두루 쓰는 언어 현실과 정서도 녹여 반영한다.

바르게 고친 글에 고개를 갸웃하게 될지도 모른다. "왠지 어색한데?", "나라면 다르게 고쳤을 텐데", 심지어는 "원래 글이 더 나은데 왜 고쳐?"라고 생각할 수도 있다. 당연하다. 글에는 하나뿐인 모범답안이 없기 때문이다. 사람마다 얼굴이 다르고 목소리가 다르듯 글도 저마다의 특성을 고스란히 반영한다. 어떤 문장과 특정 표현만이 유일하게 옳다고 말하기 어렵다. 그렇더라도 반드시 지켜야 할 원칙은 있다. 누구나 인정하는 더 나은 표현도 분명히 있다. 말과 글은 각자 익숙한 버릇이자 여럿이 공유하는 약속이기 때문이다.

무엇이 왜 틀렸다고 지적하는지를 잘 기억하고 어떻게 고쳤는지를 눈여겨보자. 나라면 어떻게 쓰겠는지, 더 나은 표현은 없는지도 따져 가면서 직접 쓰고 연습하자. 거듭하다 보면 글쓰기 힘이 저절로 차곡차곡 길러지리라 믿는다.

제1장 또렷하게 써라

모든 글은 무언가를 전달하려는 목적을 갖는다고 앞서 살폈다. 전하고 싶은 그 어떤 내용이 바로 그 글의 고갱이이다. 그것이 글의 주제이다. 글을 잘 쓰려면 먼저 주제를 잘 고르고 날을 세워야 한다. 무슨 말을 하고 싶어서 글을 쓰는지가 분명해야 한다는 뜻이다. 전하려는 내용이 흐리멍덩하면 절대로 좋은 글이 나오지 않는다.

주제를 정했으면 오롯이 한 길로 가자. 논리의 흐름이 중요하다. 하나의 주제를 끝까지 자연스럽게 끌고 가야 한다. 논리가 꼬이면 주제가 흐려진다. 갈팡질팡하거나 오락가락하지 말자. 사례를 들거나 빗대어 설명하거나 때로는 일부러 의문을 던져 궁금증을 부르는 기교를 부릴지라도 그러다 논점을 잃고 다른 길로 새면 곤란하다.

주제와 논리, 이 둘을 마음에 새기자. 글의 목적을 잘 이루는 기본 바탕이다.

1. 주제를 세워라

"기사는 '야마'만 확실하면 돼", "이 기사는 도대체 '야마'가 뭐냐?" 기자들 사이에서 흔히 하는 말이다. '야마'(やま)는 본디 '산', '높은 부분'을 뜻하는 일본어이다. 언론계에서는 기사의 주제나 핵심을 일컫는다.

쓰지 않아야 할 은어를 굳이 인용한 까닭은, 핵심 주제가 명확하게 살아 있어야 좋은 방송기사라는 점을 강조하기 위해서이다. 기자들은 언제나 '야마'가 잘 드러나도록 기사를 쓰는 데 공을 많이 들인다. 기사뿐 아니라 어느 글이든 주제가 분명해야 한다. 전달하려는 '그 무엇'이 선명하게 드러나야 한다. 그렇지 않은 글은 쓰기도, 읽기도 버겁다.

어떤 주제를 전하려는지 먼저 정하고 그 주제에 맞게 글을 시작하자.

1-1. 가치 찾아 앞세우기

예문 | 지난해 약 32만 차례의 낙뢰가 발생한 것으로 집계됐습니다.

기상청은 내륙 지역의 월별, 시·도별, 시·군·구별 낙뢰 발생 횟수와 단위 면적(제곱킬로미터)당 낙뢰 발생 횟수 등을 담은 〈2017 낙뢰 연보〉를 발간했습니다.

지난해 발생한 낙뢰의 85%가 여름인 6~8월 사이에 관측됐고, 특히 7월에 18만 번 이상 관측돼 연간 발생한 낙뢰의 58%를 차지했습니다.

기상청 기상레이더 센터에 따르면 지난 5년 간 낙뢰로 354건의 피해가 발생했고, 7~8월에 발생한 피해가 절반 이상을 차지했습니다. 피해 유형별로는 전자장비 고장이 160건으로 가장 많았고 화재 136건, 정전 32건이 뒤를 이었습니다.

"지난해 낙뢰 32만 차례 발생 … 7월 집중"이라는 제목의 단신기사이다. 제목이나 첫 문장에서 지난해에 32만 번 벼락이 떨어졌다는 사실을 주제 삼아 강조했다. 그런데, 그래서 어쩌라고?

어떠한 사실이 뉴스가 되려면 그 사실에 어떤 가치가 있어야 한다. 누가 들어도 놀랍고 새롭거나, 아니면 뉴스가 될 만한 가치를 바로 알 수 있어야 한다. 설령 그 가치가 곧바로 드러나지 않아도 꼭 전해야 할 의미가 있다면, 그 의미를 설명해서 뉴스의 가치를 돋워 줘야 한다. 지난해에 벼락이 32만 번 쳤다는 사실은 어디에도 해당하지 않는다. 그 사실을 왜 강조했는지 도무지 알 수 없다. 첫 문장에 이은 다음 문장을 보자. 기상청이 연보를 발간한 사실이 어떤 가치가 있나? 이 뉴스를 접하는 시청자에게 연보 발간을 그렇게나 알려주고 싶었나?

미안하지만, 아무 생각 없이 쓴 기사이다. 한마디로 주제가 없는 글이다. 아마도 기상청이 발간한 연보를 대충 훑어보고는, 어쩌면 연보 발간을 알리는 보도자료만 보고는 몇몇 사실을 늘어놓았을 뿐이다. 하고 싶은 말이 또렷하지 않으면 이야기를 풀어 가기도 어렵고 좋은 글로 완성할 수도 없다.

낙뢰 횟수가 아니라 피해에 초점을 맞춰 주제를 잡아 고쳐 보았다. 이 예문에는 다른 여러 오류도 있지만 손대지 않았다. 여기서는 주제 살리기에만 집중했을 뿐이다.

바로 | 지난 5년 간 낙뢰 피해가 350건 이상 난 것으로 나타났습니다.
쓰기

기상청 기상레이더 센터에 따르면 지난 5년 간 낙뢰로 354건의 피해가
발생했고, 7~8월에 발생한 피해가 절반 이상을 차지했습니다. 피해 유
형별로는 전자장비 고장이 160건으로 가장 많았고 화재 136건, 정전 32
건이 뒤를 이었습니다.

지난해에는 약 32만 차례의 낙뢰가 발생했습니다. 85%가 여름인 6~8
월 사이에 관측됐고, 특히 7월에 18만 차례 이상 관측돼 연간 발생한 낙
뢰의 58%를 차지했습니다.

기상청은 이런 내용을 담은 〈2017 낙뢰 연보〉를 발간했습니다. 연보에
는 내륙 지역의 월별, 시·도별, 시·군·구별 낙뢰 발생 횟수와 단위
면적(제곱킬로미터)당 낙뢰 발생 횟수 등이 담겼습니다.

1-2. 주제에 집중한 사실 나열

예문 | 최근 낚시 인구가 크게 늘었지만, 안전이나 질서의식은 그에 맞게 따라
가지 못합니다. 낚싯배와 낚시객들의 안전불감증은 여전합니다.

○○○ 기자의 보도입니다.

육지와 50킬로미터나 떨어진 바다. 고장으로 표류하던 낚싯배가 해경
경비정에 예인됩니다. 정비 불량이 고장의 원인이었습니다.

이른바 낚시하기 좋은 포인트를 차지하려는 낚싯배들의 경쟁도 여전합
니다. 어두운 새벽이라 사고 위험이 높지만 속도경쟁도 예삽니다.

[인터뷰] 낚싯배 선장: "빨리 가지요. 서두르지요. 선장부터, (낚시객들

을) 빨리 내려 줘야 되니까. 사고 위험이 도사리지요. 아무래도."

낚시객의 안전의식도 문젭니다.

야영이 금지된 한려해상국립공원. 낚시객들은 갯바위에 마음대로 텐트를 치고 심지어 취사까지 합니다. 해난사고 위험이 높은 무인도에서는 야영이 엄격히 제한되는데도 무시하기 일쑵니다.

[인터뷰] 단속된 낚시객: "버너를 안 켰다고 하면 어쩔 겁니까. (취사하는 걸) 봤습니까. 사진 찍었습니까. 저는 황당합니다."

지난해 법규를 위반한 낚시 어선 단속 건수는 모두 853건. 2년 전에 비해 6배 이상 늘었습니다.

낚시 인구는 늘고 있지만 안전의식은 이를 못 따라가고 있는 현실. 낚싯배 안전점검과 예방교육 강화 등 대책 마련이 시급합니다.

KBS뉴스 ○○○입니다.

어지럽다. 주제가 잘 드러나지 않는다. 정비 불량 때문에 일어난 사고 사례와 낚싯배의 과속 현장, 낚시꾼의 안전의식 결여, 다시 낚싯배의 법규 위반 단속 건수 증가 상황 등을 줄줄이 나열했다. 무슨 얘기를 하려는지 모호하다. 따져보면 주제는 단순하다. 바다낚시를 즐기는 이들의 안전의식 부족 때문에 사고 위험이 크니 대책이 필요하다는 내용이다. 애초에 이 주제의 날을 세우지 못한 채 허겁지겁 이야기를 풀어 간 탓에 주제가 뭔지 한눈에 알 수 없는 산만한 글이 되어버렸다.

생생한 현장과 사실을 아무리 많이 담아도 주제가 흐트러지면 죽은 글이 된다. 이 예문도 다른 흠결은 놔두고 주제가 살아나게만 고쳤다.

최근 낚시 인구가 크게 늘었지만, 낚시객들의 안전의식은 그에 맞게 나아지지 않고 있습니다. 안전법규를 어기는 일이 많고 그러다 보니 실제 사고로도 이어집니다.

○○○ 기자의 보도입니다.

육지와 50킬로미터나 떨어진 바다. 고장으로 표류하던 낚싯배가 해경 경비정에 예인됩니다. 정비를 제대로 하지 않아 일어난 사고였습니다.

낚싯배들은 사고 위험이 높은 어두운 새벽, 속도경쟁도 예삽니다. 이른바 낚시하기 좋은 포인트를 차지하기 위해서입니다.

[인터뷰] 낚싯배 선장: "빨리 가지요. 서두르지요. 선장부터, (낚시객들을) 빨리 내려 줘야 되니까. 사고 위험이 도사리지요. 아무래도."

지난해 법규를 위반한 낚시 어선 단속 건수는 모두 853건! 2년 전에 비해 6배 이상 늘었습니다.

낚시를 하면서도 위험한 일은 계속됩니다.

한려해상국립공원. 갯바위에 마음대로 텐트를 치고 심지어 취사까지 합니다. 해난사고 위험이 높은 무인도에서는 야영이 엄격히 제한되는데도 무시하기 일쑵니다.

[인터뷰] 단속된 낚시객: "버너를 안 켰다고 하면 어쩔 겁니까. (취사하는 걸) 봤습니까. 사진 찍었습니까. 저는 황당합니다."

낚시 인구는 늘고 있지만 안전의식은 이를 못 따라가고 있는 현실. 낚싯배 안전점검과 사고 예방교육 강화 등 대책 마련이 시급합니다.

KBS뉴스 ○○○입니다.

예문 | 현대자동차 노조가 광주광역시에 완성차 공장을 신설하는 사업에 현대
차가 '참여 의향서'를 제출했다는 광주시의 발표와 관련해 "전체 노동자
임금 하향 평준화 추구하는 투자에 반대한다"고 밝혔습니다.

현대차는 어제 '광주시와 다수 기업이 참여하는 합작 독립법인에 여러
투자자 중 일원으로 지분 투자를 할 뜻이 있다'는 의향서를 광주시에 제
출했습니다.

이와 관련해 현대차 노조는 오늘 보도자료를 내고 "광주형 일자리는 정
규직 임금수준을 4천만 원으로 하향 평준화해 후퇴시키는, 정규직도 비
정규직도 아닌 중규직이므로 반대한다"고 밝혔습니다.

또 "2015년부터 추진하다가 중단된 광주형 일자리의 불씨를 문재인 정
부에서 다시 살리려 하는 것은 최저임금 삭감의 연장 정책"이라면서
"촛불 혁명 민심에 반해 2천만 노동자들의 임금을 삭감, 재벌과 기업들
의 배를 불리려는 폭거로 규정한다"고 비판했습니다.

노조는 "광주형 일자리 지분 투자로 생산능력을 추가하려는 회사의 결
정은 최근 현대차그룹 지배구조 개선과 경영권 승계 실패, 경영 위기라
는 곤궁한 처지를 타개하기 위해 정부의 압박에 굴복한 정치적 결정"이
라면서 "이는 박근혜 정권 때 한전부지 매입을 결정한 과정과 흡사하
다"고 강조했습니다.

이 기사의 주제는 무엇인가? 꼼꼼히 들여다봐도 제대로 알기 어렵다.
노조의 주된 주장이 뭔지, 왜 그런 주장을 하는지 헷갈린다. 노조가 낸

보도자료 문구만 주저리주저리 옮긴 탓이다. 어떠한 자료를 그대로 인용해 기사를 쓰더라도 먼저 주제를 잡아야 한다. 노조는 이런저런 이유를 들어 전날 현대자동차그룹이 밝힌 '광주형 일자리' 사업 투자에 반대하는 의견을 냈다. 해당 보도자료를 살펴보면 회사의 투자뿐 아니라 광주형 일자리 사업 자체에도 반대한다. 이렇게 고쳐 본다.

바로 쓰기 | 현대자동차 노동조합이 현대차그룹의 광주형 일자리 사업 투자에 반대한다고 밝혔습니다.

현대차 노조는 오늘 보도자료를 내고 현대차그룹이 광주형 일자리에 투자하려는 것은 "최근 그룹의 지배구조 개선과 경영권 승계 실패, 경영위기 등을 타개하기 위해 문재인 정부의 압박에 굴복한 정치적 결정"이라고 주장했습니다. 또 "이는 박근혜 정권 때 한전부지 매입을 결정한 과정과 흡사하다"고 강조하며 투자 철회를 촉구했습니다.

현대차 노조는 또 "광주형 일자리가 정규직의 임금수준을 4천만 원으로 하향평준화하고 후퇴"시킨다며 광주형 일자리 사업 자체에도 반대했습니다. 노조는 "2015년부터 추진하다가 중단된 광주형 일자리의 불씨를 문재인 정부가 다시 살리려 하는 것은 최저임금 삭감의 연장 정책"이며 "촛불 혁명 민심에 반해 2천만 노동자들의 임금을 삭감, 재벌과 기업들의 배를 불리려는 폭거로 규정한다"고 비판했습니다.

현대차는 어제 '광주시와 다수 기업이 참여하는 합작 독립법인에 여러 투자자 중 일원으로 지분 투자를 할 뜻이 있다'는 의향서를 광주시에 제출했습니다.

2. 논리는 물 흐르듯

주제가 선명히 잡히면 그 다음은 구성이다. '서론-본론-결론' 같은 구조와 구성이 있다. 마치 물고기가 '머리-몸통-꼬리'의 꼴을 가진 것과 같다. '몸통-꼬리-머리' 순이거나 '꼬리-머리-몸통' 순인 물고기는 상상하기도 어렵다. 글도 마땅한 순서에 마땅한 문장이 자리해야 전체 구조가 완성된다. 물론, 강조가 필요하거나 글쓴이의 개성을 살린 글맛을 위해 일부러 구조를 흐트러뜨릴 수는 있지만 기본은 갖춰야 한다.

또, 물고기 머리에 사슴 몸통, 코끼리 꼬리를 가진 생명체가 현실 세계에 나타난다면? 끔찍한 괴수 취급을 받을 게다. 어떤 얘기를 하다가 맥락 없이 다른 얘기를 들먹이고 결론은 엉뚱히 내리는 글이 바로 그런 꼴이다.

선명한 주제와 자연스런 구성의 핵심은 논리이다. 글을 꿰뚫는 논리가 물 흐르듯 이어져야 한다. 논리 전개가 부실하거나 어색한 글은 읽기 어렵다. 무엇을 말하려는 글인지, 그 내용을 제대로 알 수도 없다. 자칫 억지와 비약이 되기도 한다.

방송기사는 주제가 단순하고 짧은 글이어서 대부분 논리가 명확하다. 논리 구성을 보고 익히기에 적합하다. 그런 방송기사 중에서도 간혹 논리가 엉킨 글이 보인다. 이런 글은 경계하자.

예문 │ 최근 몰래카메라 촬영에 대한 처벌을 강화해야 한다는 목소리가 커지고 있는데요, 피해자들은 법적으로 제대로 보호받지 못하고 있다고 말합니다. 법무부와 검찰, 경찰 등도 관련 범죄를 엄격하게 대응할 것이라 밝혔지만 입법과제가 쌓여 있습니다.

○○○ 기자가 보도합니다.

지난해 9월, 이 20대 여성은 자신의 사진이 인터넷에 떠도는 걸 알게 됐습니다. 몰래 찍힌 사진이었습니다.

[인터뷰] 불법 촬영 피해자(음성변조): "서로 공유하면서 낄낄대면서 진짜 악마처럼 웃거든요. 학교도 휴학하고, 병원만 다니고, 수면제도 먹어 보고."

여성은 곧바로 검찰에 고소했습니다. 사진을 찍은 가해자는 대수롭지 않은 일을 키웠다며 오히려 피해자를 탓했습니다.

[인터뷰] 불법 촬영 피해자(음성변조): "온갖 수많은 욕을 했어요. 이런 식으로 말을 했어요. '난 벌금 내면 땡이야.' 그랬어요."

수사 과정은 힘겨웠습니다.

[인터뷰] 불법 촬영 피해자(음성변조): "여자 검사님께서 '음. 아예 유두랑 음부가 다 보여야 나체가 인정되는데?' 이렇게 이야기하시는 거예요. 속옷만으로는 안 된다, 다 보여야 (증거로) 인정이 된다고 그러시는 거예요."

요가복을 입고 있다는 게 걸림돌이었습니다. 촬영대상이 성적 욕망 또는 수치심을 유발할 수 있는 신체여야 하는데 신체가 옷에 가려 처벌이 어렵다는 겁니다.

[인터뷰] ○○○ / 변호사: "특정 부위가 부각됐다고 보기 어렵고, 또 촬영 의도도 꾸며낼 여지도 있고, 그런 이유 때문에 소극적으로 무죄 판결이 선고되고 하는 것 같아요."

결국 남성은 몰래 촬영한 혐의에 대해서는 무혐의 처분을 받았습니다. 사진을 공유한 것만 약식으로 기소됐습니다.

이 사건에 적용된 법 조항, 다시 한 번 보겠습니다. '다른 사람'의 신체를 몰래 촬영한 경우만 처벌하게 돼 있죠. 내가 내 몸을 찍은 사진은 누군가 유포해도 처벌이 안 됩니다. 그래서 '다른'이라는 글자를 삭제해서, 누가 누구의 몸을 찍었든지 그게 수치스런 사진이면 처벌하자는 논의가 이제야 시작됐습니다. 이 조항에 따라 구속되는 몰카 피의자는 전체의 2%에 불과한데요, 법무부는 지난주에야 상습범들을 구속수사 하라고 지시했습니다.

이번엔 가정폭력처벌법 살펴볼까요? 경찰이 긴급하게 가해자 접근금지를 할 수 있는데요, 하지만 이를 어겨도, 300만 원 이하의 과태료만 내면 됩니다. 현재 처벌수위를 징역형으로 높인 개정안이 발의됐지만 국회에서 낮잠만 자고 있습니다.

마지막으로 스토킹 범죄인데요, 지금까지는 대부분 경범죄로 10만 원 이하 벌금형에 그쳤습니다. 스토킹 범죄자를 징역형으로 처벌할 수 있는 스토킹 범죄 처벌법 제정안은 지난달 10일에야 입법예고됐습니다. KBS뉴스 ○○○입니다.

요즘 방송사들은 전과 달리 다양한 유형의 리포트를 시도한다. 위 예문도 그중 하나다. 앵커멘트에 이어 기자가 기존 형식의 리포트를 한 뒤 스튜디오에 나와 추가 설명을 하는 식이다. 위 예문에서 "이 사건에 적용된 법 조항, 다시 한 번 보겠습니다." 이후부터는 기자가 스튜디오에서 직접 설명한 내용이다. 형식은 좀 다르지만 기본 구성은 다른 리포트기사와 별반 다르지 않다. 조금 더 길 뿐이다.

이 기사를 관통하는 주제는 불법촬영 범죄에 대한 허술한 법 조항 탓에 가해자 처벌이 느슨하고 피해자들은 고통이 심하다는 내용이다. 잘 풀어 가다가 마지막에 와서 옆길로 새 버렸다. 돌연 가정폭력과 스토킹 범죄의 문제를 들고 나온 이유가 뭘까? 하고 싶은 얘기가 많아서? 기사 길이를 늘리려다 보니 억지로?

가정폭력과 스토킹은 불법촬영 범죄와 직접 연관이 없는 다른 주제이다. 그 두 가지도 이야기하고 싶었다면 주제를 잘못 잡은 셈이다. 처음부터 성범죄 전반의 법제도 문제를 주제로 삼고 세 가지 문제를 차근차근 풀어 갔어야 맞다. 윗글처럼 불법촬영 범죄 문제만을 주제로 삼았다면 뒤의 두 가지 문제는 아예 다루지 말았어야 한다.

따로 고치지 않는다. "이번엔 가정폭력처벌법 살펴볼까요?" 이하의 내용을 몽땅 없애자.

2-2. 자연스러운 주제 연결

예문 | 전기요금에는 공용시설 요금이 싼 대신 가구별 요금은 비싼 종합형과 가구별 요금이 저렴한 단일형, 두 가지가 있습니다. 때문에 보통 고가 아파트는 종합형, 임대 아파트는 단일형을 택하는데, 일부 임대아파트에서 비싼 요금을 부과하다 들통이 났습니다.

○○○ 기자가 취재했습니다.

분양아파트에 살다 임대아파트로 이사 온 ○○○ 씨는 관리비 통지서를 받고 의아했습니다. 관리비가 더 많았기 때문인데, 문제는 전기요금이었습니다. 관리사무소가 단일형이 아닌 더 비싼 종합형 요금을 부과한 겁니다. 이 아파트의 입주민이 1,300가구나 돼, 잘못 부과된 요금이 상당할 것으로 보입니다.

[인터뷰] ○○○ / LH 임대아파트 주민: "일반 민간 아파트보다 아파트 관리비가 많이 나옵니다. 관리 감독해야 할 LH가 방관하고…."

관리사무소는 더 걷은 전기요금만큼 다른 관리비를 줄여 줬다는 이상한 해명을 했습니다.

[인터뷰] 아파트 관리사무소: "(더 걷은 돈을) 딴 데 쓰는 게 아니고 공동 요금을 빼 준다는 거죠. 그렇게 하기 때문에 상관없는 겁니다."

횡령이 의심돼 자치단체에 감사를 요청하려 했으나 지자체는 임대아파트 감사 권한이 없었습니다. 주민들이 임차인 대표회의를 만들어 감시를 하고 싶어도 법적 의무사항이 아닙니다. 이 때문에 주민 대표가 없는 임대아파트가 70%나 됩니다.

[인터뷰] ○○○ / 아파트사랑시민연대 사무처장: "(관리비) 검증 절차에

대한 (임차인의) 권한이 보장돼야 하고, 그러기 위해서 임차인 대표회의의 법적인 의무와 구성이 돼야 한다."

감시 없는 임대아파트 운영, 곳곳에서 잡음이 끊이질 않고 있습니다.

KBS뉴스 ○○○입니다.

이 기사가 담은 주제는 둘이다. 첫째, 한 임대아파트에서 관리사무소가 주민에게 전기요금을 과하게 부과했다. 둘째, 임대아파트는 임차인 대표회의 구성이 법적 의무사항이 아니어서 주민 권한 보장이 제한된다. 그런데 이 둘을 하나로 엮는 연관이 부족하다. 해당 임대아파트의 특수한 상황을 설명하다가 갑자기 많은 임대아파트에 널리 퍼진 문제를 거론했다. 두 주제를 하나로 이으려면 해당 사례처럼 다른 여러 임대아파트에서도 주민 대표가 없어서 나타나는 문제들을 설명했어야 한다.

앵커멘트는 복잡한 내용을 욱여넣어 이해하기에 쉽지 않다. 본 기사로 이어지는 흐름이 매끄럽지 않다. 리포트기사의 첫 부분에서 든 사례도 적절하지 않다. 이 사례로 주제를 선명히 드러내고 싶다면 사례자가 이전 아파트에서 살 때보다 전기요금을 얼마나 더 내야 했는지 비교해 줘야 한다. 그런 설명이 가능하지 않다면 필요 없는 군더더기다.

논리 전개의 흐름에만 주목해 고쳤다. 찬찬히 살펴보자.

바로│ 보통 임대아파트는 가구에 부과되는 요금이 싼 전기요금제를 적용합니쓰기│ 다. 그런데 한 임대아파트에서는 관리사무소가 가구별 요금이 비싼 다른 요금제를 적용했다가 들통이 났습니다.

○○○ 기자가 취재했습니다.

분양아파트에 살다 최근 임대아파트로 이사 온 ○○○ 씨는 관리비 통지서를 받고 의아했습니다. 종전 아파트에서 ~원 남짓이던 한 달 전기요금이 ~원이나 나왔기 때문입니다.

[인터뷰] ○○○ / LH 임대아파트 주민: "특별히 가전제품을 더 쓴 것도 없는데 전기요금이 갑자기 늘어난 거예요. 황당했죠."

알고 보니 전기요금제가 달랐습니다. 관리사무소가 주민 부담이 적은 단일형 대신 종합형 요금제를 적용한 겁니다. 종합형은 공용 전기요금이 싼 대신 가구별 부담이 큽니다. 상대적으로 비싼 요금제를 적용받은 입주민이 1,300가구나 됩니다.

관리사무소는 더 걷은 전기요금만큼 다른 관리비를 줄여 줬다는 이상한 해명을 했습니다.

[인터뷰] 아파트 관리사무소: "(더 걷은 돈을) 딴 데 쓰는 게 아니고 공동요금을 빼 준다는 거죠. 그렇게 하기 때문에 상관없는 겁니다."

입주민들이 대표를 뽑아 감시를 하려 해도 임대아파트는 임차인 대표회의 구성이 의무사항이 아니어서 쉽지 않습니다. 이곳처럼 주민 대표가 없는 임대아파트가 전체의 70%나 됩니다.

[인터뷰] ○○○ / 아파트사랑시민연대 사무처장: "(관리비) 검증 절차에 대한 (임차인의) 권한이 보장돼야 하고, 그러기 위해서 임차인 대표회의의 법적인 의무와 구성이 돼야 한다."

지방자치단체에도 임대아파트 감사 권한이 없습니다. 감시 없는 임대아파트 운영, 곳곳에서 잡음이 끊이지 않는 이유입니다.

KBS뉴스 ○○○입니다.

2-3. 알맞은 이야기 순서

예문 │ 선천성 기형을 안고 태어나는 아기가 최근 크게 늘고 있습니다. 특히 심장이나 생식기 기형 증가세가 두드러지는데 환경오염이 주된 원인으로 추정됩니다.

○○○ 기자가 취재했습니다.

선천적인 생식기 기형으로 수술 받은 3살 어린이입니다. 고환이 뱃속에 있는 이른바 '잠복 고환'을 안고 태어났습니다.

[인터뷰] ○○○ / ○○소아비뇨기과 교수: "남성호르몬의 영향을 받는 질환이기 때문에 환경호르몬에 의해 증가할 가능성도 충분히 있다고 생각합니다."

2009년부터 2010년 사이 태어난 기형아가 신생아 만 명에 548명으로 나타났습니다. 100명을 기준으로 하면 5.5명이 기형을 갖고 태어난 셈인데 16년 전 3.7명의 1.5배입니다. 특히 고환이나 요도 위치가 정상적이지 않은 생식계 기형은 11배나 늘었고, 심장 기형도 4배 넘게 늘었습니다.

의학 기술이나 장비가 발달해 진단 자체가 많아진 영향도 있지만, 환경오염도 원인으로 지목됩니다. 특히 공기 중 미세먼지가 세제곱미터당 10마이크로그램 높아지면 기형아 출산 위험이 최고 16%까지 올라간다는 연구 결과도 있습니다.

[인터뷰] ○○○ / ○○의대 교수: "(유해물질이) 산모의 몸을 통해서 태반을 통과해 태아에 전달되고, 기관 발생이나 호르몬 생산에 영향을 미쳐서…"

태아 기형을 막기 위해선 독성 물질을 최대한 멀리하고, 임신 전 최소
한 달 전부터 푸른 채소에 많은 엽산을 복용해야 합니다.
KBS뉴스 ○○○입니다.

선천선 기형아 출산이 갈수록 는다는 내용의 리포트기사다. 앞서 살펴
본 리포트기사처럼 실제 사례로 본 기사를 시작했다. 주제에 쉽게 접근
하기 위해 흔히 쓰는 방식이다. ① 도입(사례) → ② 본문(주제 서술) →
③ 마무리(원인과 해법 등 제시) 구성이다.

　이 예문은 이러한 논리 연결이 자연스럽지 않다. 사례 다음에 나오는
첫 인터뷰에서 원인까지 언급해 버렸다. 뒤이어 기형아 출산 증가에 대
한 중심 내용을 서술했다가 그 뒤에 원인을 다시 설명했다. 흐름이 뒤
죽박죽이다. 첫 인터뷰는 사례를 설명하면서 본 주제로 넘어가는 내용
이면 족했다.

　그 다음의 서술도 어색하다. 신생아 만 명에 548명이라고 해 놓고 또
100명에 5.5명이라고 반복했다. 전체 신생아와 출산 기형아 수를 밝힌
뒤 만 명당 또는 백 명당 몇 명꼴인지를 설명해야 했다.

　일부분만 고쳐 봤다. 글 전체의 논리 흐름이 훨씬 부드러워졌다.

바로 │ 선천성 기형을 안고 태어나는 아기가 최근 크게 늘고 있습니다. 특히
쓰기 │ 심장이나 생식기 기형 증가세가 두드러지는데 환경오염이 주된 원인으
로 추정됩니다.
○○○ 기자가 취재했습니다.
선천적인 생식기 기형으로 수술 받은 3살 어린이입니다. 고환이 뱃속

에 있는 이른바 '잠복 고환'을 안고 태어났습니다.

[인터뷰] ○○○ / ○○소아비뇨기과 교수: "수술로 치료하지 않으면 성인이 되어도 정상적 정자 생산이 불가능하고 합병증을 유발할 수도 있습니다. 최근 이런 유아 환자가 많이 찾아옵니다."

2009년부터 2010년 사이 태어난 신생아 ~명 중 기형아는 ~명에 이릅니다. 100명을 기준으로 5.5명꼴로 기형을 갖고 태어난 건데, 16년 전 3.7명의 1.5배입니다. 특히 고환이나 요도 위치가 정상적이지 않은 생식계 기형이 11배나 늘었고, 심장 기형도 4배 넘게 늘었습니다.

의학 기술이나 장비가 발달해 진단 자체가 많아진 영향도 있지만, 환경오염도 원인으로 지목됩니다. 특히 공기 중 미세먼지가 세제곱미터 당 10마이크로그램 높아지면 기형아 출산 위험이 최고 16%까지 올라간다는 연구 결과도 있습니다.

[인터뷰] ○○○ / ○○의대 교수: "(유해물질이) 산모의 몸을 통해서 태반을 통과해서 태아에 전달되고, 기관 발생이나 호르몬 생산에 영향을 미쳐서…"

태아 기형을 막기 위해선 독성 물질을 최대한 멀리하고, 임신 전 최소 한 달 전부터 푸른 채소에 많은 엽산을 복용해야 합니다.

KBS뉴스 ○○○입니다.

2-4. 흐름 따라 빼거나 더하기

예문 | 병원마다 두통과 복통을 호소하는 냉방병 환자가 적지 않습니다.

직장에 다니는 이 20대 여성도 온종일 에어컨 앞에서 일하다 병원을 찾았습니다.

[인터뷰] ○○○ / 직장인: "머리가 아프고, 콧물이 나고, 온몸이 욱신욱신 쑤시고요. 밤에 잠도 안 오고…."

실제로 직장인 세 명 가운데 한 명이 두통이나 코감기 같은 냉방병에 걸렸다는 설문조사 결과도 나왔습니다. 특히, 여성 환자가 남성에 비해 두 배 더 많습니다.

냉방병은 실내외 온도 차 때문에 우리 몸의 자율신경계가 지쳐 일어납니다. 올여름 계속되는 비도 한 원인입니다.

여름철 냉방병에 대한 리포트기사 중 일부다. 먼저 냉방병 환자 사례를 들고 발생실태 조사 결과와 냉방병 원인을 풀어 나갔다. 그런데 여성 환자가 남성 환자보다 두 배 더 많다는 내용이 글 전체 흐름에 어울리지 않는다. 그 문장을 빼야 자연스럽다. 중요한 팩트여서 넣고 싶으면 남녀의 발병률이 왜 다른지를 설명해 줘야 한다.

두 방법을 각각 적용하여 두 가지로 고쳐 써 보았다.

바로 쓰기 | 병원마다 두통과 복통을 호소하는 냉방병 환자가 적지 않습니다.

직장에 다니는 이 20대 여성도 온종일 에어컨 앞에서 일하다 병원을 찾았습니다.

[인터뷰] ○○○ / 직장인: "머리가 아프고, 콧물이 나고, 온몸이 욱신욱신 쑤시고요. 밤에 잠도 안 오고…."

실제로 직장인 세 명 가운데 한 명이 두통이나 코감기 같은 냉방병에 걸렸다는 설문조사 결과도 나왔습니다.

냉방병은 실내외 온도 차 때문에 우리 몸의 자율신경계가 지쳐 일어납니다. 올여름 계속되는 비도 한 원인입니다.

바로 쓰기 | 병원마다 두통과 복통을 호소하는 냉방병 환자가 적지 않습니다.

직장에 다니는 이 20대 여성도 온종일 에어컨 앞에서 일하다 병원을 찾았습니다.

[인터뷰] ○○○ / 직장인: "머리가 아프고, 콧물이 나고, 온몸이 욱신욱신 쑤시고요. 밤에 잠도 안 오고…."

실제로 직장인 세 명 가운데 한 명이 두통이나 코감기 같은 냉방병에 걸렸다는 설문조사 결과도 나왔습니다.

특히, 여성 환자가 남성에 비해 두 배 더 많습니다. 냉방병은 실내외 온도 차 때문에 우리 몸의 자율신경계가 지쳐 일어나는데, 여성의 신체가 온도 변화에 더 취약하기 때문입니다.

올여름 계속되는 비도 냉방병 증가의 한 원인입니다.

2-5. 모호한 인과관계는 독

예문 | 문제의 가습기 살균제는 이처럼 가습기에 넣는 물과 섞어 사용하는데
요, **어린이나 환자 등**에게 사용한 경우가 많아 4살 이하 영유아 사망자
가 전체 사망자의 4분의 1에 이르고 있습니다.

의사표현도 제대로 못 하는 자녀 등 가족을 잃은 피해자들을 두 번 울린
건 옥시 측의 태도였습니다.

가습기 살균제를 어린이나 환자 등에게 많이 사용한 사실과 영유아 사
망자가 많다는 사실은 인과 관계가 성립하지 않는다. 영유아 사망자 비
율에 한정한 결과를 얘기하려면 영유아에게만 해당하는 원인을 말해야
한다. 또 가습기 살균제를 어린이나 환자 등에게 사용했다는 서술도 맞
지 않다. 가습기는 사람에게 직접 사용하지 않는다.

바로
쓰기 | 문제의 가습기 살균제는 이처럼 가습기에 넣는 물과 섞어 사용하는데
요, **영유아가 있는 공간**에서 사용한 경우가 많아 4살 이하 영유아 사망
자가 전체 사망자의 4분의 1에 이르고 있습니다.

의사표현도 제대로 못 하는 자녀 등 가족을 잃은 피해자들을 두 번 울린
건 옥시 측의 태도였습니다.

2-6. 논리를 다지는 접속사

예문 | 자동차가 벽에 힘껏 부딪힙니다. 차는 부서져도 운전자가 크게 다치지 않는 건 바로 에어백 때문입니다.

제어장치에 문제가 있어 이 에어백이 터지지 않을 수 있는 차량이 발견돼 리콜에 들어가기로 했습니다.

접속사는 되도록 쓰지 않아야 문장이 깔끔하고 힘이 있다. 뒤에서 자세하게 다룬다.[1] 하지만 논리 흐름을 위해 필요할 때엔 써야 한다. 여기서는 두 문장 사이에 내용이 전환되는데도 그에 맞는 접속사가 없어서 논리가 허술해졌다.

바로
쓰기 | 자동차가 벽에 힘껏 부딪힙니다. 차는 부서져도 운전자가 크게 다치지 않는 건 바로 에어백 때문입니다.

그런데 제어장치에 문제가 있어 이 에어백이 터지지 않을 수 있는 차량이 발견돼 리콜에 들어가기로 했습니다.

---

1 제 2부 2장의 "2. 접속사를 빼라" 참고.

예문 | 6·25 전쟁 때 포로로 잡혔다가 제 3국으로 갔던 76명의 한국인 포로가 있습니다. 그 가운데 40년 만에 귀국해 충북 음성 꽃동네에서 생활하던 고 김남수 씨가 최근 숨졌습니다. 우리의 슬픈 현대사가 담긴 김 씨의 기구한 사연, ○○○ 기자의 보돕니다.

지난 2일 82살의 나이로 숨진 고 김남수 씨가 영정 사진 속에서 활짝 웃고 있습니다. 장례 미사 참석자들은 6·25 직후 남과 북을 모두 거부하고 중립국행을 선택했던 김 씨의 기구한 삶을 추억하며 죽음을 애도했습니다.

[인터뷰] 오웅진 신부 / 꽃동네: "민족의 한을 풀고자 하는 그런 마음, 아픈 마음을 아직도 가지고 세상을 떠나게 돼서 안타깝습니다."

김 씨는 6·25 때 징집을 피해 도망 다니다 국군에 포로로 잡혔고, 이후 중립국행을 선택한 76명에 포함됐습니다. 하지만 브라질에서 자신을 비하하는 일본인을 살해하고 27년간 수감돼야 했습니다. 구명운동 끝에 1994년 귀국했지만 정신질환에 시달린 그에게 꽃동네 말고 달리 돌아갈 곳은 없었습니다.

전쟁터보다 살벌한 이념 싸움이 벌어졌던 거제도 포로수용소와 이후의 생활은 김 씨에게는 모두 기억하고 싶지 않은 악몽이었습니다.

[인터뷰] ○○○ / 사회복지사: "거제도 수용소 얘기하고 브라질에 계셨을 때 특정 얘기는 잘 안 하려고 하셔요. 특히 거제도 수용소 얘기는 전혀 안 하려고 하시고."

분단이라는 우리 현대사의 질곡을 고스란히 몸으로 겪고 형제끼리 총부리를 들이대는 한반도를 거부했던 김 씨는 꽃동네 안 낙원묘지에 안장됐습니다.

KBS뉴스 ○○○입니다.

리포트기사의 앵커멘트와 본 기사의 논리 흐름을 살펴보기 위한 예문이다. 앵커멘트는 본 기사를 소개하며 이끄는 글이다. 기사 내용을 짧게 요약하거나 핵심을 추려 전달하는 식이 보통이다. 그렇다고 너무 많은 내용을 담아도 안 된다. 줄거리를 미리 알려 줘 김을 빼는 '스포일러'가 돼서는 곤란하기 때문이다. 앵커멘트는 때로는 본 기사를 주목하도록 관심을 끌 만한 미끼 역할도 한다. 요즘엔 앵커가 그래픽이나 영상자료를 보면서 관련 통계수치나 법안 내용 등을 설명하고 본 기사를 이끌어 내는 형식도 늘었다.

앵커멘트는 글의 구성 면에서 볼 때 이중의 성격을 지녔다. 때로는 본 기사와는 별개로 온전한 논리 구조를 지닐 필요가 있고, 동시에 전체 기사의 서론이자 도입 구실을 하며 본 기사와 논리가 자연스럽게 연결되어야 한다. 그래서 앵커멘트를 눈여겨보면 글 전체의 논리 구조를 세우고 논지를 축약해 표현하는 글쓰기 연습에 큰 도움이 된다.

사례로 든 기사는 꽃동네에서 생활하다 숨진 김남수 씨의 사연을 소개하는 내용이다. 앵커멘트를 제3국으로 간 포로 76인에 대한 내용으로 시작한 뒤 김 씨의 죽음을 소개하는 문장으로 끝맺었다. 소개와 도입의 측면에서는 괜찮지만 글 전체의 논리로 봐서는 아쉽다. 김 씨가 널리 알려지지 않은 인물이니 설명을 하기 위해서 포로 76인의 내용을 언급한 점은 좋지만 첫 문장으로 강조한 면은 적절하지 않다. 본 기사에서도 슬쩍 지나갈 뿐 포로 76인의 내용을 언급하지 않은 탓이다. 궁금증만 불러일으키고 정작 설명은 하지 않은 셈이다.

이 기사에서 가장 먼저 전달해야 할 팩트는 김 씨의 죽음이다. 여기에 김 씨가 어떤 사연을 지녔는지를 부연해야 자연스럽다. 앵커멘트를 이렇게 바꿔 보았다.

바로 쓰기 | 6·25 전쟁 때 국군 포로로 잡혔다가 중립국을 떠돈 김남수 씨가 최근 숨졌습니다. 40년 만에 귀국한 뒤 충북 음성 꽃동네에서 생활하다 숨진 고인의 삶에는 우리의 슬픈 현대사가 담겼습니다.

○○○ 기자가 보도합니다.

제 2 장 깔끔하게 써라

먼저, 다음 두 글을 비교해 읽어 보자.

곧 성당은 말하자면 4차원을 갖는 공간 — 그 차원은 '시간'이지만 — 을 차지한 건물, 그 건물은 몇 세기 동안에 걸쳐 성소를 넓히고, 성소는 두 들보와 들보 사이로, 소제단에서 소제단으로 넓어지면서 단지 몇 미터의 공간만 아니라, 옛적 자랑스럽게 성소가 생겨난 계속적인 허다한 시대마저 정복하고 뛰어넘은 듯한 건물, 그 두꺼운 벽 속에 거칠고도 잔인스러운 11세기를 숨기면서, 우툴두툴한 작은 돌로 입도 귀도 막힌 둔한 궁륭형과 함께 그 벽에서 보이는 것이라고는, 오로지 정면 현관의 입구 근처, 종루의 계단 때문에 패어진 깊은 금뿐, 그리고 거기 역시, 이 계단 앞에 아양스럽게 밀려들고 있는 고딕식의 우아스러운 기둥들에 가려 그다지 눈에 띄지 않아서, 마치 손위 누이들이, 버릇없고 실쭉한, 더러운 옷을 입은 남동생을, 남의 눈에 띄지 않게 생글생글 웃으며 앞을 가로막고 서 있는 듯하였고, 또 그 건물은, 광장 위 하늘 쪽으로, 옛적에 성 루이 왕을 굽어보았으며 지금도 역시 굽어보고 있는 듯한 탑을 치솟게 하는 한편, 그 지하 납골소와 함께 메로빙

거 왕조의 밤의 장막 속 깊숙이 가라앉아 있으며, 그 밤의 장막 속에서, 돌로 만든 거대한 박쥐의 피막처럼 강한 리브를 넣은 어두컴컴한 둥근 천장 아래를 손으로 더듬으면서 우리를 안내해 주는 테오도르와 그 누이는 한 가락의 양초를 손에 들고 시즈베르트 막내딸의 묘를 우리에게 비워 주었는데, 그 묘석에는 조가비 모양의 깊은 구멍이 하나 — 화석에 남은 흔적처럼 — 패어 있고, 테오도르는, "이 구멍을 낸 것은 수정 등잔입니다. 이 프랑크의 왕녀께서 살해되던 날 저녁, 현재 성당 후전(後殿)의 그 장소에 걸려 있던 등잔이 스스로 황금 사슬에서 벗어나, 그 수정이 깨지는 일 없이 또 불도 꺼지지 않은 채, 이 돌 속에 움푹 박혀서 돌을 부드럽게 뚫었던 것입니다"라고 설명하였다.[1]

노인은 멕시코 만류(灣流)에서 조각배를 타고 혼자서 고기잡이하는 어부였다. 고기 한 마리 낚지 못한 채 헤매 다닌 지도 벌써 84일이 되었다. 처음 40일 동안은 한 소년이 노인과 함께 지냈다. 그러나 40일이 지나도 고기 한 마리 낚지 못하게 되자, 소년의 부모는 노인이 마침내 결정적인 '살라오'(최악의 불운을 뜻하는 스페인 말)가 되었다고 소년에게 알아듣도록 말했다. 소년은 부모의 명을 어기지 않고 다른 배로 옮겨 갔다. 그 배는 첫 주일에 꽤 큰 고기를 세 마리나 낚았다. 그러나 노인은 날마다 허탕치고 빈 배로 돌아왔다. 그럴 때마다 소년은 노인이 측은하게 생각되었다. 소년은 늘 내려와서 노인을 도와, 사려 놓은 낚싯줄, 갈고리, 작살, 돛 등을 옮겨 주었다. 밀가루 부대로 군데군데 기워진, 둘둘 감아 놓은 돛은 마치 영원한 패배를

---

1 《잃어버린 시간을 찾아서》(마르셀 프루스트 저 / 김창석 역, 국일출판사, 2001).

상징하는 깃발 같았다.

노인은 여위고 게다가 목덜미에는 깊은 주름살마저 새겨진 수척한 사람이었다. 그의 양쪽 뺨에는 열대 지방의 바다에 햇살이 반사되어 생기는 피부암의 갈색 반점이 있었다. 몸에는 해롭지 않은 그것들은 양쪽 뺨 훨씬 아래까지 번져 있었다. 두 손은 큰 고기를 밧줄로 다루다가 생긴, 깊이 팬 상처투성이였다. 그러나 그중엔 최근에 생긴 것이라고는 하나도 없었다. 이 상처들은 물고기가 없는 사막의 부식지층처럼 오래 된 것이었다.

노인의 신체 모든 부분은 늙어 쇠약해졌지만 눈만은 예외였다. 그 눈은 바다처럼 푸르고 생기가 넘쳐흐르며 패배를 몰랐다.[2]

앞의 글은 마르셀 프루스트가 쓴 장편소설 《잃어버린 시간을 찾아서》의 일부이다. 뒤의 글은 어니스트 헤밍웨이의 작품인 《노인과 바다》의 첫 부분이다.

프랑스의 거장 프루스트의 《잃어버린 시간을 찾아서》는 섬세한 묘사와 더불어 유려한 만연체로 이름난 소설이다. 인용한 부분처럼 한 문장이 단행본 한 쪽을 훌쩍 넘어가기도 한다. 웬만해선 쉽게 읽기 어렵다. 마침표가 언제나 나올까 좀이 쑤실 지경이다. 하지만 이 소설은 그 문장 자체가 훌륭한 문학의 성과로 인정받는다.

헤밍웨이의 《노인과 바다》는 흔히 '하드보일드'의 대표작으로 꼽힌다. 하드보일드는 미국에서 1920년대에 나타나 1930년대에 성행한 사실주의 문학이다. 《노인과 바다》의 문장은 하드보일드 문체답게 불필

---

2 《노인과 바다》(E. 헤밍웨이 저 / 김희진 역, 범우사, 1999).

요한 수식이 없다. 형용사는 거의 없다. 짧고 힘차다. 《노인과 바다》
가 헤밍웨이에게 노벨문학상을 안긴 데에는 이 간결하고 단순한 문체도
한몫했다고 하겠다.

　어떤 문체가 더 훌륭한지는 논할 가치가 없다. 소설이나 시와 같은
감성 글은 저마다의 색깔을 지녔기 때문이다. 때로는 만연체로, 때로
는 간결체로, 작가의 취향과 재능에 따라 다르다. 그 차이가 곧 문학작
품의 아름다움이다. 논리 글은 다르다. 깔끔해야 읽기에 편하다. 설령
문법에 맞다 해도 문장이 길고 복잡하면 나쁜 글이다. 집중을 방해하고
글의 본 목적인 '전달'을 이루기 어렵다. 논리 글은 《잃어버린 시간을
찾아서》가 아니라 《노인과 바다》처럼 써야 한다.

　다음에 제시하는 몇 가지 원칙을 잘 새겨 놓으면 깔끔한 글을 쓰는 데
도움이 된다.

　여기서부터는 두 번 고쳐 쓰는 예문이 있다. 예로 든 기사 문장에 제
시한 해당 유형만이 아닌 다른 유형의 잘못도 담겨 있어서이다. 그 잘
못까지 고치면 더 부드럽고 좋은 글이 된다. 먼저 해당 유형의 잘못만
을 바로잡아 예문 바로 아래에 고쳐 쓴다. 앞에서 짚었거나 뒤에서 살
펴볼 다른 유형의 잘못이 있으면 바로잡고 다듬어 '더 좋은 글 쓰기'에서
제시한다. 두 번 고쳐 쓰는 까닭을 그때그때 덧붙여 설명하니 되풀이해
익히자. 자세한 풀이와 예문은 해당 유형을 설명할 때 거듭 되짚는다.

1. 사정없이 잘라라

문장은 짧을수록 좋다. 간결함이 생명이다. 사실과 논리를 전달하는데 문장이 길 이유가 없다. 방송기사가 아닌 다른 글도 매한가지다. 늘어지면 지저분하고 복잡하다. 문장이 길면 읽기에도 힘들고 듣기에도 벅차다. 짧은 문장이 뜻도 분명하고 명쾌하다. 글의 본디 목적인 '전달'에 충실하다.

　짧게 쓰려면 단문 쓰는 버릇을 들이자. 주어와 술어가 여럿인 복문보다는 하나인 단문이 낫다. 복문은 꼭 필요할 때만 쓰자. 같은 단문이라도 길이가 짧으면 더 깔끔하다. 짧은 단문이 쓰기에도 쉽다. 틈이 보이면 칼을 휘둘러라. 나누고 자르자!

예문 | 지난주 반기문 총장의 한국 방문에 동행했던 스테판 두자릭 유엔 대변인은 반 총장의 대선 출마 논란은 추측일 뿐이라고 밝혔습니다.
　두자릭 대변인은 오늘 유엔본부에서 가진 정례브리핑에서 이같이 **말하고** 반기문 총장은 임기 마지막까지 유엔회원국들이 부여한 임무에 전력을 다할 계획이라고 전했습니다. 유종의 미를 거두겠다는 그간 반 총장 발언과 같은 맥락입니다.
　그러면서 사무총장 이후 무엇을 할지는 반 총장 스스로 결정할 **것이라면서** 생산적인 세계시민으로서 어떻게 하는 게 최선인지 임기가 끝난 뒤 판단할 것이라고 **강조했습니다.**

바로쓰기 | 지난주 반기문 총장의 한국 방문에 동행했던 스테판 두자릭 유엔 대변

인은 반 총장의 대선 출마 논란은 추측일 뿐이라고 밝혔습니다.

두자릭 대변인은 오늘 유엔본부에서 가진 정례브리핑에서 이같이 **말했습니다.** 반기문 총장은 임기 마지막까지 유엔회원국들이 부여한 임무에 전력을 다할 계획이라고 전했습니다. 유종의 미를 거두겠다는 그간 반 총장 발언과 같은 맥락입니다.

그러면서 사무총장 이후 무엇을 할지는 반 총장 스스로 결정할 **것이라고 강조했습니다.** 생산적인 세계시민으로서 어떻게 하는 게 최선인지 임기가 끝난 뒤 판단할 것이라고 **덧붙였습니다.**

예문 2 │ 19대 국회의원들이 지난 4년간 쓴 정치자금은 의원 한 명당 5억 원 **정도로** 모두 1,448억 원입니다.

정치자금의 재원은 국고로 지원되는 세비와 운영비 등과 **다르게** 국민들이 한 푼 두 푼 보내준 후원금이 대부분입니다.

바로 쓰기 │ 19대 국회의원들이 지난 4년간 쓴 정치자금은 의원 한 명당 5억 원 정도 **입니다.** 모두 1,448억 원입니다.

정치자금의 재원은 국고로 지원되는 세비와 운영비 등과 **다릅니다.** 국민들이 한 푼 두 푼 보내준 후원금이 대부분입니다.

예문 3 │ 전문가들은 여론조사가 부정확한 이유로 크게 3가지를 꼽습니다.

먼저 500명 정도의 적은 표본을 대상으로 해 오차 범위가 8%대에 **이르고,** 유선전화를 위주로 조사해, 주로 휴대전화를 이용하는 젊은 층 표심을 반영하는 데 한계가 **있는 데다,** 지지 후보 밝히기를 꺼리는 동양적인 문화까지 있다는 겁니다.

바로 쓰기 │ 전문가들은 여론조사가 부정확한 이유로 크게 3가지를 꼽습니다.

먼저 500명 정도의 적은 표본을 대상으로 해 오차 범위가 8%대에 **이르는 점입니다.** 유선전화를 위주로 조사해 주로 휴대전화를 이용하는 젊은 층 표심을 반영하는 데 한계가 **있습니다.** 지지 후보 밝히기를 꺼리는 동양적인 문화까지 있다는 겁니다.

예문 4 | 원전과 병원 등에서 사용한 작업복과 장갑, 부품 등 상대적으로 방사능이 **적은** 중·저준위 폐기물은 지난해 가동을 시작한 경주 처리장에 영구 보관되고 있습니다.

하지만 사용후핵연료와 같은 고준위 폐기물은 높은 열과 많은 방사능을 뿜어내 최소 10만 년을 안전히 보관해야 **하지만** 현재는 원전 안의 수조 등에 임시 보관되고 있습니다.

문제는 2026년을 전후해 임시 보관장이 꽉 들어찬다는 겁니다.

바로쓰기 | 원전과 병원 등에서 사용한 작업복과 장갑, 부품 등은 상대적으로 방사능이 **적습니다.** 이런 중·저준위 폐기물은 지난해 가동을 시작한 경주 처리장에 영구 보관되고 있습니다.

하지만 사용후핵연료와 같은 고준위 폐기물은 높은 열과 많은 방사능을 뿜어내 최소 10만 년을 안전히 보관해야 **합니다. 하지만** 현재는 원전 안의 수조 등에 임시 보관되고 있습니다.

문제는 2026년을 전후해 임시 보관장이 꽉 들어찬다는 겁니다.

1. 반기문 총장의 대선 출마 논란은 추측일 뿐이라고 유엔 대변인이 밝혔습니다. 지난주 반 총장의 한국 방문에 동행한 스테판 두자릭 유엔 대변인은 오늘 유엔본부에서 연 정례브리핑에서 이같이 말했습니다.

또 반기문 총장이 임기 마지막까지 유엔회원국들이 맡긴 임무에 전력을 다할 계획이라고 전했습니다. 유종의 미를 거두겠다는 그간 반 총장 발언과 같은 맥락입니다.

두자릭 대변인은, 반 총장이 사무총장 이후 무엇을 할지는 반 총장 스스로 결정할 것이라고 덧붙였습니다. 생산적인 세계시민으로서 어떻게 하는 게 최선인지 임기가 끝난 뒤 판단할 것이라고 강조했습니다.

- 첫 문장은 기사의 '리드문장'답게 핵심 내용만 추려 줄였다. 대변인이 지난주 방한에 동행한 사실을 앞으로 내세울 필요가 없다.
- '브리핑'은 '갖다'보다 '열다'나 '하다'와 잘 어울린다.
- '동행했던'은 지나친 과거형 표현이다. 뒤에서 자세히 살펴본다.[3]
- '부여한'은 '맡긴'으로 바꿨다. 한자어 대신 편한 우리말을 쓰자.
- '생산적인'은 쓸모없는 수사이다. '~적인'이라는 표현도 쓰지 말아야 한다. 뒤에서 설명한다.[4] 발언을 그대로 인용한 내용이니 그대로 두었다.

---

3 제 2부 3장의 "1-1. 시제 참고.
4 제 2부 3장의 "1-6. ~적인" 참고.

2. 19대 국회의원들이 지난 4년 간 쓴 정치자금은 모두 1,448억 원입니다. 의원 한 명이 5억 원 정도를 썼습니다.

   정치자금은 국민이 한 푼 두 푼 보내준 후원금이 대부분입니다. 국고로 지원하는 세비나 운영비 등과는 다릅니다.

   • 여러 사실을 서술하는 순서는 선택의 문제이다. '한 명당 5억 원'과 '1,448억 원', '정치자금이 세비나 운영비와 다름'과 '후원금이 대부분임' 각각의 서술 순서를 고민해 보자. 무엇이 더 강조할 만한지, 어떤 쪽이 이해가 편할지 등을 고려하자.
   • '국민'은 '국가를 구성하는 사람 또는 그 나라의 국적을 가진 사람'이다. 국가의 구성원 한 명 한 명을 가리키기도 하지만 구성원 전체를 싸잡아 일컫기도 한다. 때에 따라 다르지만 대부분 굳이 복수형인 '국민들'로 쓸 필요가 없다.
   • '지원'의 주체는 드러나지 않았지만 국가임을 알 수 있다. 능동으로 쓰자.

3. 전문가들은 여론조사가 부정확한 이유로 크게 3가지를 꼽습니다.

   첫째, 표본이 500명 정도로 적어 오차 범위가 8%대에 이르는 점입니다. 둘째는 유선전화 위주의 조사입니다. 주로 휴대전화를 이용하는 젊은 층 표심을 반영하는 데 한계가 있습니다. 셋째는 지지 후보 밝히기를 꺼리는 문화도 걸림돌로 꼽힙니다.

   • 문장을 무조건 나누기만 해서는 곤란하다. 자연스럽게 손질했다.
   • '500명 정도의 적은 표본을 대상으로 해'보다는 '표본이 500명 정도로 적어'가 옳고 편한 서술이다.
   • 지지 후보를 숨기는 대중의 성향을 동서양 차이라고 볼 수 있을까? 뺐다.

4. 원전과 병원 등에서 사용한 작업복과 장갑, 부품 등은 방사능이 그다지 많지 않은 중·저준위 폐기물입니다. 지난해 가동을 시작한 경주 처리장에 영구히 보관합니다.

하지만 사용후핵연료와 같은 고준위 폐기물이 문제입니다. 고준위 폐기물은 높은 열과 방사능을 뿜어내 최소 10만 년을 안전히 보관해야 하는데도 현재 원전 안의 수조 등에 임시 보관하고 있습니다.

임시 보관장마저도 2026년을 전후해 꽉 차게 됩니다.

- 문맥이 자연스럽지 않다. 주제가 잘 전달되도록 정리해 보았다.
- '~적인'을 피했다.
- '~고 있습니다'는 되도록 없애자. 쓸모없는 군더더기일 때가 많다. 반드시 어떤 동작이나 상태가 진행 중일 때에만 가려 쓰자.[5]
- '~되고' 대신 '~하고'로 고쳐 썼다. 피동 표현은 최대한 피하자.[6]

---

5 제 2부 2장의 "4. '있다'를 줄여라" 참고.
6 제 2부 3장의 "2. 피동 대신 능동" 참고.

2. 접속사를 빼라

접속사는 낱말과 낱말을 연결하거나 문장과 문장을 이어 주는 말이다. 주로 접속부사가 그 구실을 한다. 문맥 관계에 따라 몇 가지 범주가 있다. '그리고', '그래서', '따라서' 따위는 순접 관계이고 '그러나', '하지만', '그래도' 등으로 역접 관계이다. '또는', '혹은'은 나열이나 대등, '그런데', '그러면' 따위는 전환, '그러므로', '따라서', '그런 만큼' 등은 인과 관계이다. '더구나', '또'는 첨가, '곧', '결국'은 환언, '이를테면', '예컨대'는 비유, '또는', '혹은' 따위는 선택 관계이다.

　접속사가 꼭 필요한 글의 흐름도 있지만 드물다. 쓸데없는 군살일 때가 많다. 꼭 남겨야 하는 접속사만 남겨라. 나머지는 없애자. 뜻이 달라지거나 어색한가? 아니다. 문장 자체의 힘이 산다.

　안정효는 자신감이 부족해 생기는 말더듬기처럼 접속사 때문에 '글더듬기'가 생겨난다고 지적한다.[7] 머뭇대지 말자. 자신 있게 버리자. 당장은 어색할지 몰라도 한결 말끔한 문장이 된다.

예문 | 요즘 날씨가 덥다 보니 운전을 하다 깜빡 졸음이 몰려올 때가 있습니다. **그런데** 졸음운전이 술을 마시고 운전하는 것만큼 위험하다고 합니다.

바로쓰기 | 요즘 날씨가 덥다 보니 운전을 하다 깜빡 졸음이 몰려올 때가 있습니다. 졸음운전이 술을 마시고 운전하는 것만큼 위험하다고 합니다.

---

7 《안정효의 글쓰기 만보》(안정효, 모멘토, 2006).

예문 2 | 경찰은 이번 주 중으로 사고 당일 은성PSD 근무자들을 불러 작업일지 작성자와 시점 등을 집중 조사할 계획입니다.

한편, 사고 나흘 만에 건국대병원 장례식장에 마련된 김 씨의 빈소에는 김 씨의 부모님 등 유가족이 침통한 표정으로 자리를 지켰습니다.

바로 쓰기 | 경찰은 이번 주 중으로 사고 당일 은성PSD 근무자들을 불러 작업일지 작성자와 시점 등을 집중 조사할 계획입니다.

사고 나흘 만에 건국대병원 장례식장에 마련된 김 씨의 빈소에는 김 씨의 부모님 등 유가족이 침통한 표정으로 자리를 지켰습니다.

예문 3 | 이 사원은 130여 마리의 호랑이를 기르면서 관광객들로부터 입장료를 받아 막대한 수입을 챙겨 왔습니다.

특히 사원의 호랑이들은 관광객들이 만지고 함께 사진을 찍을 정도로 순화돼 약물 투여 등 동물 학대 의혹을 받아 왔습니다.

이에 따라 태국 동물보호 당국은 압수 영장을 발부받아 일주일에 걸쳐 사원의 모든 호랑이를 몰수하기로 했습니다.

바로 쓰기 | 이 사원은 130여 마리의 호랑이를 기르면서 관광객들로부터 입장료를 받아 막대한 수입을 챙겨 왔습니다.

사원의 호랑이들은 관광객들이 만지고 함께 사진을 찍을 정도로 순화돼 약물 투여 등 동물 학대 의혹을 받아 왔습니다.

태국 동물보호 당국은 압수 영장을 발부받아 일주일에 걸쳐 사원의 모든 호랑이를 몰수하기로 했습니다.

예문 4 | 특정 국가의 금융기관이 북한과 거래하는 것이 확인되면 미국은 해당 금융기관과 거래를 중단할 방침입니다.

특히 2005년 BDA은행 한 곳을 겨냥했던 것과는 달리 이번엔 북한과 거래하는 모든 금융기관을 타깃으로 삼았다는 점에서 파급 효과가 훨씬 더 클 것으로 예상됩니다.

따라서 이번 우려대상국 지정이 북한과 거래가 가장 많은 중국을 사실상 겨냥한 게 아니냐는 관측이 나오고 있습니다. **또** 역으로 중국이 관건이라는 점, 즉 중국의 협조가 있어야 이 조치가 실효성을 가질 수 있다는 분석도 나옵니다.

바로| 특정 국가의 금융기관이 북한과 거래하는 것이 확인되면 미국은 해당
쓰기| 금융기관과 거래를 중단할 방침입니다.

2005년 BDA은행 한 곳을 겨냥했던 것과는 달리 이번엔 북한과 거래하는 모든 금융기관을 타깃으로 삼았다는 점에서 파급 효과가 훨씬 더 클 것으로 예상됩니다.

이번 우려대상국 지정이 북한과 거래가 가장 많은 중국을 사실상 겨냥한 게 아니냐는 관측이 나오고 있습니다. 역으로 중국이 관건이라는 점, 즉 중국의 협조가 있어야 이 조치가 실효성을 가질 수 있다는 분석도 나옵니다.

더 좋은 글 쓰기 ✓

1. 요즘 날씨가 덥다 보니 운전하다 깜빡 졸 위험이 더욱 큽니다. 졸음운전은 음주운전만큼 위험하다고 합니다.

• 운전 중 졸음이 더운 날씨에만 찾아오지 않는다. 요즘의 날씨와 연계해 강조하려면 평소보다 더 잦다고 표현해야 맞다.

- '술을 마시고 운전하는 것'은 '음주운전'이다. 풀어 써도 좋지만, 앞에 '졸음운전'이 있으니 '음주운전'으로 쓰면 호응 면에서도 깔끔하다.

2. 경찰은 사고 당일 근무한 은성PSD 직원들을 이번 주 안에 불러 조사할 계획입니다. 작업일지를 누가 언제 썼는지 등을 조사합니다.

   김 씨의 빈소는 사고 나흘 만에 건국대병원 장례식장에 마련됐습니다. 김 씨의 부모님 등 유가족이 침통한 표정으로 빈소를 지켰습니다.

   - 문장을 나눴다.
   - '이번 주 중'과 '사고 당일', 두 시점이 연이어 나와 헷갈린다. 멀리 떼어 놓으니 편해졌다.
   - '작업일지 작성자와 시점'은 풀어 썼다.
   - 둘째 문장은 비문이다. 문장을 나누지 않고 쓰려면 '빈소에는'을 '빈소에서는'으로 고쳐야 맞다.

3. 이 사원은 호랑이 130여 마리를 기르면서 관광객을 받았습니다. 입장료로 큰 이득을 챙겨왔습니다.

   호랑이들은 관광객이 만지고 함께 사진을 찍어도 될 만큼 순했습니다. 사원이 호랑이들에게 약물 투여 같은 학대를 했다는 의혹이 나왔습니다.

   태국 동물보호 당국은 압수 영장을 받아 일주일 동안 모든 호랑이를 몰수하기로 했습니다.

   - '사원의 호랑이들은 … 의혹을 받아왔습니다.'는 주술 관계가 일치하지 않는 비문이다. 단문으로 쓰면 깔끔히 해결할 수 있다.

4. 미국은 특정 국가의 금융기관과 북한의 거래가 확인되면 그 금융기관과 거래를 끊기로 했습니다.

방코델타아시아(BDA)은행 한 곳을 겨냥한 2005년 조치와는 다릅니다. 북한과 거래하는 모든 금융기관을 목표로 삼아서 파급 효과가 훨씬 더 클 것으로 보입니다.

이번 우려대상국 지정은 사실상 중국을 겨냥한 면도 있습니다. 중국이 북한과 거래가 가장 많기 때문입니다. 같은 이유로 이 조치는 중국이 관건이기도 합니다. 중국의 협조가 있어야 실효성이 있습니다.

- 문장을 나누고 낱말을 다듬었다. 논리가 분명해지도록 전개도 손봤다.
- 첫 문장의 주어 '미국'을 앞으로 옮겼다.
- '~한다는 방침입니다'는 틀린 표현이다. '~할 방침입니다'도 그리 좋지 않은 표현이다. 뒤에서 다시 살핀다.[8]
- '중단'은 '끊다'로 바꿨다.
- '거래하는 것', '겨냥했던 것', '겨냥한 게' 따위의 '것'을 없앴다.
- '효과가 클 것'이라는 예상, '실효성을 가질 수 있다'는 분석은 누가 한 것인가? 글쓴 기자의 예상이고 분석이면, 그렇다고 서술하면 된다. 전문가 누구의 예상이고 분석이면 그 사람을 밝혀야 한다. 뒤에서 다시 자세히 살핀다.[9]

---

8 제 2부 4장의 "7-8. ~ 한다는 방침 / 계획이다" 참고.
9 제 2부 3장의 "3. 익명에 숨지 말라" 참고.

3. 중복을 없애라

너저분하지 않고 간명하게 표현하기 위해서는 중복을 없애야 한다.

중복하는 잘못은 크게 두 가지다. 첫째, 쓰지 말아야 하거나 쓸 필요가 없는 낱말을 거듭 쓰는 일이다. 둘째, 꼭 필요한 성분이라 해도 한 문장 또는 연이은 문장에서 똑같은 낱말과 표현으로 되풀이하는 경우다. 틀린 문장은 아니지만 글맛이 떨어진다. 되도록 낱말과 표현을 다양하게 사용하면 글의 생동감이 커진다.

아래 예문에서 '메르스 의심 신고'와 '메르스 검사 결과', '있는데요'와 '그런데', '계속되고 있는 가운데'와 '계속되고 있습니다', '통제됐고'와 '통제되고 있습니다', '일어난 일'과 '진술하는 일', '물론'과 '그리고', 모두 겹친 말이다. 없애거나 바꿔야 깔끔하고 자연스럽다.

예문 | 전북 지역에서 스스로 중동호흡기증후군, 메르스 의심 신고를 한 20대
1   여성에 대한 **메르스** 검사 결과가 오늘 오전 나올 것으로 보입니다.

바로 | 전북 지역에서 스스로 중동호흡기증후군, 메르스 의심 신고를 한 20대
쓰기   여성에 대한 검사 결과가 오늘 오전 나올 것으로 보입니다.

예문 | 거동이 불편한 1, 2급 장애인들을 위해 장애인 콜택시가 운행되고 있는
2   데요, **그런데** 택시가 시도 경계를 넘지 못하도록 한 규정 때문에 장애인
   들이 큰 불편을 겪고 있습니다.

바로 | 거동이 불편한 1, 2급 장애인들을 위해 장애인 콜택시가 운행되고 있는
쓰기

데요, 택시가 시도 경계를 넘지 못하도록 한 규정 때문에 장애인들이 큰 불편을 겪고 있습니다.

예문 3 | 법조인의 전관예우 논란이 **계속되고 있는** 가운데 자신의 전관 경력을 내세우는 변호사들의 행태는 계속되고 있습니다.

바로 쓰기 | 법조인의 전관예우 논란이 **여전한** 가운데 자신의 전관 경력을 내세우는 변호사들의 행태는 계속되고 있습니다.

예문 4 | 이 사고로 경부선 상행선이 2시간가량 통제됐고 하행선도 한때 **통제되면서** 극심한 정체를 빚었습니다.

바로 쓰기 | 이 사고로 경부선 상행선이 2시간가량 통제됐고 하행선도 한때 **통행이 제한되면서** 극심한 정체를 빚었습니다.

예문 5 | 성폭력 피해 어린이가 겪는 또 한 번의 고통, 바로 수사와 재판 과정에서 자신에게 일어난 일을 진술하는 **일이죠.**

바로 쓰기 | 성폭력 피해 어린이가 겪는 또 한 번의 고통, 바로 수사와 재판 과정에서 자신에게 일어난 일을 진술하는 **것이죠.**

예문 6 | 두테르테 시장은 욕설과 여성비하 발언은 물론 **그리고** 모든 범죄자를 처형해 범죄를 뿌리 **뽑겠다고 공언하고** 있습니다.

바로 쓰기 | 두테르테 시장은 욕설과 여성비하 발언은 물론 모든 범죄자를 처형해 범죄를 뿌리 **뽑겠다는** 공언을 하고 있습니다.

1. 중동호흡기증후군, 메르스 의심 신고를 스스로 한 전북 지역 20대 여성의
   감염 검사 결과가 오늘 오전 나올 예정입니다.

   - '스스로'는 '신고를 한'을 꾸민다. 수식어와 피수식어는 가까이 두자.
   - '전북 지역에서'를 문장의 맨 앞에 둬 강조할 이유가 딱히 없다.
   - '~것으로 보이다'라는 표현은 편하지 않은 피동이다. 다른 표현으로 바꾸자. 기자
     가 검사 결과가 언제 나올지 멋대로 추측할 수는 없다. 담당 기관 등에서 밝힌 내
     용을 토대로 해야 한다. 근거가 명확하다면 숨기지 말고 명확히 쓰자.

2. 지방자치단체마다 거동이 불편한 1, 2급 장애인들을 위해 장애인 콜택시를
   운행합니다. 그런데 시도 경계를 넘지 못하도록 한 규정 때문에 이용하는
   데 불편이 크다고 합니다.

   - 주체를 살려 능동으로 바꾸고 문장을 나눴다.
   - '~고 있는데요', '~고 있습니다' 따위 진행형은 필요 없다. 바로 뒤에서 자세히 살
     펴본다.[10]
   - '장애인'도 중복이다.

3. 법조인의 전관예우 논란이 여전한데도 변호사들이 자신의 전관 경력을 내
   세우는 행태를 되풀이합니다.

---

10 제 2부 2장의 "4. '있다'를 줄여라" 참고.

- '~ㄴ 가운데'는 식상하다.
- 사람인 '변호사'를 주어로 내세우고 능동 문장으로 바꿨다.

4. 경찰은 사고 직후 경부선 상행선을 2시간가량 통제했습니다. 하행선도 한 때 통행을 제한해 차가 심하게 밀렸습니다.

- 주어 '경찰'을 살려 피동을 피했다.
- '극심한 정체를 빚었습니다', '가다서다를 반복했습니다', '거북이 걸음을 했습니다' 등은 교통 상황을 묘사할 때 흔히 쓰는 표현이다. 너무 잦고 진부하다.

5. 성폭력 피해 어린이가 겪는 또 한 번의 고통, 바로 자신이 겪은 일을 수사와 재판 때 진술하는 것이죠.

- '수사와 재판 과정에서'와 '자신에게 일어난 일을'의 순서를 바꿔야 읽기에 자연스럽다.
- '성폭력 피해 어린이는 자신이 겪은 일을 수사와 재판 때 진술하느라 또 한 번 고통을 받습니다.' 이렇게 쓰면 평범하다. 입말을 염두에 두고 글맛을 내 '고통'을 강조한 문장이다.

6. 두테르테 시장은 욕설과 여성비하 발언을 했습니다. 모든 범죄자를 처형해 범죄를 뿌리 뽑겠다는 공언도 했습니다.

- '욕설과 여성비하 발언', '모든 범죄자를 처형하겠다는 발언'은 경중을 따지기 어렵다. 두 내용을 '물론'으로 이으면 뒷내용을 강조하는 셈이다. 문장을 나누고 대등하게 나열했다.

4. '있다'를 줄여라

'있다'는 세 품사로 쓴다. '머물다', '유지하다'는 뜻의 동사, '존재하다', '어떤 상태이다'는 뜻의 형용사, 그리고 진행을 나타내는 보조동사다. 보조동사 '있다'가 문제다. 진행의 뜻이 필요하지 않은데도 괜히 쓴다. 진행을 나타내려 썼더라도 대부분은 필요 없다. 없애도 뜻이 그대로다. 인정사정없이 깡그리 없애자! 써도 틀리지 않는데 왜 고쳐야 하냐고? 다음 예문에서 직접 느껴 보자. 빼면 훨씬 발랄하고 예쁜 문장이 된다.

4-1. 불필요한 보조동사 '있다'

예문 1 | 백로는 청렴한 선비의 상징으로 여겨지며 사람들의 사랑을 받아 왔습니다. 그런데, 백로가 도심에서 집단 서식을 하며 주민들에게 불편을 안겨 주고 있어, 천덕꾸러기 신세로 **전락하고 있습니다**.

바로 쓰기 | 백로는 청렴한 선비의 상징으로 여겨지며 사람들의 사랑을 받아 왔습니다. 그런데, 백로가 도심에서 집단 서식을 하며 주민들에게 불편을 안겨 줘, 천덕꾸러기 신세로 **전락했습니다**.

예문 2 | 가습기 살균제로 물의를 빚은 옥시 제품에 대한 불매 운동이 **벌어지고 있는데요**, 대형마트들도 이런 흐름에 동참할 듯하더니 옥시 제품을 팔고 있습니다.

바로
쓰기 | 가습기 살균제로 물의를 빚은 옥시 제품에 대한 불매 운동이 **벌어지는** 데요, 대형마트들도 이런 흐름에 동참할 듯하더니 옥시 제품을 **팝니다.**

예문
3 | 베이징시는 아예 스모그를 '기상재해'로 명시해 대책을 모색하도록 하는 조례까지 **추진하고 있습니다.**

베이징을 비롯한 주요 도시는 차량 5부제를 **시행하고 있습니다.** 하지만 전기차는 적용대상에서 제외하면서 구매를 **장려하고 있습니다.**

바로
쓰기 | 베이징시는 아예 스모그를 '기상재해'로 명시해 대책을 모색하도록 하는 조례까지 **추진 중입니다.**

베이징을 비롯한 주요 도시는 차량 5부제를 **시행합니다.** 하지만 전기차는 적용대상에서 제외하면서 구매를 **장려합니다.**

더 좋은 글 쓰기 √

1. 사람들은 백로를 청렴한 선비의 상징으로 여기고 사랑해 왔습니다. 그런데, 백로가 도심에 무리지어 살며 천덕꾸러기 신세가 됐습니다. 주민에게 불편을 안겨 준 탓입니다.

- 첫 문장은 '사람들'을 주어로 내세워 능동으로 바꿨다. '백로'가 이 글의 주인공이긴 해도 앞세워 강조하느라 문장을 피동으로 쓸 이유는 없다.
- 접속사는 안 써야 좋지만 여기에서처럼 필요할 때는 써야 맞다. 억지로 생략하면 문맥과 논리가 엉키고 흐려진다.
- '집단 서식을 하며'는 '무리지어 살며'로 편히 썼다.
- 두 번째 문장을 나눴다.

2. 시민들이 가습기 살균제로 물의를 빚은 옥시 제품 불매 운동에 나섰습니다. 대형마트들도 동참할 듯하더니 여전히 옥시 제품을 팝니다.

- 문장을 나누었다.
- 첫 문장의 주어인 '시민들'을 살려 능동 표현으로 바꿨다.
- '~에 대한'은 필요 없다. 없앴다.

3. 베이징시는 아예 스모그를 '기상재해'로 규정해 대책을 찾게 하는 조례까지 추진 중입니다.
   베이징을 비롯한 주요 도시는 차량 5부제를 시행합니다. 전기차는 5부제 대상에서 제외해 구매를 장려합니다.

- '명시'는 '분명하게 드러내 보이다'이다. 여기서는 '규정'이 더 어울린다.
- '모색하다'는 '찾다'로 바꿔 쓰면 쉽고 좋다.
- 접속어 '하지만'은 빼도 충분하다.
- 무엇의 '적용대상'인지 모호하다. 앞 문장에서 나온 '5부제'를 다시 분명히 밝히는 편이 좋다.
- '~면서'는 진부한 표현이다. 뒤에서 자세히 살핀다.[11]

---

11 제 2부 4장의 "7-3. ~면서" 참고.

4-2. 지속과 진행의 의미로 쓴 '있다'

예문 1 | 경찰은 김 씨를 상대로 흉기 소지 이유와 범행 경위 등을 집중 조사하고 있습니다. 경찰은 또, '묻지 마 범죄' 등 모든 가능성을 열어 두고 수사를 **진행하고 있습니다.**

바로 쓰기 | 경찰은 김 씨를 상대로 흉기 소지 이유와 범행 경위 등을 집중 조사하고 있습니다. 경찰은 또, '묻지 마 범죄' 등 모든 가능성을 열어 두고 수사를 **진행 중입니다.**

예문 2 | 경찰은 사기 의혹의 '몸통'으로 지목된 유승진 싱가포르신일그룹 회장의 소재지에 대해서는 현재 베트남에 있는 것으로 **파악하고 있다며,** 베트남 공안과의 협조를 통해 조기 송환할 수 있도록 노력하고 있다고 말했습니다.

바로 쓰기 | 경찰은 사기 의혹의 '몸통'으로 지목된 유승진 싱가포르신일그룹 회장의 소재지에 대해서는 현재 베트남에 있는 것으로 **파악했다며,** 베트남 공안과의 협조를 통해 조기 송환할 수 있도록 노력하고 있다고 말했습니다.

지속과 진행의 의미가 필요할 때엔 '있다'를 쓰자. 그래도 되도록 삼가자. 예문 1은 연이은 두 문장을 모두 '있습니다'로 끝내 어색하다. 중복을 피하자. 특히 '진행하고 있습니다'는 표현은 '진행'의 뜻이 겹치니 쓰지 말자. 예문 2에서는 '노력'은 진행이지만 '파악'은 완료한 상태이다. 알맞게 고치자.

1. 경찰은 김 씨에게 흉기를 가진 이유와 범행 경위 등을 추궁하고 있습니다. '묻지 마 범죄' 등 모든 가능성을 열어 두고 수사를 진행 중입니다.

   - '~를(을) 상대로'나 '~를(을) 대상으로'는 일상 대화에서는 잘 쓰지 않는 표현이다. 편히 바꾸자.
   - '소지하다'는 '지니다'로 쉽게 풀었다.
   - 두 번째 문장의 '경찰은 또,'는 필요 없다.

2. 경찰은 사기 의혹의 '몸통'으로 지목한 유승진 싱가포르신일그룹 회장이 현재 베트남에 있다고 파악했습니다. 베트남 공안과 협조해 서둘러 송환하도록 노력하고 있다고 밝혔습니다.

   - '지목'의 주체가 피해자들인가, 여론인가? 의혹이 나온 초기 단계가 아니라 수사 중인 상황이라면 경찰로 봐야 맞다. '지목된'이 아니라 '지목한'으로 써야 옳다.
   - 기자가 소재지를 물으니 경찰이 거기에 대답한 듯하다. 그래서 '소재지에 대해서는'이라고 표현했을 터이다. 흔히 쓰는 어투인데 필요 없다. 버리자.
   - 경찰이 소재지를 파악했다고 확인해 준 상황이다. '파악했다고 … 말했습니다'로 쓸 까닭이 없다. '파악했습니다'로 써도 충분하다.
   - '~과(와)의 협조를 통해'는 기사 문장에 흔히 등장하는 못된 표현이다. '~과 협조해'로 바꾸니 어떤가?

5. '것'을 줄여라

'것'은 여러 뜻과 쓰임이 있는 의존명사이다. 그중에서도 사물이나 일, 현상 따위를 막연하게 이를 때 두루 많이 쓴다. 확신이나 결심, 추측, 소신 등을 나타낼 때도 자주 쓴다.

모든 글, 모든 문장에 '것'이 너무 많다. 없어도 되는데 공연히 끼어 들어 문장을 어지럽힌다. 써야 할 때도 있지만 웬만하면 쓰지 않아야 좋다. 특히 '~ 것으로 보이다', '~ 것으로 예상되다', '~ 것으로 분석 되다' 따위는 피동형과 결합한 보기 싫은 표현이다. 입말에서는 잘 쓰지 도 않는다. 글쓰기를 가르치는 책을 보면 거의 빠짐없이 '있다'와 '것'을 남용하지 말라고 지적한다. 그만큼 '있다'와 '것'의 폐해가 심한데 좀체 못 고친다.

5-1. 사실, 현상이나 일을 이르는 '것'

예문 | 경찰은 도주 경로의 CCTV를 추적해 39살 이 모 씨를 검거했습니다. 이 씨의 집에서는 범행 때마다 바꿔 신은 **것으로 보이는** 운동화 7켤레와 귀 금속 등이 발견됐습니다.

바로 쓰기 | 경찰은 도주 경로의 CCTV를 추적해 39살 이 모 씨를 검거했습니다. 이 씨의 집에서는 범행 때마다 바꿔 신은 **듯한** 운동화 7켤레와 귀금속 등 이 발견됐습니다.

예문2 | 총선 뒤 두 번째 지역방문지로 대전을 선택한 더불어민주당 김종인 대표. 원내 1당을 차지한 **것은** 내년 대선에서 정권교체 가능성을 **보여 준 것이라고** 의미를 부여했습니다. 이어 제대로 된 청사진을 제시할 무거운 책임을 느낀다며 남은 일 년 동안 부단히 **노력해야 할 것이라고** 분위기를 다잡았습니다.

바로쓰기 | 총선 뒤 두 번째 지역방문지로 대전을 선택한 더불어민주당 김종인 대표. 원내 1당을 차지한 **사실이** 내년 대선에서 정권교체 가능성을 **보여 줬다고** 의미를 부여했습니다. 이어 제대로 된 청사진을 제시할 무거운 책임을 느낀다며 남은 일 년 동안 부단히 **노력해야 한다고** 분위기를 다잡았습니다.

예문3 | 대선 출마를 시사한 반 총장이 대북 성과를 통해 대권 주자로서의 입지를 **굳히려는 것 아니냐는** 해석이 나옵니다.

바로쓰기 | 대선 출마를 시사한 반 총장이 대북 성과를 통해 대권 주자로서의 입지를 **굳히려 했다는** 해석이 나옵니다.

예문4 | 운전하는 도중에 꽃을 **보는 게,** 스마트폰을 보거나 졸음운전을 **하는 것 만큼** 위험하다고 합니다.

바로쓰기 | 운전하는 도중에 **꽃을 보면,** 스마트폰을 보거나 졸음운전을 **할 때만큼** 위험하다고 합니다.

'것'은 '일'이나 '사실' 따위로 쉽게 바뀌지기도 한다. 하지만 그렇게 단순 대체하기보다 여러 표현으로 바꾸려는 시도를 해 보자. '것'만큼이나 '일'이나 '사실'이 많아지면, 그 또한 못난 문장이다.

1. 경찰은 CCTV로 도주 경로를 추적해 39살 이 모 씨를 붙잡았습니다. 이 씨의 집에서는 범행 때마다 바꿔 신은 듯한 운동화 7켤레와 귀금속 등이 나왔습니다.

- CCTV를 추적했나? CCTV에 남은 영상을 토대로 용의자를 추적했다.
- 법률 용어인 '검거하다'는 쉬운 말 '붙잡다'로 바꿔 써도 충분하다.
- 두 번째 문장은 '경찰'을 주어로 살려 '발견했습니다'로 고쳐도 된다.

2. 더불어민주당 김종인 대표가 총선 뒤 두 번째 지역방문지로 대전을 선택했습니다. 원내 1당을 차지해 내년 대선에서 정권교체 가능성을 확인했다고 의미를 붙였습니다. 이어 제대로 된 청사진을 제시할 무거운 책임을 느낀다며 남은 일 년 동안 부단히 노력해야 한다고 분위기를 다잡았습니다.

- 서술어를 생략해 꼬리를 자른 문장은 불완전하다. 감탄을 표현하거나 강조하기 위해서 꼭 써야 할 때에만 쓰자. 뒤에서 또 살핀다.[12]
- '부여(附與)하다'는 '사람에게 권리, 명예, 임무 따위를 지니도록 해 주거나, 사물이나 일에 가치, 의의 따위를 붙여 주다'이다. 쉽게 '붙여 주다'로 바꾸었다. '나눠 주다'란 뜻의 '부여(賦與)하다'와도 구별해야 한다.
- '제대로 된 청사진'보다 '청사진을 제대로'가 자연스럽다. '부단히'도 '끊임없이'로 풀어 쓰면 좋다. 인용한 말이라 그대로 두었다.

---

12 제 2부 3장의 "5-3. 꼬리를 자르지 말라" 참고.

3. 대선 출마 뜻을 내비친 반 총장이 대북 성과를 통해 대권 주자의 자리를 굳히려 했다는 해석이 나옵니다.

- '시사하다'는 '내비치다' 정도로 풀어 쓰면 좋다.
- '~로서의(으로서의)'는 그냥 '의'로만 써도 충분하다. 뜻이 다르지도 않은데 격조사를 겹쳐 쓰면 불편하다.
- '입지'는 일정한 환경이나 장소를 뜻한다. 여기서는 '자리'로 편히 바꾸었다.

4. 운전하면서 꽃을 보면, 스마트폰을 보거나 졸 때만큼이나 위험하다고 합니다.

- 원래 예문에서는 '운전하는 도중에'가 '졸음운전'까지도 꾸민다. '운전'이 중복이어서 자연스럽지 않다.

5-2. 결심이나 확신을 나타내는 '것'

예문 1 | 박근혜 대통령은 오늘 제 1회 서해수호의 날 기념식에 참석해 북한의 어떤 위협에도 조금도 흔들리지 **않을 것이라고** 밝혔습니다.

바로 쓰기 | 박근혜 대통령은 오늘 제 1회 서해수호의 날 기념식에 참석해 북한의 어떤 위협에도 조금도 흔들리지 **않겠다고** 밝혔습니다.

예문 2 | 정진석 새누리당 원내대표는 김무성 전 대표와 최경환 전 원내대표를 함께 만나 공감한 당 쇄신 방안을 의원총회와 전국위원회를 열어 추인 **받을 것이라고** 밝혔습니다.

바로 | 정진석 새누리당 원내대표는 김무성 전 대표와 최경환 전 원내대표를
쓰기 | 함께 만나 공감한 당 쇄신 방안을 의원총회와 전국위원회를 열어 추인
받을 생각이라고 밝혔습니다.

예문 | 국민의당도 중앙선대위를 출범시키고 기득권 양당 체제를 깨는 다당제
3 | 시대를 **열 것이라며** 더 이상 야권연대는 없다고 천명했습니다.

바로 | 국민의당도 중앙선대위를 출범시키고 기득권 양당 체제를 깨는 다당제
쓰기 | 시대를 **열겠다며** 더 이상 야권연대는 없다고 천명했습니다.

여기서 '것이다'는 말하는 이의 결심을 나타내는 구실을 한다. 써도 무
방하지만 없앨 수 있다. 되도록 없애고 다르게 표현해 보자. 그냥 두기
엔 '것'의 범람이 너무 거세다.

더 좋은 글 쓰기 ✓

1. 박근혜 대통령이 북한의 어떤 위협에도 조금도 흔들리지 않겠다고 밝혔습
니다. 오늘 제 1회 서해수호의 날 기념식에서 한 말입니다.

   • 이 기사에서 중요한 사항은 박 대통령의 발언 내용이다. 문장을 나눠 발언 내용을
   앞세웠다.

2. 정진석 새누리당 원내대표는 김무성 전 대표와 최경환 전 원내대표를 함께
만나 당 쇄신 방안을 공감했습니다. 의원총회와 전국위원회를 열어 이 방
안을 추인 받을 생각이라고 밝혔습니다.

- 문장이 어지럽다. 나눠서 정리했다.

3. 국민의당도 중앙선대위를 출범하고 기득권 양당 체제를 깨는 다당제 시대를 열겠다며 더 이상 야권연대는 없다고 천명했습니다.

- '국민의당'이 '중앙선대위'를 출범하도록 했나? 한 몸인 내부 조직이다. 사동의 뜻을 더할 이유가 없다.

6. '수'를 줄여라

의존명사 '수'의 뜻은 '어떤 일을 할 만한 능력이나 어떤 일이 일어날 가
능성'이다. 그래서 '~ 수 있다'는 긍정의 잠재성을 나타낸다. 부정의 경
우에 쓰면 어색하다. 요즘 글에서는 정도 이상으로 많이 보인다. 영어
'can (be)'에서 온 오염이다. 친숙하게 쓰고 있어서 없애려 하면 엄두가
안 날지 모른다. 무조건 없애기보다는 다양하게 다른 표현을 찾아보자.

예문 1 | 때 이른 더위에 강가에는 많은 사람이 찾아 물놀이를 즐겼습니다. 하지
만, 안전요원은 **찾아볼 수 없습니다.**

바로 쓰기 | 때 이른 더위에 강가에는 많은 사람이 찾아 물놀이를 즐겼습니다. 하지
만, 안전요원은 **보이지 않습니다.**

예문 2 | 마라톤처럼 뛰는 거리가 길어지면 커진 심장이 수축하지 않은 채 그대
로 딱딱하게 **굳을 수도 있습니다.**

바로 쓰기 | 마라톤처럼 뛰는 거리가 길어지면 커진 심장이 수축하지 않은 채 그대
로 딱딱하게 **굳기도 합니다.**

예문 3 | 주말 동안 야외 나들이를 즐기시는 분들도 계실 텐데요, 다만, 풀밭 진
드기에 물려 쓰쓰가무시병이 **발생할 수 있습니다.**

바로 쓰기 | 주말 동안 야외 나들이를 즐기시는 분들도 계실 텐데요, 다만, 풀밭 진
드기에 물려 쓰쓰가무시병이 **발생할 우려가 있습니다.**

예문 4 │ 계열사 간 채무보증도 금지돼 중소 계열사들은 자금 조달에 어려움을 겪을 수 있습니다. 대기업집단 소속 회사는 벤처캐피털로부터 투자금도 받을 수 없습니다.

바로 쓰기 │ 계열사 간 채무보증도 금지돼 중소 계열사들은 자금 조달에 어려움을 겪을지도 모릅니다. 대기업집단 소속 회사는 벤처캐피털로부터 투자금도 받지 못합니다.

예문 5 │ 화장실 앞에 CCTV가 하나 있는데요, 카메라가 현금인출기를 가리키고 있습니다. 화장실에서 사건이 발생할 경우 누가 드나들었는지 파악할 수가 없습니다.

바로 쓰기 │ 화장실 앞에 CCTV가 하나 있는데요, 카메라가 현금인출기를 가리키고 있습니다. 화장실에서 사건이 발생할 경우 누가 드나들었는지 파악하기 어렵습니다.

더 좋은 글 쓰기 ✓

1. 때 이른 더위에 많은 사람이 강가를 찾아 물놀이를 즐겼습니다. 하지만, 안전요원은 없습니다.

• 주어를 되도록 문장의 맨 앞에 놓자. '때 이른 더위'마저 뒤로 돌려도 되지만 주변 상황을 설명하기 위함이니 그대로 둔다.
• '찾아볼 수 없습니다', '보이지 않습니다'보다 '없습니다'가 단순하고 깔끔하다. 뜻은 다르지 않다.

2. 마라톤에서처럼 뛰는 거리가 길어지면 커진 심장이 줄지 않은 채 그대로 딱딱하게 굳기도 합니다.

- 예문대로면 '마라톤'이 '뛰는 거리가 길'다. 마라톤에 출전해 달린 사람이 뛰는 거리가 길다고 해야 맞다.
- '수축하다'보다는 '줄다'나 '줄어들다'가 '커지다'와 어울린다. '수축하다'는 '팽창하다'와 함께 써야 자연스럽다.

3. 주말에 야외 나들이하는 분들은 조심하셔야겠습니다. 풀밭 진드기에 물려 쓰쓰가무시병에 걸릴 우려가 있습니다.

- '다만'으로 이어진 문장의 논리 구조가 영 어색하다.
- '주말'은 '토요일부터 일요일까지'의 시간이다. '동안'은 '어느 한때에서 다른 한때까지 시간의 길이'이다. 나들이하는 때를 나타낼 때 굳이 '시간의 길이' 의미를 더할 필요가 있을까? '동안'은 쓰지 않아야 맞다.
- 병이 '발생한다'는 표현도 마땅찮다.

4. 계열사 간 채무보증 길도 막혀 중소 계열사들은 자금 마련이 어려울지도 모릅니다. 대기업집단 소속 회사는 벤처캐피탈에서 투자금도 받지 못합니다.

- 피동인 '금지되다'를 피했다.
- '조달'은 '마련함'으로 순화하자.
- '~로부터(으로부터)'는 격조사 '로(으로)'와 보조사 '부터'를 합친 말이다. 틀리진 않지만 이왕이면 겹치지 않은 표현으로 바꿔 쓰자.

5. 화장실 앞에 CCTV 카메라가 하나 있는데요, 현금인출기를 향하고 있습니

다. 화장실에서 사건이 나도 누가 드나들었는지 알기 어렵습니다.

- 'CCTV'는 폐쇄회로 텔레비전, closed-circuit television의 약자다. 특정 장소의 화상을 유선을 통해 특정 수신자에게 전하는 시스템을 이른다. 'CCTV가 하나 있다'는 표현은 시스템을 카메라로 혼동해 쓴 잘못이다.
- 카메라의 방향을 나타내는 맥락에서는 '가리키다'보다 '향하다'가 낫다.
- '사건이 발생할 경우', '파악하기'는 각각 '사건이 나도', '알기'로 쉽게 썼다.

제3장 바르게 써라

님은 갔습니다. 아아, 사랑하는 나의 님은 갔습니다.

푸른 산빛을 깨치고 단풍나무 숲을 향하여 난 작은 길을 걸어서 차마 떨치고 갔습니다.

만해 한용운의 〈님의 침묵〉 앞부분이다. "차마 떨치고 갔습니다"를 보자. '차마'는 '차마 거절할 수 없다'처럼 뒤에 오는 동사를 부정하는 문맥에 쓰는 부사이다. '차마 떨치고 갔습니다'는 어색하다. 한용운이 그런 줄 몰라 썼을까? 아니다. 이별의 안타까움과 애틋함을 강조하기 위해 일부러 쓴 표현이다. 시적(詩的) 효과를 위해 문법상 틀린 표현을 쓰는 이른바 '시적 허용'이다.

방송기사 문장에서 나타나는 일부 비문도 같은 맥락이다. '방송기사 투 허용'이라 부를 만하다. 성분 생략과 어순 파괴 등이 때때로 나타난다. 팩트만 건조하게 전달하는 단신기사보다는 영상과 함께 구성해 현장성을 강조하는 리포트기사에서 자주 보인다. 방송기사, 특히 리포트기사가 본디 입말에 가까운 데다 때때로 강조와 축약도 필요한 탓이다.

하지만 옳은 어법은 글쓰기의 기본이다. 글을 잘 쓰려면 문법과 맞춤법을 잘 지킬 줄 알아야 한다. 제아무리 훌륭한 내용을 담으려 해도 어법에 어긋난 글은 그 뜻을 제대로 전하기 어렵다. 논리를 어지럽힌다. 읽는 이가 글에 집중하지 못하게 만든다. 조악한 표현 때문에 신뢰마저 떨어진다. 방송기사도 당연히 어법에 충실해야 한다. 뉴스를 전하는 글이니 더욱 그렇다. 어법을 무시한 파격을 무한히 허용해서는 곤란하다. 방송기사 투 허용은 꼭 필요할 때에만 절제해 쓰자.

특히나 '외래종' 표현이 좀먹은 방송기사는 방송기사 투 허용이라고 봐주기도 어렵다. 남의 나라 말 표현을 앞장서 따라 쓰고 부추기는 꼴이다. 몹쓸 외래종 표현은 이미 방송기사에 하도 많이 보여 무엇이 외래종인지 하나하나 가려내기조차 어려울 지경이다. 우리 문법에 어긋난 표현, 몽땅 버리고 제대로 고치자.

1. 번역 투 표현을 피하라

문화는 울타리를 넘나들기 마련이다. 국경을 넘어 서로 작용을 주고받으면서 발전하는 법이다. 말과 글도 그렇다. 서양근대학문을 비롯한 새로운 개념이 일본을 통해 들어오면서 꽤 많은 일본식 조어가 우리말로 굳어졌다. '공화국', '낭만주의', '시민' 같은 단어는 다른 어휘로 딱히 대체하기 어렵다. 그대로 써야 자연스럽다.

그렇다고 해서 '가건물', '시말서', '사양'과 같은 일본식 낱말도 그대로 써야 할까? 아니다. '임시 건물', '경위서', '품목'으로 바꿔야 맞다. 혹시 우리말이 모두에게 이미 잊혔다면 모를까, 일본식 단어는 버리고 우리 낱말을 골라 써야 당연하다.

문장의 표현에서도 마찬가지다. 일본말에서 온 표현은 물론 영어에서 건너온 나쁜 표현이 많다. 지나친 피동형 문장이 가장 도드라진 잘못이다. 'with'를 잘못 고쳐 쓰는 '~와(과)의', 'about'을 직역해 잘못쓰는 '~에 대해', '~에 대하여' 따위도 반드시 눈여겨 고쳐 써야 할 표현이다.

우리말 곳곳에 남아 번지는 일본식 낱말과 표현, 나날이 밀려드는 영어식 표현을 경계하자. 우리말의 맛과 아름다움을 지키자.

1-1. 시제

예문 1 | KBS가 설 연휴 직후 여론조사를 **했었습니다**. 현역의원에게 다시 투표할지 **물었었는데**, 다른 후보에게 투표하겠다가 59.8%였습니다.

바로쓰기 | KBS가 설 연휴 직후 여론조사를 **했습니다**. 현역의원에게 다시 투표할지 **물었는데**, 다른 후보에게 투표하겠다가 59.8%였습니다.

예문 2 | 여야가 따로 **없었던** '막말' 논란과 보좌진 급여 상납 등 국회의원들의 갑질은 국민들의 눈살을 찌푸리게 만들었습니다.

바로쓰기 | 여야가 따로 **없던** '막말' 논란과 보좌진 급여 상납 등 국회의원들의 갑질은 국민들의 눈살을 찌푸리게 만들었습니다.

예문 3 | 오늘 오전 심리 분석 면담을 **진행했던** 경찰은 피해망상과 정신분열증에 의한 범행인지도 추가로 분석하고 있습니다.

바로쓰기 | 오늘 오전 심리 분석 면담을 **진행한** 경찰은 피해망상과 정신분열증에 의한 범행인지도 추가로 분석하고 있습니다.

영어와 달리 우리말은 시제가 단순하다. 일부 학자들은 '~었었다'를 '과거완료'로 분류하기도 한다. 하지만 상황이 지속되지 않고 완전히 끝났음을 굳이 강조할 때가 아니면 과거 시제로 족하다. 현재 상황을 서술할 때에도 '~고 있습니다'로 구태여 진행의 뜻을 더할 필요도 없다.

예문 1은 과거를 뜻하는 어미 '었'을 잘못 겹쳐 썼다. 예문 2의 '~던'도 과거 상황을 뜻하니 '었'과 중복이다. 예문 3에서는 오래지 않은 상황이어서 굳이 과거형을 쓸 이유가 없다.

1. KBS가 설 연휴 직후 여론조사를 했습니다. 현역의원에게 다시 투표할지 물었더니, 다른 후보에게 투표하겠다가 59.8%였습니다.

   • '~ㄴ데'는 역접이다. 앞뒤의 사실이 반대이거나 일치하지 않을 때, 다른 방향으로 이끌 때 쓰는 접속 방법이다. 여기서는 맞지 않다.

2. '막말' 논란과 보좌진 급여 상납은 여야가 따로 없었습니다. 국회의원들의 이런 '갑질'에 국민은 눈살을 찌푸렸습니다.

   • 문장을 간결하게 둘로 나눴다.
   • '갑질'은 표준어가 아니지만 널리 쓰는 말이다. 그냥 쓰되 인용부호를 하자.
   • '국민'은 애초 집합의 개념이 있다. 국민 개개인을 얘기할 때가 아니면 복수로 쓸 이유가 없다.

3. 경찰은 오늘 오전 심리 분석 면담을 한 뒤 피해망상과 조현병에 의한 범행 인지도 분석하고 있습니다.

   • 주어를 문장의 앞으로 뺐다.
   • '정신분열증'은 '조현병'으로 고쳐 써야 맞는 의학 용어다.
   • '범행인지도'의 '도'와 바로 이어진 '추가로'의 뜻이 겹친다. 간결하게 쓰자.

1-2. ~의 ○○

예문 1 | **수억 원의 공천 헌금을** 수수한 혐의를 받고 있는 박준영 국민의당 당선인에 대한 구속영장이 기각됐습니다.

바로 쓰기 | **공천 헌금 수억 원을** 수수한 혐의를 받고 있는 박준영 국민의당 당선인에 대한 구속영장이 기각됐습니다.

예문 2 | 1994년 첫 단편으로 소설가의 길에 들어선 한강 씨는 **10여 편의 작품을** 통해 '차세대 한국문학의 기수'로 불렸습니다.

바로 쓰기 | 1994년 첫 단편으로 소설가의 길에 들어선 한강 씨는 **작품 10여 편을** 통해 '차세대 한국문학의 기수'로 불렸습니다.

예문 3 | 그래서 군남댐은 이번에 **초당 5백 톤의 물을** 4시간 동안 흘려보냈고 임진강 수위가 60센티미터 상승했습니다.

바로 쓰기 | 그래서 군남댐은 이번에 **초당 5백 톤씩** 4시간 동안 물을 흘려보냈고 임진강 수위가 60센티미터 상승했습니다.

'의'는 앞 체언을 관형어로 만들어 주는 조사이다. 《표준국어대사전》을 보면 용례가 21가지나 된다. 그 가운데 '한 잔의 술', '10여 명의 사람'도 예문으로 나와 있다. 하지만 우리말이 아니다. 'of'를 쓰는 영어식 표현에서 왔다. 대부분이 잘못인 줄 인식하지도 못한 채 많이 쓴다. '술 한 잔', '사람 10여 명'이 맞다.

1. 법원은 공천 헌금 수억 원을 받은 혐의가 있는 박준영 국민의당 당선인의
   구속영장을 기각했습니다.

   • 생략한 주어 '법원'을 살렸다.
   • 문장은 되도록 피동보다 능동 형태로 쓰자. 뒤에서 자세히 설명한다.[1]
   • '수수한'이라는 낱말 대신 '받은'이 쉽고 편하다.
   • '혐의를 받고 있는'도 '~고 있다'의 남용이다. '혐의를 받는'으로 쓰면 된다. 바로
     앞에 '수억 원을 받은' 표현이 있어서 '받다'의 중복을 피했다.

2. 한강 씨는 1994년 첫 단편으로 소설가의 길에 들어섰습니다. 작품 10여 편
   으로 '차세대 한국문학의 기수'로 불렸습니다.

   • 주어를 앞으로 빼고 문장을 나눴다.
   • '~을(를) 통해'는 '~으로(로)'로 써도 된다.

3. 그래서 군남댐은 이번에 물을 1초에 5백 톤씩 4시간 동안 흘려보냈습니다.
   임진강 수위는 60센티미터 올라갔습니다.

   • 표현을 다르게 바꾸고 문장을 나눴다. 짧은 문장이 간결하다.
   • '상승하다'는 '올라가다'로 편히 썼다.

---

1 제 2부 3장의 '2. 피동 대신 능동' 참고.

1-3. ~와의 / ~에의 / ~로의

예문 1 | 로버트 킹 미 북한 인권특사는 **KBS와의** 단독 인터뷰에서 해외에서 일
하는 북한 노동자들의 인권 침해와 **북한 정권으로의** 자금 유입을 막기
위한 논의가 진행 중이라고 밝혔습니다.

바로
쓰기 | 로버트 킹 미 북한 인권특사는 **KBS와 한** 단독 인터뷰에서 해외에서 일
하는 북한 노동자들의 인권 침해와 **북한 정권에** 자금 유입을 막기 위한
논의가 진행 중이라고 밝혔습니다.

예문 2 | 유 의원이 원내대표에 선출된 뒤 청와대와 노선 차이로 여러 차례 각을
세우며 생긴 여권 내 **친박계와의** 갈등 때문이라는 분석입니다.

바로
쓰기 | 유 의원이 원내대표에 선출된 뒤 청와대와 노선 차이로 여러 차례 각을
세우며 여권 내 **친박계와 생긴** 갈등 때문이라는 분석입니다.

예문 3 | 안 전 대법관이 새누리당 후보로 나설 경우 30.5%의 지지율로 더불어
민주당 노웅래 **의원과의** 맞대결에서 10%p 이상 뒤졌습니다.

바로
쓰기 | 안 전 대법관이 새누리당 후보로 나설 경우 30.5%의 지지율로 더불어
민주당 노웅래 **의원과** 맞대결에서 10%p 이상 뒤졌습니다.

예문 4 | 교란 방지장비까지 장착해도 수 킬로미터 이내에서는 GPS가 먹통이 될
수 있지만 군용 **GPS로의** 교체작업은 더디기만 합니다.

바로
쓰기 | 교란 방지장비까지 장착해도 수 킬로미터 이내에서는 GPS가 먹통이 될
수 있지만 군용 **GPS로** 교체하는 작업은 더디기만 합니다.

영어 'of', 일본어 'の'가 더럽힌 문장이다. 'の'는 우리말 '의'에 해당하지만 쓰임은 다르다. 일본어에서는 '私の會社の部長の机のコンピュータの畵面'(나의 회사의 부장님의 책상의 컴퓨터의 화면)처럼 연이어 써도 어색하지 않다고 한다. 심지어 주어 뒤에 'の'를 쓰기도 한다. 이런 일본식 표현을 따라 쓰면 안 된다. 특히 '겹쳐 쓴 조사'는 반드시 피하자. 영어 'with'를 곧이곧대로 번역한 '와(과)의'는 어색하기 짝이 없다. '에의', '로의', '에서의', '에 있어서의', '으로부터의', 따위도 마찬가지다.

더 좋은 글 쓰기 ✓

1. 로버트 킹 미 북한 인권특사가 KBS와 단독 인터뷰를 했습니다. 해외에서 일하는 북한 노동자들의 인권 침해를 막고 북한 정권에 자금이 흘러가지 않도록 논의하고 있다고 밝혔습니다.

   • 문장을 나누고 한두 낱말을 더했다.
   • '유입'은 '흘러듦', '들어감' 따위로 바꿔 쓰면 더 편하다.
   • '논의가 진행 중이라고'는 '논의하고 있다고'로 고쳤다. 진행의 뜻이 분명히 필요할 때에는 '있다'를 쓰자.

2. 유 의원이 원내대표에 선출된 뒤 청와대와 노선 차이로 여러 차례 맞서느라 여권 내 친박계와 갈등이 생긴 탓이라는 분석이 있습니다.

   • '각을 세우다'는 첨예하게 대립하는 상황이나 사태를 묘사하는 관용어구이다. 최근 부쩍 많이 쓰는데 '대립하다', '맞서다'로 쓰면 충분하다.

- '~면서', '~며'도 남용하는 표현이다. 줄이자. 나중에 자세히 설명한다.[2]
- '~는 분석입니다'는 주어와 술어의 호응이 맞지 않는 비문인 데다 무책임하기까지 하다. 뒤에서 다시 살핀다.[3]

3. 안 전 대법관이 새누리당 후보로 나서면 지지율이 30.5%로 더불어민주당 노웅래 의원과 맞대결에서 10%p 이상 뒤졌습니다.

- '~ㄹ 경우'는 가정의 뜻을 가진 연결어미 '~면'으로 바꿔 써도 좋다.
- '30.5%의 지지율'은 앞서 살핀 대로 그른 표현이다.

4. 교란 방지장비까지 장착해도 수 킬로미터 안에서는 GPS가 먹통이 될 수 있지만 군용으로 바꾸는 작업은 더딥니다.

- '교체하다'를 '바꾸다'로 더 편하게 썼다.
- '~하기만 합니다'는 공연히 버릇처럼 쓰는 진부한 표현이다.

1-4. 아무리 ~해도 지나치지 않다

예문 | 야간에 자동차 전조등의 중요성은 아무리 강조해도 지나치지 않겠죠.

바로쓰기 | 야간에 자동차 전조등은 아주 중요하죠.

---

2 제 2부 4장의 "7-3. ~면서" 참고.
3 제 2부 3장의 "3-3. 전망 / 분석 / 지적이다" 참고.

^{예문} | 음주운전 하지 말아야 한다는 말, 아무리 강조해도 지나치지 않습니다.
₂

^{바로} | 음주운전 하지 말아야 한다는 말, 더 강조할 필요도 없습니다.
_{쓰기}

^{예문} | 우리 학생들이 사 먹는 식품의 **안전성, 아무리 강조해도 지나치지 않은데**
₃ 요, 학교 매점용 식품을 제대로 냉장하지 않고 상온에서 불법 유통해 온
     업자들이 적발됐습니다.

^{바로} | 우리 학생들이 사 먹는 식품의 **안전성은 더할 나위 없이 중요한데요**, 학
_{쓰기} 교 매점용 식품을 제대로 냉장하지 않고 상온에서 불법 유통해 온 업자
     들이 적발됐습니다.

'아무리 강조해도 지나치지 않는다'는 영어 'cannot ~ too ~'를 직역한
표현이다.

더 좋은 글 쓰기 ✓

3. 우리 학생들이 사 먹는 식품은 다른 식품보다도 더 안전해야 하겠죠. 냉장
   해야 하는 식품을 상온에서 유통해 학교 매점에 납품해 온 업자들을 경찰
   이 적발했습니다.

- 문장을 나눴다.
- 접속사 '그런데'를 없애도 된다.
- 어순과 표현을 조금 바꿔 뜻을 분명하게 더했다.
- 주어 '경찰'을 살려 문장을 능동 형태로 바꿨다.

1-5. ~에 대해

예문 1 | 북한을 핵보유국으로 인정하지 않았지만, 핵무기 **고도화에 대해선** 심각한 우려를 나타냈습니다.

바로 쓰기 | 북한을 핵보유국으로 인정하지 않았지만, 핵무기 **고도화에는** 심각한 우려를 나타냈습니다.

예문 2 | 환경부는 경유차 **20종에 대해** 도로주행 시험을 했는데, 딱 한 차종을 제외하고는 모두, 기준치를 넘는 오염물질을 배출했습니다.

바로 쓰기 | 환경부는 경유차 **20종을** 도로에서 **주행하며 시험했는데,** 딱 한 차종을 제외하고는 모두, 기준치를 넘는 오염물질을 배출했습니다.

예문 3 | 보훈처의 **결정에 대해** 5·18 단체들은 반발한 반면, 상이군경회 등 일부 보훈단체는 곡 자체를 반대한다며 맞서는 등 사회적 갈등 조짐도 일고 있습니다.

바로 쓰기 | 보훈처의 **결정에** 5·18 단체들은 반발한 반면, 상이군경회 등 일부 보훈단체는 곡 자체를 반대한다며 맞서는 등 사회적 갈등 조짐도 일고 있습니다.

'~에 대해', '~에 대하여', '~에 대한'은 영어 'about'을 직역해 쓰다 널리 퍼진 말이다. 우리말에서는 '대상이나 상대로 삼아'라는 뜻이 있지만 이 뜻을 포함하지 않을 때에도 남용하는 일이 많다.

1. 북한을 핵보유국으로 인정하지 않았지만, 핵무기 고도화는 심각히 걱정했습니다.

- '우려를 나타냈다'는 표현은 번역 투이다. '우려했다'고 쓰면 충분하고 깔끔하다. 그렇게 고치면 '고도화'에 붙은 '에는'도 '는'이면 충분하다.
- 한자말 '우려'보다는 '걱정'이 낫다.

2. 환경부는 경유차 스무 가지를 도로에서 운전하며 시험했습니다. 딱 한 차종을 빼고는 모두, 배출한 오염물질이 기준치를 넘겼습니다.

- 주어가 '환경부'이다. '주행하다'와 어울리지 않는다. '주행하다'는 자동차나 열차 따위가 주어일 때 술어로 써야 맞다.
- '~는데'를 써서 역접의 뜻을 더할 이유가 없다. 문장도 쓸데없이 길다.
- 한자말 '제외하고는'은 '빼고는'으로 대신하고 편히 가다듬었다.

3. 5·18단체들은 보훈처의 결정에 반발했고 상이군경회 등 몇몇 보훈단체는 곡 자체를 반대한다며 맞섰습니다. 사회 갈등으로 번지는 조짐입니다.

- '등'이 한 문장에 두 번 나와 자연스럽지 않다. 문장을 나누니 절로 해결됐다.
- 주어의 위치도 바꿨다.

1-6. ~적인

예문 1 | 새로 출간된 소설 〈흰〉에서는 결코 더럽혀지지 않는 우리 안의 그 무엇을 찾아보고 싶었다는 작가는 한국 문학에 대한 **지속적인** 관심을 당부하기도 했습니다.

바로쓰기 | 새로 출간된 소설 〈흰〉에서는 결코 더럽혀지지 않는 우리 안의 그 무엇을 찾아보고 싶었다는 작가는 한국 문학에 대한 **꾸준한** 관심을 당부하기도 했습니다.

예문 2 | 배출가스 조작 파문에 휩싸인 폭스바겐이 추락한 신뢰도를 끌어올리기 위해 미국이나 일본에선 **파격적인** 혜택을 내놓고 있습니다.

바로쓰기 | 배출가스 조작 파문에 휩싸인 폭스바겐이 추락한 신뢰도를 끌어올리기 위해 미국이나 일본에선 **격을 깬** 혜택을 내놓고 있습니다.

예문 3 | 리콜 대상인 국내 폭스바겐 차량은 12만 5천여 대. 그러나 리콜해 준다는 말뿐 언제 리콜을 해 준다는 **구체적인** 계획은 없습니다.

바로쓰기 | 리콜 대상인 국내 폭스바겐 차량은 12만 5천여 대. 그러나 리콜해 준다는 말뿐 언제 리콜을 해 준다는 **세밀한** 계획은 없습니다.

예문 4 | 군은 일단 **우발적인** 사고로 판단하고 있지만, 의도적 도발일 가능성도 배제하지 않고 있습니다.

바로쓰기 | 군은 일단 **우연한** 사고로 판단하고 있지만, 의도한 도발일 가능성도 배제하지 않고 있습니다.

접미사 '～적'은 일본어 '～的'(てき)에서 왔다. '그 성격을 띠는', '그에 관계된'의 뜻을 더한다. 명사, 명사구 뒤에 두루 쓰지만 되도록 피해야 자연스럽고 아름다운 문장이 된다. 고종석은 '～적'까지는 허용하더라도 '～적인'은 일본어를 번역한 것이니 쓰지 말라고 권한다. [4]

더 좋은 글 쓰기 ✓

1. 작가는 새로 출간한 소설 〈흰〉에서는 결코 더럽혀지지 않는 우리 안의 그 무엇을 찾고 싶었다며 한국 문학에 꾸준히 관심을 가져 달라고 당부하기도 했습니다.

   - 작가가 문장 전체의 주어다. '출간된'을 능동 형태인 '출간한'으로 고쳤다.
   - 주어 앞에 주어를 꾸미는 말이 너무 길어 무겁다. 주어를 앞으로 돌리자.
   - '～에 대한'도 필요 없는 군더더기다.

2. 배출가스 조작 파문에 휩싸인 폭스바겐이 떨어진 신뢰도를 끌어올리려고 미국이나 일본에선 유례없는 혜택을 내놨습니다.

   - '추락하다'를 '떨어지다'로 써도 뜻이 전혀 다르지 않다.
   - '～하기 위해'보다는 '～려고'가 편하다.
   - '격을 깬' 혜택이라니? 폭스바겐이 고객에게 특별한 혜택을 주기에 어울리지 않는 높은 품격을 가졌다는 소리인가? 알맞지 않은 표현이다. '유례없는'으로 고쳤다.
   - '있습니다'는 버렸다.

---

4 《고종석의 문장》(고종석, 알마, 2014).

3. 국내 폭스바겐 차량 12만 5천여 대가 리콜 대상입니다. 폭스바겐은 리콜한 다고만 할 뿐 언제 어떻게 할지는 정확히 밝히지 않았습니다.

- 서술어를 생략해 끝을 자른 문장은 감탄이나 강조할 때 쓴다. 반드시 필요하지 않으면 쓰지 말자. 문장은 볼품없고 감정을 지나치게 강요하는 꼴이다.
- 둘째 문장에서는 주어를 살려 주는 편이 낫다.
- '리콜'은 '해 주지' 않는다. '한다'.

4. 군은 우연한 사고로 판단하지만 의도한 도발일 수도 있다고 분석합니다.

- '일단', '우선'은 '먼저'로 순화해 써야 좋다. 여기서는 아예 빼도 된다.
- '배제할 수 없다', '배제하지 않는다'는 표현은 쓰지 말자. 뒤에서 살핀다.[5]
- '~고 있다'를 없앴다.

1-7. 무관치 않다

예문 1 | 정치권을 강하게 비판하던 박 대통령이 오늘 거듭된 협조 요청과 적극적 설득에 나선 건 국회 시한이 임박한 것과도 **무관치 않아** 보입니다.

바로 쓰기 | 정치권을 강하게 비판하던 박 대통령이 오늘 거듭된 협조 요청과 적극적 설득에 나선 건 임시국회 시한이 임박한 것과도 **관련 있어** 보입니다.

예문 2 | 어제 북한이 반기문 사무총장의 개성공단 방문 허가를 갑자기 취소한

---

5 제 2부 4장의 "6-10. 배제하다" 참고.

것도 최근 유엔의 제재 논의와 **무관치 않다는** 분석이 나오고 있습니다.

^{바로
쓰기} | 어제 북한이 반기문 사무총장의 개성공단 방문 허가를 갑자기 취소한
것도 최근 유엔의 제재 논의와 **관련 있다는** 분석이 나오고 있습니다.

'무관하지 않다'는 관련이 없지 않다, 곧 관련이 있다는 소리다. 영어 'not irrelevant to ~', 'not unrelated to ~'를 직역한 표현이다. 우리 말로 쓰면 공연한 이중 부정이 되어 어색하다.

더 좋은 글 쓰기 √

1. 정치권을 강하게 비판하던 박 대통령이 오늘 정치권에 거듭 협조를 요청하고 설득에 나선 건 국회 폐회가 가까워진 때문으로 보입니다.

   • 협조를 요청한 대상인 '정치권'을 분명히 밝힐 필요가 있다.
   • '시한이 임박하다'는 표현은 공연히 어렵다. 쉽게 고쳤다.

2. 북한이 반기문 사무총장의 개성공단 방문 허가를 어제 갑자기 취소한 것도 최근 유엔의 제재 논의와 관련 있다는 분석이 나옵니다.

   • 방문 허가를 취소한 시점인 '어제'는 '취소한'과 가까이 있어야 좋다. 그래야 문장의 뜻이 확실하다.
   • '~고 있습니다'는 진행의 뜻이 꼭 필요할 때가 아니면 피하자. 거듭 강조한다.

예문
1 | 박 대통령은, 조금 전 하일레마리암 총리와 정상회담을 **갖고** 다양한 분야의 양해각서를 체결했습니다.

바로
쓰기 | 박 대통령은, 조금 전 하일레마리암 총리와 정상회담을 **하고** 다양한 분야의 양해각서를 체결했습니다.

예문
2 | 오늘 오전 한국과 미국, 일본의 북핵 6자회담 수석대표들이 공식 회동을 **갖는다고** 외교부가 밝혔습니다.

바로
쓰기 | 오늘 오전 한국과 미국, 일본의 북핵 6자회담 수석대표들이 공식 회동을 **한다고** 외교부가 밝혔습니다.

예문
3 | 리수용 북한 노동당 부위원장이 중국을 방문한 가운데, 한미일 6자 수석대표들이 오늘 도쿄에서 회담을 **가졌습니다.**

바로
쓰기 | 리수용 북한 노동당 부위원장이 중국을 방문한 가운데, 한미일 6자 수석대표들이 오늘 도쿄에서 회담을 **했습니다.**

예문
4 | 우상호 더불어민주당 원내대표와 박지원 국민의당 원내대표가 20대 국회 원구성 협상을 앞두고 **첫 만남을 가졌습니다.**

바로
쓰기 | 우상호 더불어민주당 원내대표와 박지원 국민의당 원내대표가 20대 국회 원구성 협상을 앞두고 **처음 만났습니다.**

회의와 회담, 회동 따위는 '가지다'가 아닌 '하다'가 어울린다. 동사 '가지다'에는 '모임을 치르다'라는 뜻도 있긴 하지만 우리말 정서로는 궁색하다. 영어 'have a meeting'을 직역해 쓰면서 굳어진 나쁜 표현이다.

1. 박 대통령은, 조금 전 하일레마리암 총리와 정상회담을 하고 다양한 분야의 양해각서를 맺었습니다.

   • '체결하다'는 '맺다'로 바꿔도 넉넉하다.

2. 한국과 미국, 일본의 북핵 6자회담 수석대표들이 오늘 오전 만난다고 외교부가 밝혔습니다.

   • '오늘 오전'을 뒤로 옮겨 '만난다고' 앞에 두었다. 행위의 시점은 행위와 가까이에 있어야 좋다.
   • 수석대표들의 회동은 '공식'이 보통이다. 괜히 권위를 얹지 말자. 특별한 '비공식' 만남일 때만 설명해 주면 된다.

3. 리수용 북한 노동당 부위원장은 중국을 방문했고, 한미일 6자 수석대표들은 오늘 도쿄에서 회담했습니다.

   • '~ㄴ 가운데'는 버려야 할 낡은 표현이다. 뒤에서 자세히 살펴본다.[6]

---

6 제2부 4장의 "7-4. ~ㄴ 가운데" 참고.

1-9. ~에 따르면

예문 1 | **군 소식통에 따르면**, 북한은 오늘 오전 6시 40분쯤 강원도 원산 지역에서 무수단으로 추정되는 발사체 1발을 발사했습니다.

바로쓰기 | **군 소식통이 말한 바로는**, 북한은 오늘 오전 6시 40분쯤 강원도 원산 지역에서 무수단으로 추정되는 발사체 1발을 발사했습니다.

예문 2 | **건강보험심사평가원에 따르면** 4월에서 5월 사이에 접촉 피부염 환자가 20% 넘게 증가하는 것으로 나타났습니다.

바로쓰기 | **건강보험심사평가원의 발표로는** 4월에서 5월 사이에 접촉 피부염 환자가 20% 넘게 증가하는 것으로 나타났습니다.

예문 3 | 그런데 **새 법에 따르면** 여야 간 합의가 안 돼도 상임위 의결만 있으면 어떤 현안이든 청문회를 열 수 있습니다.

바로쓰기 | 그런데 **새 법으로는** 여야 간 합의가 안 돼도 상임위 의결만 있으면 어떤 현안이든 청문회를 열 수 있습니다.

예문 4 | 통계청이 발표한 〈산업활동동향〉에 따르면 3월의 전체 산업생산은 2월보다 0.6% 증가했습니다.

바로쓰기 | 통계청이 발표한 〈산업활동동향〉을 보면 3월의 전체 산업생산은 2월보다 0.6% 증가했습니다.

'~에 따르면'은 영어 'according to'를 그대로 옮긴 어색한 표현이다.

1. 군 소식통은, 북한이 오늘 오전 6시 40분쯤 강원도 원산 지역에서 무수단으로 보이는 발사체 1발을 쐈다고 말했습니다.

   - '군 소식통'을 문장 전체의 주어로 살렸다.
   - '소식통'이란 익명이다. 뒤에서 자세히 설명하는데,[7] 익명 표현은 되도록 쓰지 말아야 한다. 이 기사처럼 군이나 검찰, 외교 등의 분야에서 어쩔 수 없이 써야 할 때도 있다.

2. 접촉 피부염 환자는 4월에서 5월 사이에 20% 넘게 증가합니다. 건강보험심사평가원이 집계한 결과입니다.

   - 문장을 짧게, 단순한 구조로 나눠 보자.

4. 통계청은 3월의 전체 산업생산이 2월보다 0.6% 증가했다고 밝혔습니다.

   - '통계청'만으로 충분하다. 구태여 〈산업활동동향〉까지 세세한 출처를 설명할 필요가 없다.

---

7 제2부 3장의 "3. 익명에 숨지 말라" 참고.

1-10. ~에도 불구하고

예문 1 | 이런 문제들 때문에 FTA **체결에도 불구하고** 글로벌 기업들이 한국 진출을 꺼릴 수도 있다며 한미FTA의 완전한 이행을 촉구했습니다.

바로 쓰기 | 이런 문제들 때문에 FTA를 **체결했어도** 글로벌 기업들이 한국 진출을 꺼릴 수도 있다며 한미FTA의 완전한 이행을 촉구했습니다.

예문 2 | 군은 북한이 **계속되는 실패에도 불구하고**, 전략무기인 '무수단' 전력화를 위해 발사 실험을 계속할 것으로 내다봤습니다.

바로 쓰기 | 군은 북한이 **실패를 계속하더라도**, 전략무기인 '무수단' 전력화를 위해 발사 실험을 계속할 것으로 내다봤습니다.

예문 3 | 이 식당을 운영하는 권 모 씨는 화물차 운전자들이 음주운전을 할 것을 **예상했음에도 불구하고** 술을 판 것으로 드러났습니다.

바로 쓰기 | 이 식당을 운영하는 권 모 씨는 화물차 운전자들이 음주운전을 할 것을 **예상해 놓고도** 술을 판 것으로 드러났습니다.

예문 4 | 피파(FIFA)의 **태도 변화에도 불구하고** 축구 본연의 재미를 반감시킨다는 전통 팬들의 주장도 여전히 강한 만큼 비디오판독 도입은 여전히 쉽지 않을 전망입니다.

바로 쓰기 | 피파(FIFA)의 **태도가 변화했어도** 축구 본연의 재미를 반감시킨다는 전통 팬들의 주장도 여전히 강한 만큼 비디오판독 도입은 여전히 쉽지 않을 전망입니다.

'불구(不拘)하다'는 얽매어 거리끼지 않는다는 뜻이다. 'in spite of ~'를 곧이곧대로 번역한 표현이다. 자주 쓰는 말이지만 거북하다. '~도'나 '~만'으로 쓰면 충분하다.

더 좋은 글 쓰기 ✓

1. 이런 문제들 때문에 FTA를 맺었어도 글로벌 기업들이 한국 진출을 꺼릴 수 도 있으니 한미FTA를 완전히 이행하라고 촉구했습니다.

   • '체결하다'는 '맺다'로 쉽게 고쳐도 뜻이 같다.
   • 동시에 벌어지는 상황이 아니면 '~며'를 피하자.
   • '한미FTA의 완전한 이행'은 '이행'을 목적어로 삼다 보니 생긴 억지스러운 표현이 다. 풀어서 부드럽게 썼다.

2. 군은, 북한이 실패를 거듭해도 전략무기인 '무수단'을 전력화하려고 발사 실험을 계속할 것이라고 내다봤습니다.

   • 쉼표(,)의 위치가 적절하지 않다.
   • '계속하다'가 한 문장 안에 두 번 나와서 좋지 않다. 겹침을 피하자.
   • '~를(을) 위해', '~ㄹ 것으로'보다는 '~하려고', '~ㄹ 것이라고'가 더 편하다.

3. 경찰은 이 식당 주인 권 모 씨가 화물차 운전자들의 음주운전을 예상하고 도 술을 팔았다고 밝혔습니다.

- 원래 문장은 그리 길지도 않은데 '것'을 두 번이나 썼다.
- 주어나 목적어 등의 문장성분은 되도록 감추지 말고 살려야 한다. 특히 주어를 감추면 문장의 책임감이 떨어진다. 뒤에서 다시 살핀다.[8] 앞뒤 문장을 살펴 짐작이 어렵지 않으면 생략이 자연스러울 때도 있다.

4. 피파(FIFA)의 태도는 변했어도 전통 팬들은 축구 본연의 재미가 줄게 된다고 여전히 강하게 주장합니다. 비디오판독 도입은 앞으로도 쉽지 않을 것으로 보입니다.

- 의존명사 '만큼'은 원인이나 근거의 뜻을 담았다. 구태여 쓰지 말고 문장만 나눠도 뜻은 충분하다. 접속사를 남용하지 말아야 문장이 깔끔한 원리와 같다.
- '반감시키다'는 '절반으로 줄게 하다'는 뜻이다. 피해야 할 사동 표현이다.
- '여전히'의 중복을 없앴다.

---

8 제 2부 3장의 "5-1. 주어를 살려라" 참고.

2. 피동 대신 능동

피동형은 번역 투 중에서도 가장 지나치다. 따로 살펴보자. 문장 속에서 주어가 어떤 행위를 하는 주체이면 능동태 문장이다. 주어가 대상으로서 그 행위를 받으면 피동태(영어에서는 수동태) 문장이다. 우리말에서도 피동태를 쓰지만 본디 드물다. 되도록 능동태로 써야 우리말답다.

　방송기사에서 마구 쓰는 피동 표현은 신문기사 문장에서 왔다. 신문기사의 피동 표현은 영어와 일본어를 번역한 말투를 따라 쓴 영향이 크지만, 과거 공포·억압 정치 상황에서 기자나 언론사가 일부러 피동 표현을 통해 기사의 주체를 숨겼다는 견해도 있다.[9] 자기 의견이 아닌 것처럼 표현해 책임을 피하려는 문체였다는 해석이다.

　이유도 없이 마구 쓰는 피동 표현은 우리 말글살이의 큰 해악이다. 다음 문장들을 보자.

예문 | 올해 추석 차례 상을 차리는 데 드는 비용이 전통시장이 대형마트보다 20% 이상 싼 것으로 **조사됐습니다.**
　　소상공인시장진흥공단은 오늘 지난달 28일부터 6일까지 열흘간 전통시장 37곳과 인근 대형마트 37곳을 대상으로 제수용품 27개 품목에 대한 가격 비교조사를 한 결과, 올해 4인 기준 추석 차례 상을 차리는 데 드는 비용은 전통시장은 평균 24만 3천 614원, 대형마트는 평균 **31만**

---

9 《피동형 기자들》(김지영, 효형출판, 2011).

252원으로 조사됐다고 밝혔습니다.

바로
쓰기 | 올해 추석 차례 상을 차리는 데 드는 비용이 전통시장이 대형마트보다 20% 이상 싼 것으로 **나타났습니다.**

소상공인시장진흥공단은 오늘 지난달 28일부터 6일까지 열흘간 전통시장 37곳과 인근 대형마트 37곳을 대상으로 제수용품 27개 품목에 대한 가격 비교조사를 한 결과, 올해 4인 기준 추석 차례 상을 차리는 데 드는 비용은 전통시장은 평균 24만 3천 614원, 대형마트는 평균 **31만 252원**이라고 밝혔습니다.

예문
2 | 돈을 받고도 제대로 치료를 하지 않은 혐의로 경찰 조사를 받아 온 서울 강남의 한 유명 치과의원 원장에 대해 경찰이 구속영장을 신청했지만 **반려된 것으로 확인됐습니다.**

바로
쓰기 | 돈을 받고도 제대로 치료를 하지 않은 혐의로 경찰 조사를 받아 온 서울 강남의 한 유명 치과의원 원장에 대해 경찰이 구속영장을 신청했지만 **검찰이 반려했습니다.**

예문
3 | OECD가 전망한 우리나라의 올해 경제성장 전망치는 2.7%. 지난해 11월 발표한 3.1%보다 0.4%p 하향 **조정된** 수칩니다.

내년 성장률 전망치도 3.6%에서 3.0%로 수정했습니다.

바로
쓰기 | OECD가 전망한 우리나라의 올해 경제성장 전망치는 2.7%. 지난해 11월 발표한 3.1%보다 0.4%p 하향 **조정한** 수칩니다.

내년 성장률 전망치도 3.6%에서 3.0%로 수정했습니다.

예문
4 | **개정안에 따르면 CT와 MRI의 촬영 단층면 간격 기준이 보다 촘촘하게 조정되고,** 검사 과정에 장비의 성능을 반영할 수 있도록 영상 해상도와

검사 속도에 관한 **기준이 신설됩니다.**

바로 | **보건복지부는** 이번 개정안으로 CT와 MRI의 촬영 단층면 간격 **기준을** 보
쓰기 다 촘촘하게 **조정하고,** 검사 과정에 장비의 성능을 반영할 수 있도록 영
상 해상도와 검사 속도에 관한 **기준을 신설했습니다.**

예문 | 2022년 월드컵까지 한국 축구를 이끌 새 사령탑과의 만남엔 설렘과 긴
5 장이 **교차됐습니다.**

바로 | 2022년 월드컵까지 한국 축구를 이끌 새 사령탑과의 만남엔 설렘과 긴
쓰기 장이 **교차했습니다.**

모두 행위의 주체를 주어로 삼지 않고 대상을 주어로 삼아 피동 형태로
쓴 문장들이다.

예문 1의 '조사됐습니다'는 조사한 기관이나 단체를 밝히면 쓰지 않아
도 되는 표현이다. 흔히 기사의 리드문장에서 이 같은 잘못이 많다. 핵
심만 간추리려다가 무리한 탓이다. 둘째 문장에서는 '비교조사'를 했다
고 서술했으니 거듭해 '조사됐'다고 말할 이유가 없다.

예문 2에서 '반려'한 주체는 검찰, '확인'한 주체는 글 쓴 기자이다.
주체를 숨기니 문장이 엉망이 됐다. '반려'한 주체인 검찰을 살리자. 사
실을 '확인'했음은 말하지 않아도 당연하다. 확인하지 않고 기사를 쓸
리 있나? 군더더기 피동 표현이다.

예문 3을 보자. 연이은 세 문장 중 첫 문장만 주어를 썼고 나중 두 문
장은 주어를 생략했다. 생략한 주어는 모두 'OECD'로 봐도 좋다. 둘째
문장에서 '하향 조정'한 주체 역시 'OECD'란 뜻이다. '조정된'이 아닌

'조정한' 수치가 옳다. 둘째 문장에서 생략한 주어가 '2.7%'이니 '조정된'이 옳다고 여길 수 있으나 능동 표현이 더 편하고 우리말에 맞다.

예문 4는 보건복지부가 발표한 규칙 개정안을 설명하는 기사이다. 이 문장도 행위의 주체는 없애고 행위의 결과를 주어로 삼아 피동형으로 쓴 탓에 어색하다. 마지막 부분의 '신설됩니다'도 마찬가지다.

예문 5는 어차피 사람을 주어로 삼지 않았다. '설렘과 긴장'을 의인화한 문장이다. 서술어는 '교차했습니다'로 써도 충분하다.

이런 피동형 문장이 일상의 대화나 방송 프로그램, 신문 여기저기에 넘친다. 밉고 못된 글이다. 게다가 영어나 일본어를 직역한 억지 피동태, 피동의 뜻을 2중 3중으로 겹친 표현은 아예 우리말조차 아니다.

'쓰여지다', '보여지다', '놓여지다' 등 특히 주의해야 할 피동 표현을 각 예문으로 살펴보자. 그 외에도 '보아지다', '되어지다', '키워지다', '두어지다', '생각되어지다' 따위의 엉터리 피동 표현은 모두 버리자. 편하고 자연스러운 능동 형태로 바꿔 쓰자.

더 좋은 글 쓰기 ✔

1. 올해 추석 제수용품을 전통시장에서 사면 대형마트에서 살 때보다 20% 이상 싸다고 소상공인시장진흥공단이 밝혔습니다.
   공단은 올해 4명 기준 추석 차례 상을 차리는 데 전통시장을 이용하면 평균 24만 3천여 원, 대형마트를 이용하면 31만여 원이 든다고 설명했습니다.
   공단은 지난달 28일부터 열흘 동안 전통시장과 인근 대형마트 37곳씩에서 제수용품 27가지의 가격을 비교조사했습니다.

- '조사됐습니다'나 '나타났습니다', 둘 다 행위자를 특정하지 않으려다가 쓴 잘못이다. '나타나다'는 행위자를 특정하기 어려울 때가 아니면 쓰지 말자.
- 첫 문장에서는 '전통시장'의 서술어가 없다, 둘째 문장에는 '전통시장'과 '대형마트'의 서술어가 없다. 두 문장 모두 비문이다.
- 둘째 문장은 너무 길다. 잘랐다.
- 언제 어떻게 조사했는지가 중요하지 않다. 주된 이야깃거리인 조사 결과를 먼저 밝히자. 조사 대상과 방식 따위는 그 뒤에 설명하자.
- 숫자는 적당한 자리에서 반올림하거나 버리자. 방송기사는 학술논문이 아니다. 웬만한 다른 글도 마찬가지다. 뒤에서 자세히 본다.[10]

2. 환자를 제대로 치료하지 않은 혐의로 경찰이 강남의 한 유명 치과의원 원장을 조사하고 구속영장을 신청했지만 검찰이 반려했습니다.

- '경찰'과 '검찰', '치과의원 원장', 셋의 관계를 잘 정리할 필요가 있다. 원래 예문은 '원장'을 앞에 내세우다 보니 '경찰'이 뒤로 숨고 '검찰'은 아예 안 보였다. '조사'한 '경찰', '반려'한 '검찰'을 드러내니 문장이 쉬워졌다.

3. OECD가 우리나라의 올해 경제성장률을 2.7%로 전망했습니다. 지난해 11월 발표한 3.1%보다 0.4%p 내린 수치입니다.
내년 성장률 전망치도 3.6%에서 3.0%로 내려 잡았습니다.

- 첫 문장의 술어를 살렸다. 특별한 때가 아니면 온전한 문장이 낫다.
- '전망한 … 전망치'는 중복이자 틀린 말이다.

---

10 제 2부 4장의 "5. 숫자는 어림수로" 참고.

- '하향 조정한'은 '내린'으로 쉽게 써도 뜻이 변하지 않는다.
- 마지막 문장에서 '수정했습니다'를 '내려 잡았습니다'로 고친 이유는, 내년 전망치도 '내린' 사실이 중요한 맥락이기 때문이다.

4. 보건복지부는 이번 개정안으로 CT와 MRI의 촬영 단층면 간격 기준을 보다 촘촘히 조정했습니다. 검사 과정에 장비의 성능을 반영할 수 있도록 영상 해상도와 검사 속도에 관한 기준도 신설했습니다.

- 문장을 잘랐다.
- '기준을'을 '기준도'로 바꿨다. 앞 문장에 이어 개정안의 다른 내용임이 정확히 드러난다.

5. 2022년 월드컵까지 한국 축구를 이끌 새 사령탑과 만난 자리에선 설렘과 긴장이 엇갈렸습니다.

- '~과(와)의'는 쓰지 말아야 한다. 앞에서 살펴본 대로 번역 투 표현이다.
- '교차했습니다'는 '엇갈렸습니다'로 쉽게 바꿔 썼다.

2-1. 쓰여지다

예문 | 오늘 경기에서 유럽축구 챔피언스리그 역사에 남을 또 한 번의 대역전 드라마가 **씌여졌습니다.**

바로쓰기 | 오늘 경기에서 유럽축구 챔피언스리그 역사에 남을 또 한 번의 대역전

드라마가 **쓰였습니다.**

예문 2 | 문서를 공개한 전남지방경찰청은 군 당국이 확보한 옛 일지가 왜곡 조작된 것으로 판단된다고 밝혔습니다. 그 근거로 과거 내부 문건에서 '전남도경'의 한자 표기가 엉터리인 점 등도 제시됐습니다. 경계할 '경'자를 써야 하는데 공경할 '경'자로 **쓰여졌기** 때문입니다.

바로 쓰기 | 문서를 공개한 전남지방경찰청은 군 당국이 확보한 옛 일지가 왜곡 조작된 것으로 판단된다고 밝혔습니다. 그 근거로 과거 내부 문건에서 '전남도경'의 한자 표기가 엉터리인 점 등도 제시됐습니다. 경계할 '경'자를 써야 하는데 공경할 '경'자로 **쓰였기** 때문입니다.

예문 3 | 광주 유니버시아드 대회에서 손연재가 한국 리듬체조 사상 처음으로 U대회 금메달을 따냈습니다. 손연재와 관중과 하나 되는 축제의 현장에서 리듬체조 새 **역사가 쓰여졌습니다.**

바로 쓰기 | 광주 유니버시아드 대회에서 손연재가 한국 리듬체조 사상 처음으로 U대회 금메달을 따냈습니다. 손연재는 관중과 하나 되는 축제의 현장에서 리듬체조 새 **역사를 썼습니다.**

'씌여졌습니다'는 '쓰다'에서 왔다. '쓰다'의 피동사는 '쓰이다', '씌다'이다. 여기에 피동의 접사 '이'를 덧붙이고 그것도 모자라 또 피동의 '~어지다'를 붙였다. '쓰다'에 피동을 세 번이나 결합한 잘못이다. '쓰여졌습니다'도 피동을 두 번 덧붙인 엉터리 말이다.

1. 오늘 경기에서 유럽축구 챔피언스리그 역사에 남을 대역전 드라마가 나왔습니다.

- 스포츠 기사에서 경기를 드라마, 극에 자주 빗댄다. 같은 비유가 잦으면 식상하다.
- 드라마를 만들기 위한 극본을 쓸 뿐 드라마를 쓰지는 않는다. '드라마'와 '쓰다'는 적합하지 않은 조합이다.

2. 문서를 공개한 전남지방경찰청은 군 당국이 확보한 옛 일지가 왜곡 조작된 것으로 판단한다고 밝혔습니다. 그 근거로 과거 내부 문건에서 '전남도경'의 한자 표기가 엉터리인 점 등도 제시했습니다. 경계할 '경'자를 써야 하는데 공경할 '경'자로 쓰였기 때문입니다.

- '판단된다고', '제시됐습니다' 모두 잘못이다. 피동형으로 쓸 이유가 없다. '조작된'은 그 동사의 주어인 '일지'가 행위의 대상이다. 피동형은 이럴 때에만 써야 한다.

3. 광주 유니버시아드 대회에서 손연재가 한국 리듬체조 사상 첫 U 대회 금메달을 땄습니다. 경기장은 손연재와 관중이 어우러진 축제 분위기였습니다.

- '사상 처음으로', '~것은 이번이 처음입니다'는 뉴스 가치가 크다고 강조하려는 수사일 때가 많다. 진부하지만 꼭 필요할 때도 있다. 기록이 중요한 스포츠 기사 등에서는 특히 그렇다. 이 예문은 첫 문장에서 '사상 처음'을 밝히고 다음 문장에서 또 '새 역사'를 말했다. 과잉이다. 스포츠 기사 나름의 특성이 있다 하더라도 감정은 절제해야 좋다.

2-2. 보여지다

예문 1 | 미국 정부로서는 비핵화 협상에 있어 실질적 진전을 이룰 수 있는 어떤 결과물이 나올지가 최대 관심으로 **보여집니다.**

바로 쓰기 | 미국 정부로서는 비핵화 협상에 있어 실질적 진전을 이룰 수 있는 어떤 결과물이 나올지가 최대 관심으로 **보입니다.**

예문 2 | 지난 판문점 접촉 이후 미 국무부가 비핵화의 목표를 기존의 'CVID' 대신에 'FFVD'로 재정립한 것도 이런 흐름의 일환으로 **보여집니다.**

바로 쓰기 | 지난 판문점 접촉 이후 미 국무부가 비핵화의 목표를 기존의 'CVID' 대신에 'FFVD'로 재정립한 것도 이런 흐름의 일환으로 **보입니다.**

예문 3 | 다음 달 1일 주민투표를 앞두고 스페인 중앙정부의 압력이 강해지면서 카탈루냐 지방의 반발도 거세지고 있어 양측의 충돌은 시간문제로 **보여지고 있습니다.**

바로 쓰기 | 다음 달 1일 주민투표를 앞두고 스페인 중앙정부의 압력이 강해지면서 카탈루냐 지방의 반발도 거세지고 있어 양측의 충돌은 시간문제로 **보이고 있습니다.**

예문 4 | 심장발작을 초래해 사람을 죽게 하지만 흔적이 남지 않아 단순 심장마비로 **보여지게** 하는 특성이 있습니다.

바로 쓰기 | 심장발작을 초래해 사람을 죽게 하지만 흔적이 남지 않아 단순 심장마비로 **보이게** 하는 특성이 있습니다.

'보다'의 피동사는 '보이다'이다. 여기에 '~어지다'가 덧붙은 '보여지다'는 엉터리 낱말이다. 되도록 능동 형태로 쓰자. 꼭 피동 표현이 필요해 쓰더라도 옳게 쓰자.

더 좋은 글 쓰기 ✓

1. 비핵화 협상에서 실제 진전을 이루는 결과물이 나올지가 미국 정부의 최대 관심사로 보입니다.

   - '로서'는 격 조사이다. 지위나 신분 또는 자격을 나타낸다. 어떤 동작이 일어나거나 시작하는 곳을 나타낼 때에도 쓴다. '미국 정부'가 비핵화 협상의 결과물에 관심을 갖는 이유는 지위나 신분, 자격 때문이 아니다. 굳이 따지자면 미국 정부의 처지 때문이다. '로서'가 잘 어울리지 않는다.
   - '~적인'은 없앴다.
   - '진전을 이룰 수 있는 어떤 결과물'과 '진전을 이루는 결과물', 뜻이 다른가? 공연한 수사와 지저분한 말 늘임은 아닌가? '수'를 없애자.
   - '관심'은 '어떤 것에 마음이 끌려 주의를 기울임. 또는 그런 마음이나 주의'이다. '관심사'는 '관심을 끄는 일'이다. 여기에는 '관심사'가 옳다.
   - 글을 쓴 기자의 판단에 좀더 확신을 싣는다면 '최대 관심사입니다'로 끝내도 좋겠다. 더 깔끔한 문장이 된다.

2. 이런 흐름의 하나로 미 국무부도 지난 판문점 접촉 이후 비핵화의 목표를 종전의 'CVID' 대신에 'FFVD'로 재정립했다고 보입니다.

   - '미 국무부의 비핵화 목표 재정립'과 '이런 흐름의 일환', 둘의 위치를 바꿨다. 이 예문 앞의 문맥이 '흐름'에 대한 서술이다. 그 '흐름'을 이어 물고 들어가 설명하는 편

이 낫다. 이렇게 수정하면 '것'도 없어진다.

- '기존'과 '종전'은 미묘한 차이가 있다. '기존'은 '이미 존재함'이다. '종전'은 '지금보다 이전'이다. 곧 '기존'은 예전의 무엇이 지금도 이어질 때 써야 맞다. '종전'은 지금이 아닌 이전의 무엇이다. 구별해 써 보자.

3. 다음 달 1일 주민투표를 앞두고 스페인 중앙정부의 압력이 강해지자 카탈루냐 지방의 반발도 거세집니다. 양측의 충돌은 피하기 어려워 보입니다.

- 문장을 나눴다.
- '~면서'는 동시나 맞섬의 뜻을 가졌다. '스페인 중앙정부의 압력이 강해진 것'과 '카탈루냐 지방의 반발이 거세지는 것'은 인과의 관계로 설명해야 더 합당하다. 동시와 맞섬의 상황이 아닐 때엔 '~면서'를 마구 쓰지 말자.
- "~고 있어", '있습니다'를 없앴다.
- '시간문제'는 '이미 결과가 뻔하여 머잖아 저절로 해결될 문제'이다. 가만히 둬도 조금 지나면 절로 풀릴 상황에 쓰는 낱말이다. 이 예문은 충돌 시점은 모르지만 언젠가는 충돌하리라는 추측이다. '시간문제'는 이럴 때 쓰면 안 된다. 정반대의 상황이다.

4. 심장발작을 일으켜 사람을 죽게 하지만 흔적이 남지 않아 단순 심장마비로 보이게 하는 특성이 있습니다.

- '초래하다'는 '어떤 결과를 가져오게 하다', '불러서 오게 하다'이다. '심장발작'과 함께 쓴 여기서는 '일으키다'가 쉽고 적당하겠다.

2-3. 놓여지다

예문 1 | 버스 대란으로 가느냐, 기사들이 안심하고 운전에 전념할 수 있느냐, 새로 출범한 민선 7기 지자체들마다 숙제가 **놓여졌습니다.**

바로쓰기 | 버스 대란으로 가느냐, 기사들이 안심하고 운전에 전념할 수 있느냐, 새로 출범한 민선 7기 지자체들마다 숙제가 **놓였습니다.**

예문 2 | 박근혜 대통령을 비방하는 구호가 씌여진 야외 실험장에 스커드급 로켓 엔진이 **놓여져** 있습니다.

바로쓰기 | 박근혜 대통령을 비방하는 구호가 쓰인 야외 실험장에 스커드급 로켓 엔진이 **놓여** 있습니다.

예문 3 | 식당에서도 어린이들을 위한 세심한 배려가 눈에 띕니다. 커피용 크림은 어른 키 높이에 맞춰 **놓여져** 있고, 케참통은 아주 낮은 곳에 놓여 있습니다.

바로쓰기 | 식당에서도 어린이들을 위한 세심한 배려가 눈에 띕니다. 커피용 크림은 어른 키 높이에 맞춰 **놓여** 있고, 케참통은 아주 낮은 곳에 놓여 있습니다.

'놓여지다'는 '놓다'의 피동사 '놓이다'에 '~어지다'를 덧붙인 틀린 낱말이다. 예문 1에서는 숙제를 놓은 주체를 특정하기 어렵다. 예문 2에서도 주체가 명확하지 않다. 이렇게 피동 형태가 불가피하다면 올바르게라도 쓰자. 예문 3은 주어를 살려 능동 형태로 바꿀 수 있다.

1. 버스가 모두 멈추느냐, 기사들이 운전에 전념하도록 갈등이 풀리느냐, 새로 출범한 민선 7기 지자체들마다 숙제를 떠안았습니다.

- '교통 대란', '귀성 전쟁', '물 폭탄' 따위는 쓰지 말아야 할 말이다. 공연한 허풍이자 현실 왜곡이다.
- '지자체들마다'와는 '숙제를 떠안았습니다'가 어울린다. '숙제가 놓였습니다'로 쓰려면, '지자체들 앞에는' 정도로 써야 맞다.

2. 박근혜 대통령을 헐뜯는 구호가 나붙은 야외 실험장에 스커드급 로켓 엔진이 놓였습니다.

- '비방하다'는 '헐뜯다'로 편하게 바꿨다.
- '쓰여진'은 앞에서 살펴본 잘못이다. '쓰인'으로 고치면 옳지만 '나붙은'이 '쓰인', '써진' 따위 피동 표현보다 말맛이 더 낫다.
- '~ 있습니다'는 버렸다.

3. 식당에서도 어린이를 세심히 배려했습니다. 커피용 크림은 어른 키 높이에 맞춰 놓았고, 케첩 통은 어린이 눈높이에 맞춰 낮은 곳에 놓았습니다.

- 방송기사에 자주 쓰는 '눈에 띄다'는 표현은 진부하다.
- 둘째 문장은 능동으로 바꾸고, 보완해 앞뒤 의미를 분명하게 살렸다.
- '~ 있습니다'는 없앴다.

2-4. 잊혀지다

예문 1 | 9년의 세월이 지나도 이 사건이 **잊혀지지** 않은 것은 권력과 기획사에 착취당한 신인 여배우의 죽음이 사회에 던진 울림 때문입니다.

바로 쓰기 | 9년의 세월이 지나도 이 사건이 **잊히지** 않은 것은 권력과 기획사에 착취당한 신인 여배우의 죽음이 사회에 던진 울림 때문입니다.

예문 2 | 분향소가 철거되더라도 '기다림의 등대'와 '추모 조형물'을 통해 희생자들이 **잊혀지지** 않기를 바라고 있습니다.

바로 쓰기 | 분향소가 철거되더라도 '기다림의 등대'와 '추모 조형물'을 통해 희생자들이 **잊히지** 않기를 바라고 있습니다.

예문 3 | 그들의 희생은 영원히 **잊혀지지** 않을 거라는 말도 잊지 않았습니다.

바로 쓰기 | 그들의 희생은 영원히 **잊히지** 않을 거라는 말도 잊지 않았습니다.

예문 4 | 6·25 전쟁에서 카투사 7천여 명이 숨진 사실은 모르는 분들 많을 겁니다. **잊혀졌던** 이들의 이름이 오늘 부산 UN기념공원에 울려 퍼졌습니다.

바로 쓰기 | 6·25 전쟁에서 카투사 7천여 명이 숨진 사실은 모르는 분들 많을 겁니다. **잊혔던** 이들의 이름이 오늘 부산 UN기념공원에 울려 퍼졌습니다.

'잊다'의 피동은 '잊히다'이다. '잊혀지다'는 '~히~'와 '~어지다'를 겹쳐 쓴 이중 피동으로 옳지 않다.

1. 9년이 지나도록 이 사건이 잊히지 않은 이유는 권력과 기획사에 착취당한 신인 여배우의 죽음이 사회에 던진 울림 때문입니다.

   • '9년의 세월'은 9년이 길다고 강조하려는 수사이다. 굳이 필요 없다. 도리어 '지나 도'를 '지나도록'으로 바꾸니 뜻이 더 명료해진 느낌이다.
   • '것' 대신 '이유'를 썼다. ' 때문'과 어울린다.

2. 희생자 가족들은 분향소를 없애더라도 '기다림의 등대'와 '추모 조형물'을 통해 희생자들이 잊히지 않기를 바랍니다.

   • 주어를 살렸다.
   • '철거하다'는 '없애다'로 바꿨다. 뜻이 다르지 않다.
   • '~고 있습니다'를 없앴다.

3. 그들의 희생을 영원히 잊지 않겠다는 말도 빼놓지 않았습니다.

   • 발언의 주체인 주어를 생략한 문장이다. '공헌과 희생'에 주격 조사를 붙여 피동 형태로 쓸 이유가 없다. 능동 형태로 쓰자.
   • '않을 거라는'보다는 '않겠다는'이 입말에 맞는 표현이다.
   • 한 문장 안에 '잊다'가 연이어 나와 어색하다. 같거나 비슷한 뜻을 가진 다른 낱말과 표현을 찾아 쓰자.

2-5. 비쳐지다

예문 1 | 경제는 심리라는 말 있습니다. 한은이나 정부가 경제 안 좋다, 자꾸 얘기하는 거 국민 심리에 부정적일 수 있지만, 그렇다고 마냥 낙관적으로만 보는 걸로 **비쳐져서도** 곤란합니다.

바로쓰기 | 경제는 심리라는 말 있습니다. 한은이나 정부가 경제 안 좋다, 자꾸 얘기하는 거 국민 심리에 부정적일 수 있지만, 그렇다고 마냥 낙관적으로만 보는 걸로 **비쳐서도** 곤란합니다.

예문 2 | 오늘 본회의 연기는 단독처리에 부담을 가진 여당과 마냥 반대하는 듯 **비쳐지는** 게 부담스러운 야당의 정치적 절충으로 보입니다.

바로쓰기 | 오늘 본회의 연기는 단독처리에 부담을 가진 여당과 마냥 반대하는 듯 **비치는** 게 부담스러운 야당의 정치적 절충으로 보입니다.

예문 3 | 다양한 가족 형태를 인정하는 외국인들의 눈에, 한국 미혼모들의 삶은 어떻게 **비쳐지고** 있을까요?

바로쓰기 | 다양한 가족 형태를 인정하는 외국인들의 눈에, 한국 미혼모들의 삶은 어떻게 **비치고** 있을까요?

동사 '비치다'는 '무엇으로 보이거나 인식되다'의 뜻을 지녔다. 굳이 '~어지다'를 붙일 이유가 없다.

1. 경제는 심리라는 말이 있습니다. 한은이나 정부가, 경제가 안 좋다고 자꾸 얘기하면 국민 심리에 바람직하지 않습니다. 그렇다고 마냥 잘 되리라는 전망만으로 비쳐서도 곤란합니다.

   • 예문은 '말이'의 '이', '경제가'의 '가', '얘기하는 것은'의 '은'을 모두 생략했다. 일상의 대화에서는 이렇게 말하기도 한다. 입말에 가까운 글이 편하다 해도 말은 말이고 글은 글이다. 필요한 성분까지 마구 없애면 안 된다.
   • '~적인'을 쓰지 않고 다른 표현으로 고쳐 봤다.

2. 오늘 본회의 연기는, 단독처리가 껄끄러운 여당과 마냥 반대하는 듯한 모습이 부담스러운 야당의 절충으로 보입니다.

   • 한 문장 안에 '부담'이 거듭 쓰여 부담스럽다. 표현을 살짝 바꿨다.
   • '듯 비치는 게'를 '듯한 모습이'로 고쳐 '것'을 피했다. 뜻은 다르지 않다.
   • 여야 정치권이 하는 행위는 모두 '정치적'이다. 밝힐 이유가 없다.

3. 다양한 가족 형태를 인정하는 외국인들은 한국 미혼모들의 삶을 어떻게 볼까요?

   • '~의 눈에 어찌어찌 비치다'는 표현 대신 주술 관계를 명확하게 다듬었다.

2-6. 빚어지다

예문 1 | 서울의 한 자치구가 구청 별관에 만든 길고양이 쉼터를, 구청 노조가 철거해 달라고 요구하는 등 몇몇 자치단체에서 동물 보호시설을 둘러싼 **갈등이 빚어지고** 있습니다.

바로쓰기 | 서울의 한 자치구가 구청 별관에 만든 길고양이 쉼터를, 구청 노조가 철거해 달라고 요구하는 등 몇몇 자치단체에서 동물 보호시설을 둘러싼 **갈등을 빚고** 있습니다.

예문 2 | 소음 같은 피해가 커지고, 혜택을 보는 주민과 그렇지 못한 주민이 나뉘면서 **갈등이 빚어지고** 있습니다.

바로쓰기 | 소음 같은 피해가 커지고, 혜택을 보는 주민과 그렇지 못한 주민이 나뉘면서 **갈등을 빚고** 있습니다.

예문 3 | 객실에도 산소마스크가 내려오고 비상경보가 발령됐지만 다행히 조종실과 격리돼 있어 **큰 혼란이 빚어지진** 않았습니다.

바로쓰기 | 객실에도 산소마스크가 내려오고 비상경보가 발령됐지만 다행히 조종실과 격리돼 있어 **큰 혼란을 빚진** 않았습니다.

'빚다'에 '~어지다'를 붙였다. 공연한 피동 표현이다. 피해야 한다.

140

1. 서울의 한 구청 노조가 구청 별관에 있는 길고양이 쉼터를 철거해 달라고 자치구에 요구했습니다. 동물 보호시설 때문에 몇몇 자치단체에서 갈등을 빚고 있습니다.

   • 문장을 나눴다.
   • 첫 문장의 주된 행위 주체는 '노조'다. 그 주어를 문장의 앞으로 뺐다.

2. 소음 같은 피해가 커지고, 혜택을 보는 주민과 보지 못하는 주민이 나뉘어 갈등이 생겼습니다.

   • '~면서'는 피해야 할 진부한 표현이다.
   • '~고 있습니다'는 반드시 진행의 뜻을 강조할 필요가 있을 때만 쓰자.

3. 객실에도 산소마스크가 내려오고 비상경보가 발령됐습니다. 다행히 조종실과 막혀 있어 큰 혼란을 빚진 않았습니다.

   • 문장을 둘로 나눴다. '다행히'가 두 문장을 연결한다. '그렇지만' 같은 접속사도 필요 없다.
   • '격리돼 있어'는 '막혀 있어', '떨어져 있어'로 충분하다.

2-7. 모아지다

예문 1 | 오늘 회동이 20대 국회의 협치 가능성을 시험하는 자리가 될 것이란 기대 속에 여야의 민생 문제 해법에 **관심이 모아지고** 있습니다.

바로 쓰기 | 오늘 회동이 20대 국회의 협치 가능성을 시험하는 자리가 될 것이란 기대 속에 여야의 민생 문제 해법이 **관심을 끌고** 있습니다.

예문 2 | 현재 출연 중인 작품으로 많은 사람들의 사랑을 받는 만큼, 그의 차기작에도 기대가 **모아지고** 있습니다.

바로 쓰기 | 현재 출연 중인 작품으로 많은 사람들의 사랑을 받는 만큼, 그의 차기작에도 기대가 **모이고** 있습니다.

예문 3 | 검찰과 경찰이 현재 내사하거나 수사 중인 것만 30건이 넘는 가운데, 수사 결과에 **관심이 모아지고** 있습니다.

바로 쓰기 | 검찰과 경찰이 현재 내사하거나 수사 중인 것만 30건이 넘는 가운데, 수사 결과가 **관심거리입니다.**

예문 4 | 유럽과 중국 그리고 일본까지, 세계 각국이 또다시 적극적인 양적완화 의지를 내비치면서, 이제 시장의 관심은 한국은행의 금리 인하 여부에 **모아지고** 있습니다.

바로 쓰기 | 유럽과 중국, 그리고 일본까지, 세계 각국이 또다시 적극적인 양적완화 의지를 내비치면서, 이제 시장의 관심은 한국은행의 금리 인하 여부에 **모이고** 있습니다.

'모아지고 있습니다'는 표현, 정말 많이 쓴다. '모아지다'는 잘못된 피동형 표현이다. '모으다'의 피동사는 '모아지다'가 아닌 '모이다'이다. 심지어 '모이다'에 '~어지다'까지 붙인 '모여지다'로 잘못 쓰는 일도 있다.

특히 '관심이 모아지다'는 표현은 숱하게 듣는다. '관심을 모으다', '관심을 끌다' 또는 '관심사이다' 등으로 써야 한다. 백 번 양보해 피동형을 쓴다 해도 '관심이 모이다' 또는 '관심이 쏠리다'로 충분하다.

더 좋은 글 쓰기 ✓

1. 오늘 만남이 20대 국회의 '협치' 가능성을 시험하는 자리라는 기대가 있습니다. 여야가 민생 문제 해법을 찾을지가 관심을 끕니다.

   - '회동'은 '만남', '모임'으로 쉽게 썼다.
   - 기대가 있고, 관심이 모인다. 그 둘 사이가 문장을 합쳐 놓을 만한 특별한 관계가 아니다. 문장을 나눴다.
   - 여러 차례 강조했듯이 '~고 있습니다'는 버려야 할 표현이다.

2. 현재 출연 중인 작품을 사랑한 많은 사람이 그의 차기작도 기대합니다.

   - 주어를 살려 능동의 문장으로 바꿨다. 간명한 대신 전체 느낌이 달라졌다. 선택의 문제일 수도 있다.
   - '많은 사람들'에서 복수형이 겹쳤다. '많은 사람' 또는 '사람들'로 써야 맞다.

3. 검찰과 경찰이 현재 내사하거나 수사 중인 사건만 30건이 넘습니다. 수사

결과가 관심거리입니다.

- '~ㄴ 가운데'는 버릇처럼 쓰는 낡은 표현이다. 이 표현을 없애고 문장을 나눴다. 한결 깔끔하다.

4. 유럽과 중국에 이어 일본까지, 세계 각국이 또 양적완화 의지를 강하게 내비쳤습니다. 이제 시장의 관심은 한국은행의 금리 인하 여부에 쏠렸습니다.

- '~면서'를 빼고 문장을 쪼갰다.
- 앞에서 살핀 것처럼 '~적인'은 쓰지 말자.
- '적극적'이 꾸민 말도 무엇인지 분명하지 않다. '양적완화'인가? '의지'인가? '양적완화'를 꾸몄다면 '강한 양적완화 의지를 내비쳤습니다'로 써야 옳다. '의지'를 꾸몄다면 위처럼 써야 맞다. 바꾼 문장처럼 위치를 옮기면 뜻은 다르지 않고 문장은 편하다.

3. 익명에 숨지 말라

모든 기사는 취재원을 실명으로 밝혀야 한다. 정확하고 공정하고 객관성 있는 '팩트' 전달을 위해 지켜야 할 기본이다. 어쩔 수 없이 익명 보도를 해야 할 상황도 있다. 취재원이 불이익을 받을 위험이 있을 때, 인권 보호 측면에서 실명을 밝히면 안 될 때, 취재원이 익명 보도를 요청했을 때 등이다. 그렇더라도 익명 보도는 되도록 자제해야 한다.

특정한 취재원을 불가피한 이유 때문에 감추는 익명 표현은 그나마 낫다. 교묘한 익명 문장은 더 큰 문제다. 제대로 확인하지 않은 모호한 팩트나 기자와 방송사의 주관을 익명의 그늘에 숨겨 전하는 기사 문장이 넘친다. 이런 문장에서는 특정한 의견이 다수의 의견인 것처럼 잘못 비치기 쉽다. 의도하든 안 하든 과장과 축소가 섞인다.

기사가 아닌 다른 글에서도 마찬가지다. 어떠한 사실이나 주장 따위를 인용할 때엔 주체와 출처를 확실히 해야 한다. 인용한 내용이 믿음직해야 글의 신뢰도도 높아진다. 더욱이 주어가 드러나지 않은 문장은 비문일 때가 많다. 앞서 살핀 피동 문장과 동전의 양면처럼 엉켰다.

3-1. 관계자

예문 | 적발 당시 A 경사의 혈중알코올농도는 면허취소 수치인 0.156퍼센트로 확인됐습니다. **경찰 관계자는** "A경사를 추후 다시 불러 조사해 입건

할 예정이며 징계 절차도 최대한 빨리 진행하겠다"고 밝혔습니다.

바로쓰기ㅣ 적발 당시 A 경사의 혈중알코올농도는 면허취소 수치인 0.156퍼센트로 확인됐습니다. **경찰은** "A경사를 추후 다시 불러 조사해 입건할 예정이며 징계 절차도 최대한 빨리 진행하겠다"고 밝혔습니다.

예문2ㅣ **합참 관계자는** 북한이 3월 15일 김정은의 지시 이후 지속적으로 탄도 미사일 발사를 시도하고 있다면서, 관련 동향을 예의주시하고 있다고 말했습니다.

바로쓰기ㅣ **합참은** 북한이 지난 3월 15일 김정은의 지시 이후 지속적으로 탄도 미사일 발사를 시도하고 있다면서, 관련 동향을 예의주시하고 있다고 밝혔습니다.

예문3ㅣ **교육부 관계자는** "기준치를 초과한 중금속이 검출된 학교들이 생각보다 많다"며 "예산 확보와 개·보수 일정, 방법 등을 문화체육관광부, 환경부 등과 협의하고 있다"고 밝혔습니다.

바로쓰기ㅣ **교육부는** "기준치를 초과한 중금속이 검출된 학교들이 생각보다 많다"며 "예산 확보와 개·보수 일정, 방법 등을 문화체육관광부, 환경부 등과 협의하고 있다"고 밝혔습니다.

'관계자'는 가장 흔한 익명 표현이다. 보통 어떤 기관이나 조직에 딸린 누군가의 이야기를 익명으로 전할 때 쓴다. 그 취재원을 드러낼 수 없을 때 흔히 쓴다. 기관과 기자들이 미리 협의해 두는 경우도 있다. 말한 사람을 밝히지 않아야 하는 비공식 상황을 전할 때 그 화자를 '관계자'로 표현하기로 정해놓는 식이다. 그 기관의 누구는 '관계자', 다른 누구는

'고위 관계자', 다른 누구는 '핵심 관계자'라는 규칙을 정해 따르기도 한다. 시청자와 독자에게는 익명이지만 그들끼리는 아닌 셈이다. 기관과 언론의 편의가 맞아떨어진 관행이다.

관행의 옳고 그름을 떠나 '관계자'가 든 기사는 글로만 봐도 불친절하고 불완전하다. 흔히 쓰는 '관계자'는 그 기관과 관련이 있는 어떤 사람이 아니라 그 기관에 속한 사람이다. 공식 발언이 아니더라도 그 기관, 조직, 단체의 견해를 대변하는 대표성이 있으니까 인용한다. 이름과 직위를 밝히는 게 원칙이지만 밝힐 수 없다면 차라리 '관계자'를 빼고 기관이나 조직명만 쓰는 건 어떤가?

더 좋은 글 쓰기 ✓

1. A 경사의 혈중알코올농도는 면허취소 수준인 0.156퍼센트였습니다. 경찰은 "A 경사를 나중에 다시 불러 조사한 뒤 입건할 예정이고 징계 절차도 되도록 빨리 진행하겠다"고 밝혔습니다.

- 경찰관이 음주운전을 하다 적발된 내용을 앞서 설명한 뒤다. '적발 당시'와 '확인 됐습니다'는 필요 없다.
- '추후'는 '나중에' 또는 '뒤에'로 바꾸면 좋다.
- 부사 '최대한'은 '일정한 조건에서 가능한 한 가장 많이'의 뜻이다. '빨리'와 어울리 지 않는다.

2. 합참은 북한이 3월 15일 김정은의 지시 이후 지속해서 탄도 미사일 발사를 시도해, 관련한 움직임을 눈여겨보고 있다고 밝혔습니다.

- '3월 15일'은 기사를 쓴 시점에서 분명한 과거이다. '지난'은 쓰지 않아도 된다. '지난'과 '오는'을 줄이자. 뒤에서 다시 본다.[11]
- '지속적으로'보다 '지속해서'가 부드럽다.
- '~면서'는 없애도 된다.
- '동향'(動向)은 '움직임'으로 충분하다.
- '예의주시'는 '어떤 일을 잘 하려고 단단히 차리는 마음'이란 뜻을 가진 '예의'(銳意)와 '정신을 모아 자세히 살핌'의 뜻을 지닌 '주시'(注視)를 결합한 말이다. 군사 용어다. 단단히 마음먹고 잘 지켜본다는 뜻이니 '잘 지켜보다', '눈여겨보다' 정도로 쉽게 쓰면 된다.

3. 교육부는 "중금속이 기준치보다 많이 나온 학교들이 생각보다 많고, 개·보수에 쓸 예산 마련 방안과 일정, 방법 등을 다른 부처들과 협의하고 있다"고 밝혔습니다.

- '기준치를 초과한 중금속이 검출된 학교들'은 '중금속' 앞에 수식어가 너무 길어 무겁다. 주어 '중금속'을 앞으로 빼면 훨씬 가볍고 부드럽다. 주어를 가볍게 해야 문장이 예쁘다. 뒤에서 자세히 다룬다.[12]
- '문화체육관광부'와 '환경부'를 하나하나 늘어놓을 필요가 없다.
- 의존명사 '등'도 웬만하면 되풀이해 쓰지 말자.

---

11 제 2부 4장의 "7-6. '지난'과 '오는' " 참고.
12 제 2부 4장의 "2. 주어를 가볍게 써라" 참고.

3-2. 전문가

예문 | 중국군망은 구축함 허페이호 등 군함 4척으로 구성된 편대가 21일 서태
1
평양에서 실제 무기를 사용한 훈련을 진행했다고 전했습니다.

중국 군사전문가들은 이번 실탄 훈련이 편대 방식의 종합 작전 능력을
제고하고 실전 능력을 강화하기 위해 진행된 것이라고 평가했습니다.

바로 | 중국군망은 구축함 허페이호 등 군함 4척으로 구성된 편대가 21일 서태
쓰기
평양에서 실제 무기를 사용한 훈련을 진행했다고 전했습니다.

칭화대 ○○○ 교수를 비롯한 중국 군사전문가들은 이번 실탄 훈련이 편
대 방식의 종합 작전 능력을 제고하고 실전 능력을 강화하기 위해 진행
된 것이라고 평가했습니다.

예문 | **전문가들은** 치료 목적일지라도 VR기기를 30분 사용하면 10~15분 정
2
도의 휴식을 취해야 한다고 조언하고 있습니다.

바로 | **뇌 분야 전문의들은** 치료 목적일지라도 VR기기를 30분 사용하면 10~
쓰기
15분 정도의 휴식을 취해야 한다고 조언하고 있습니다.

예문 | 경기지역의 인구 증가 규모는 전국에서 가장 큰 수준입니다. **전문가들**
3
은 서울의 전셋값 상승과 서울-수도권 간 교통 발달 등이 인구 유입 원
인인 것으로 분석했습니다.

바로 | 경기지역의 인구 증가 규모는 전국에서 가장 큰 수준입니다. **인구문제**
쓰기
연구자들은 서울의 전셋값 상승과 서울-수도권 간 교통 발달 등이 인구
유입 원인인 것으로 분석했습니다.

예문
4 | 이 보급형 장비는 비용이 5분의 1 수준에 불과합니다.

[인터뷰] ○○○ / 한국생산기술연구원 융복합농기계그룹 수석연구원: "시설이 들어갈 수 없는 소형 온실이라든가 산간 오지 아니면 노지에도 스마트팜 기술을 적용할 수 있는 기술입니다."

전문가들은 영세 농가가 많은 우리 농촌 현실에는 대규모 스마트팜 단지 조성보다 '보급형 스마트팜' 기술이 우선돼야 한다고 강조합니다.

바로
쓰기 | 이 보급형 장비는 비용이 5분의 1 수준에 불과합니다.

[인터뷰] ○○○ / 한국생산기술연구원 융복합농기계그룹 수석연구원: "시설이 들어갈 수 없는 소형 온실이라든가 산간 오지 아니면 노지에도 스마트팜 기술을 적용할 수 있는 기술입니다."

한국생산기술연구원은 영세 농가가 많은 우리 농촌 현실에는 대규모 스마트팜 단지 조성보다 '보급형 스마트팜' 기술이 우선돼야 한다고 강조합니다.

'전문가'란 특정 분야에서 상당한 지식과 경험을 갖춰 신뢰할 수 있는 사람이다. 뭔가 깊이 있는 내용을 전할 때 흔히 전문가의 말을 인용한다. 그 사람의 식견과 주장에 믿음이 가서 인용까지 했다면 누구인지 명확히 밝혀야 한다. 두루뭉술하게 넘어갈 일이 아니다. 예를 들어, 예문 4에 등장한 전문가들은 아마도 취재한 바로 그 기관의 사람들일 터이다. 그곳에서 듣고 취재한 바를 다른 여러 전문가의 의견인 척 부풀리면 곤란하다.

여러 명의 견해를 종합할 때에는 모두를 다 언급하기 어렵다. 불필요한 낭비이다. 그럴 때에는 대표되는 한 명이라도 밝히자. 적어도 어느 분야의 인물인지 정도라도 써 주자. 무턱대고 '전문가'라고만 하면 무책임하다. 되도록 자세한 정보를 줘야 이른바 '전문가'에 믿음이 실린다.

더 좋은 글 쓰기 ✓

1. 중국군망은 구축함 허페이호 등 군함 편대 4척이 21일 서태평양에서 실제 무기를 사용해 훈련했다고 전했습니다.

   칭화대 ○○○ 교수를 비롯한 군사전문가들은 이번 훈련이 편대 방식의 종합 작전 능력을 높이고 실전 능력을 기르기 위함이라고 평가했습니다.

   - '군함 4척으로 구성된 편대'보다는 '군함 편대 4척'이 낫다. 4척을 굳이 밝힐 필요가 없다면 그냥 '군함 편대' 정도로만 써도 좋겠다.
   - 이미 중국 이야기를 하는 중이니 '중국 군사전문가'의 '중국'은 생략했다.
   - '실탄 훈련'의 '실탄'도 앞에서 나왔으니 뺐다.
   - '진행하다'가 연이어 나오는데 없애도 되는 군살이다. 되도록 가볍게 쓰자.
   - '제고하다'는 '높이다'로, '강화하다'는 '기르다'로 편히 썼다.

2. 뇌 분야 전문의들은 치료 목적일지라도 VR기기를 30분 사용하면 10~15분 정도는 쉬어야 한다고 조언합니다.

   - '15분 정도의 휴식'에서 '~의'는 번역 투 표현이다. 고쳐 쓰자.
   - '휴식을 취하다'는 '쉬다'와 같다. 굳이 길고 어렵게 쓰지 말자.
   - '~하고 있다'를 없앴다.

3. 인구 증가 규모는 경기지역이 전국에서 가장 큽니다. 인구문제 연구자들은

서울의 전셋값 상승과 서울-수도권 간 교통 발달 등이 인구 유입 원인이라고 분석했습니다.

- 첫 문장의 주어는 '규모'이다. 주어 앞의 꾸미는 말이 너무 길면 무겁다.
- 규모가 크면 컸지 큰 수준이라는 표현은 뭔가? 흐지부지 눙치지 말자.
- '~ㄴ 것으로'라는 표현을 피해 고쳤다. 훨씬 부드럽지 않은가?

4. 이 보급형 장비는 값이 5분의 1 수준에 불과합니다.

[인터뷰] ○○○ / 한국생산기술연구원 융복합농기계그룹 수석연구원: "시설이 들어갈 수 없는 소형 온실이라든가 산간 오지 아니면 노지에도 스마트팜 기술을 적용할 수 있는 기술입니다."

한국생산기술연구원은 우리 농촌에는 영세 농가가 많아 대규모 스마트팜 단지를 조성하기보다 이 원격 기술을 먼저 보급해야 한다고 강조합니다.

- '장비'는 '비용'보다 '값'이나 '가격'과 어울린다. '비용'은 '어떤 일을 하는 데 드는 돈'이다. '값'으로 쓰거나 '~ 장비는 설치 비용이'로 고쳐야 맞다.
- 인용한 문장 앞의 내용까지 살피면, 이 기사에서 소개한 기술은 스마트폰으로 원격 관리하는 기술이다. '대규모 스마트팜 단지 조성'과 비교해 비용이 덜 드는 장점이 있으니 영세 농가에 적합하다고 강조하면서 글을 맺는다. 취지를 정확히 정리해 봤다.
- '우선'은 '먼저'로 편히 바꿨다.

3-3. 전망 / 분석 / 지적이다

예문 1 | 오는 11일에는 6개 시 5만여 명이 대규모 상경 집회를 벌일 예정인 가운데 정부는 집회 참여 공무원에 대한 징계 방침까지 표명해 갈등은 더욱 격화될 **전망입니다.**

바로 쓰기 | 오는 11일에는 6개 시 5만여 명이 대규모 상경 집회를 벌일 예정인 가운데 정부는 집회 참여 공무원에 대한 징계 방침까지 표명해 갈등은 더욱 격화될 **것으로 보입니다.**

예문 2 | 기존 재건축 호가가 들썩이면서 분양을 앞둔 신규 단지 분양가도 덩달아 급등할 조짐을 보이고 있습니다. 고급 이미지를 내세운 신규 브랜드까지 붙여 가며 3.3제곱미터 분양가가 5천만 원을 넘을 **것이라는 전망**이 나오고 있습니다.

바로 쓰기 | 기존 재건축 호가가 들썩이면서 분양을 앞둔 신규 단지 분양가도 덩달아 급등할 조짐을 보이고 있습니다. **부동산업계는** 고급 이미지를 내세운 신규 브랜드까지 붙여 가며 3.3제곱미터 분양가가 5천만 원을 넘을 **것이라고 전망하고 있습니다.**

예문 3 | 폼페이오 장관의 방북이 취소된 이후 북미간 접촉이 확인된 건 이번이 처음입니다. 이에 따라 교착 국면을 맞은 북미간 대화가 이번 장성급 접촉을 계기로 재개된 **것이라는 분석이 나오고 있습니다.**

바로 쓰기 | 폼페이오 장관의 방북이 취소된 이후 북미간 접촉이 확인된 건 이번이 처음입니다. 이에 따라 교착 국면을 맞은 북미간 대화가 이번 장성급 접촉을 계기로 재개된 **것이라고 외교 전문가들은 분석하고 있습니다.**

예문 4 | 가상현실을 이용하면 영상으로만 접했던 판문점 내부의 남북정상회담 장도 구석구석 살펴볼 수 있습니다. 하지만 이런 가상현실 기술이 일회성 볼거리와 게임에 치중하면서 한계에 **부딪혔다는 지적도 나옵니다.**

바로 쓰기 | 가상현실을 이용하면 영상으로만 접했던 판문점 내부의 남북정상회담 장도 구석구석 살펴볼 수 있습니다. 하지만 **IT 전문가들은** 이런 가상현실 기술이 일회성 볼거리와 게임에 치중하면서 한계에 **부딪혔다고 지적합니다.**

명사 '전망'은 애초 '멀리 바라봄 또는 멀리 내다보이는 경치'이다. 여기서 앞날을 헤아려 내다보거나 내다보이는 미래 상황까지 뜻하게 됐다. 동사로는 '전망하다'이다. '누가 무엇을 어떤 식으로 전망한다', '누가 어떠한 전망을 한다'는 식으로 써야 맞다. '전망입니다'는 상투어이자 기자가 익명에 숨은 비문이다. 전망하는 주체가 마땅치 않거나 글쓴이의 전망이라면 '보입니다' 정도로 바꿔야 좋다.

'분석'과 '지적'도 마찬가지다. 동사로는 '분석하다', '지적하다'로 써야 한다. '분석/지적이 나옵니다', '분석/지적이 있습니다', '분석/지적입니다' 따위는 모두 주체가 없는 엉터리 표현이다. 하다못해 이른바 '전문가'라도 주어를 내세워 써야 맞다. 외부 인물의 시각이 아니라 기자의 분석이나 지적라면 그 내용을 단정해 쓰면 된다. 기자가 이렇게 숨어버리면 문장도 어색하고 기사의 힘도 떨어진다.

1. 11일에는 6개 시 5만여 명이 상경 집회를 할 예정입니다. 정부는 집회에 참여하는 공무원을 징계하겠다고 밝혔습니다. 갈등이 더 심해질 수밖에 없습니다.

   - '오는'은 필요 없다.
   - '~ㄴ 가운데'는 쓰지 말자.
   - '~에 대한'도 피하자. 목적어에는 분명하게 격조사를 붙여 쓰면 된다.
   - '표명'과 '격화'도 쉽게 바꿔 쓸 수 있는 한자말이다.

2. 기존 재건축 아파트 호가가 들썩이자 분양을 앞둔 단지의 분양가도 덩달아 급등할 조짐이 보입니다. 부동산 전문가들은 새로운 브랜드로 고급 이미지까지 내세운 새 단지의 분양가가 3.3제곱미터에 5천만 원을 넘을 것으로 예상합니다.

   - '신규 단지', '신규 브랜드'의 '신규'는 '새' 또는 '새로운'으로 써도 충분하다.
   - '~면서', '~ 있습니다'는 피해야 좋다.
   - 둘째 문장은 주어 '부동산업계'를 살려도 여전히 비문이다. '신규 브랜드를 붙인' 주체와 '전망한' 주체는 다르다. 문장 내 성분의 순서를 바꿔서 어색함을 없앴다.

3. 폼페이오장관의 방북 취소 이후 첫 북미간 접촉입니다. 외교 전문가들은 북미 양국이 교착 국면이던 대화를 이번 장성급 접촉을 계기로 재개했다고 분석했습니다.

- '이번이 처음입니다'는 아주 진부하다. 뒤에서 다시 살핀다.[13]
- '접촉' 사실은 북미 또는 한국 정부를 통해 확인한 사실이다. 정확한 사실이니 기사로 썼다. '확인된'이라고 피동 표현을 쓰지 말고 그냥 단정하자.
- '교착 국면'은 이번 접촉 이전 상태이다. '맞은'이라고 표현하면 틀리다.
- 예문에서는 행위의 객체인 '대화'에 주격 삼아 '재개된'이라고 피동 표현을 썼다. 주체인 '북미'를 앞세우니 더 편한 능동 표현이 가능하다.

4. 가상현실 기술을 이용하면 판문점 내부의 남북정상회담장도 구석구석 생생히 살펴볼 수 있습니다. 하지만 IT 전문가들은 이런 가상현실 기술이 일회성 볼거리와 게임에만 치우치는 바람에 한계에 부딪혔다고 지적합니다.

- '가상현실 기술'을 이용해 '가상현실'을 접한다. 용어를 정확히 쓰자.
- '영상으로만 접했던'은 적합한 꾸밈이 아니다. '가상현실'은 영상을 포함한다. 앞에서 '영상으로만 접했던'이라고 썼다면, 뒤에서는 '걷고 만져보듯' 따위처럼 영상 아닌 다른 어떤 측면을 강조해 설명해야 맞다. '구석구석 살펴봄'은 영상으로도 가능하다.
- 가능성을 나타내는 의존명사 '수'와 접속사 '하지만'은 모두 그대로 뒀다. 되도록 줄이고 없애야 깔끔한 문장이지만 꼭 필요할 땐 써야 맞다.
- '~면서'는 다른 표현으로 바꿨다. 뒤에서 또 설명한다.[14]
- '치중하다'는 '치우치다'로 쉽게 썼다.

---

13 제 2부 4장의 "7-7. 이번이 처음" 참고.
14 제 2부 4장의 "7-3. ~면서" 참고.

3-4. 알려지다

예문 1 | 앞서 대선 출마 가능성을 시사했던 반 총장은 **주변 인사들에게** 자신의 발언이 확대 해석됐다며 곤혹스럽다고 **해명한 것으로 알려졌습니다**. 그러나 외교관 출신으로 말실수가 적은 반 총장의 언급은 대선 일정을 염두에 둔 작심 발언이란 해석이 지배적입니다.

바로 쓰기 | 앞서 대선 출마 가능성을 시사했던 반 총장은 자신의 발언이 확대 해석됐다며 곤혹스럽다고 **해명했다고 주변 인사들이 전했습니다**. 그러나 **정치권에서는** 외교관 출신으로 말실수가 적은 반 총장의 언급은 대선 일정을 염두에 둔 작심 발언이란 해석이 지배적입니다.

예문 2 | 정운호 네이처리퍼블릭 대표의 지하철 입점 로비 의혹과 관련해 서울메트로의 김 모 전 사장이 그제 참고인 신분으로 검찰 조사를 받았습니다. 김 전 사장은 정 대표가 지하철 매장 입점을 위한 편의를 부탁하기 위해 홍만표 변호사를 통해 접촉한 인물로 지목돼 왔습니다.

검찰 조사에서 김 전 사장은 "홍 변호사로부터 청탁을 받았지만, 거절했다"는 취지로 **진술한 것으로 알려졌습니다**.

바로 쓰기 | 정운호 네이처리퍼블릭 대표의 지하철 입점 로비 의혹과 관련해 서울메트로의 김 모 전 사장이 그제 참고인 신분으로 검찰 조사를 받았습니다. 김 전 사장은 정 대표가 지하철 매장 입점을 위한 편의를 부탁하기 위해 홍만표 변호사를 통해 접촉한 인물로 지목돼 왔습니다.

검찰은 김 전 사장이 "홍 변호사로부터 청탁을 받았지만, 거절했다"는 취지로 **진술했다고 전했습니다**.

어선들이 배 두 척을 앞뒤로 둘러싸고 움직입니다. 오늘 새벽 5시 23분쯤 연평도 어민들이 서해 북방한계선 우리 해역에 머물고 있던 중국 어선 두 척을 나포하는 장면입니다.

[인터뷰] ○○○(전화녹취) / 연평도 어민: "삶의 터전을 뺏기니까 몰아내기로 갔는데. 두 척이 안 나가고 있더라고요. 그래서 끌고 왔죠."

당시 중국 어민들은 잠을 자던 중이어서 별다른 저항 없이 배에 탄 채 연평도로 **끌려온 것으로 전해졌습니다**. 앞서 우리 어선 19척은 오늘 오전 4시 50분에 조업을 위해 출항했고, 이 가운데 5척이 중국 어선을 발견하고 **북상한 것으로 알려졌습니다**.

해경은 중국 어선이 나포된 것은 우리 해역이지만 나포 과정에서 우리 어선도 항해를 할 수 없는 금지구역까지 들어갔다고 밝혔습니다.

어선들이 배 두 척을 앞뒤로 둘러싸고 움직입니다. 오늘 새벽 5시 23분쯤 연평도 어민들이 서해 북방한계선 우리 해역에 머물고 있던 중국 어선 두 척을 나포하는 장면입니다.

[인터뷰] ○○○(전화녹취) / 연평도 어민: "삶의 터전을 뺏기니까 몰아내기로 갔는데. 두 척이 안 나가고 있더라고요. 그래서 끌고 왔죠."

현장에 있던 어민은 당시 중국 어민들이 잠을 자던 중이어서 별다른 저항 없이 배에 탄 채 연평도로 **끌려왔다고 설명했습니다**. **이 어민**은 우리 어선 19척이 오늘 오전 4시 50분에 조업을 위해 출항했고, 이 가운데 5척이 중국 어선을 발견하고 **북상했다고 덧붙였습니다**.

해경은 중국 어선이 나포된 것은 우리 해역이지만 나포 과정에서 우리 어선도 항해를 할 수 없는 금지구역까지 들어갔다고 밝혔습니다.

'알려졌습니다'나 '전해졌습니다'는 표현은 주로 정치권이나 검찰 관련 기사에서 자주 쓴다. 취재원이 익명을 전제로 얘기했거나 누구인지 밝히면 취재원이 곤란할 때 쓴다. 그래서 때로는 불가피하다. 하지만 버릇처럼 무책임하게 남용할 때가 많다. 제대로 취재하지 않은 내용이거나 심지어 언제 누구에게서 처음 들었는지도 모르는 이야기를 이 표현을 빌려 전하기도 한다. 기자 개인의 추측이나 기자들끼리 주고받은 풍문을 은근슬쩍 기사에 반영하는 표현이기도 하다. 해석과 분석의 주체가 기자 개인이면 어물쩍 쓰지 말고 분명히 밝히자. 해당 이슈와 관련한 인물 또는 주변 인물, 전문가 등이 주체라면 사실대로 밝히자.

예문 1에서, 기자는 반 총장의 발언을 들은 주변 인사에게서 그 내용을 전해 들었다. 그대로 써 주면 된다.

예문 2 진술 내용은 아마도 검찰에서 흘러나온 말이다. 검사나 수사관을 특정해 공개하기 어렵다면 차라리 뭉뚱그려 검찰이라고 밝히자. 그조차 쓰지 못할 정도의 취재원과 발언 내용이라면 기사화할 필요가 있을까? 확실하지도 않고 가치도 없는 내용을 앞질러 보도하는 속보 경쟁의 관성은 아닐까?

예문 3에서, 당시 상황 설명은 현장에 있던 어민의 증언이 분명하다. 앞에 나온 전화 인터뷰이한테서 들은 듯한데, 굳이 안 밝히고 모호하게 표현한 까닭을 이해하기 어렵다. 만약 다른 어민을 취재했거나 어민의 진술을 해경에게 전해 들었다면 그대로 밝히면 된다. 감출 이유가 없다.

1. 앞서 대선 출마 가능성을 내비쳤던 반 총장은 발언 내용이 부풀려져 곤혹스럽다는 해명을 했다고 주변 인사들이 전했습니다. 그러나 정치권에서는 반 총장이 대선 일정을 염두에 둬 마음먹고 발언했다고 해석합니다. 반 총장이 외교관 출신으로 말실수가 적기 때문입니다.

   - '시사하다'는 '내비치다'로 바꿔 쓰면 편하다.
   - '확대 해석', '작심 발언'은 공연히 무겁다. 쉽게 바꿨다.
   - 주어 '정치권'을 살리고 문장을 나눴다.

2. 검찰이 서울메트로 김 모 전 사장을 그제 참고인 신분으로 조사했습니다. 정운호 네이처리퍼블릭 대표의 지하철 입점 로비 의혹과 관련해서입니다. 김 전 사장은 정 대표가 입점 편의를 부탁하려고 홍만표 변호사를 통해 접촉한 인물로 지목돼 왔습니다.
   검찰은 김 전 사장이 "홍 변호사한테서 청탁을 받았지만, 거절했다"는 내용으로 진술했다고 전했습니다.

   - 첫 문장은 검찰을 주어로 앞세워 둘로 나누고 정리했다.
   - '~하기 위해' 대신 '~하려고'로 바꿨다.
   - '~로부터(으로부터)'는 격조사 '로(으로)'와 보조사 '부터'를 더한 말이다. '~한테(서)', '~에게(서)'로 고쳐 쓰면 말맛이 더 낫다.

3. 어선들이 배 두 척을 앞뒤로 둘러싸고 움직입니다. 오늘 새벽 5시 20분 연

평도 어민들이 서해 북방한계선 우리 해역에 머물던 중국 어선 두 척을 나포하는 장면입니다.

[인터뷰] ○○○(전화녹취) / 연평도 어민: "삶의 터전을 뺏기니까 몰아내기로 갔는데. 두 척이 안 나가고 있더라고요. 그래서 끌고 왔죠."

현장에 있던 어민은 당시 중국 어민들이 잠을 자던 중이어서 별 저항 없이 배에 탄 채 연평도로 끌려왔다고 설명했습니다. 이 어민은 우리 어선 19척이 오전 4시 50분에 출항했고, 이 가운데 5척이 중국 어선을 발견하고 북상했다고 덧붙였습니다.

해경은 중국 어선이 나포된 곳은 우리 해역이고, 우리 어선도 나포 과정에서 항해를 할 수 없는 금지구역까지 들어갔다고 밝혔습니다.

- '5시 23분'이면 '23분'이지 '23분쯤'은 또 뭔가? 초 단위까지 밝혀야 하는데 분명하지 않아 미안하단 소리인가? 꼭 필요할 때가 아니면 작은 숫자는 과감히 생략하자. 뒤에서 다시 살펴본다.[15]
- '머물고 있던'은 '머물던'으로 바꿨다. '있다'의 남용을 피했다.
- '별다르다'는 '다른 것과 특별히 다르다'의 뜻이다. 여기서 '별다른'은 '별', '아무'정도로 쓰면 된다.
- 우리 어선이 출항한 시간을 말할 때 '오늘'은 필요 없다. 어제나 그제 출항했다면 밝혀야겠지만 오늘 한 출항이면 쓸 이유가 없다.
- 마지막 문장 '나포된 것'에서 '것'은 지점을 가리킨다. '곳'이 맞다.
- 중국 어선이 우리 해역에 들어온 사실과 우리 어선이 조업금지구역에 들어간 사실은 반대의 내용이 아니다. '~지만'으로 연결하면 어색하다.

---

15 제 2부 4장의 "5. 숫자는 어림수로" 참고.

3-5. 익명으로 부풀리기까지?

예문 1 | 첫 해인 올해에만 천 2백만 명 이상의 입장객이 찾을 **전망입니다**.

입장료를 뺀 소비 규모만 한 해 3조 5천억 원, 상하이 GDP를 매년 0.8 퍼센트씩 끌어올릴 것으로 **추산됩니다**. 중국 관광산업에 가져올 경제 효과는 6조 2천억 원에 이릅니다.

바로 쓰기 | 디즈니랜드사는 첫 해인 올해에만 천 2백만 명 이상의 입장객이 찾을 **것으로 전망했습니다**.

상하이 관광청은 입장료를 뺀 소비 규모만 한 해 3조 5천억 원, 상하이 GDP를 매년 0.8퍼센트씩 끌어올릴 것으로 **추산했습니다**. 중국 관광산업에 가져올 경제효과는 6조 2천억 원으로 예측했습니다.

예문 2 | 박 대통령은, 잠시 뒤 하일레마리암 총리와 정상회담을 갖고 다양한 분야의 협력을 모색합니다.

먼저, 백만 제곱미터 규모의 한국섬유단지 조성을 추진합니다. 에티오피아 섬유산업은 중국의 30퍼센트에 불과한 원가경쟁력을 갖고 있어 우리 기업의 미국과 EU 수출 전진기지가 될 것으로 **기대됩니다**.

또, 도로와 전력 등 인프라 사업 참여와 보건의료 등 고부가가치 분야 협력, 외교 및 국방분야 협력 등 40건의 양해각서가 체결됩니다.

바로 쓰기 | 박 대통령은, 잠시 뒤 하일레마리암 총리와 정상회담을 갖고 다양한 분야의 협력을 모색합니다.

먼저, 백만 제곱미터 규모의 한국섬유단지 조성을 추진합니다. **정부는** 에티오피아 섬유산업이 중국의 30퍼센트에 불과한 원가경쟁력을 갖고 있어 우리 기업의 미국과 EU 수출 전진기지가 될 것으로 **기대합니다.**

또, 도로 전력 등 인프라 사업 참여와 보건의료 등 고부가가치 분야 협력, 외교 및 국방분야 협력 등 40건의 양해각서가 체결됩니다.

예문 1은 상하이 디즈니랜드 개장을 전한 기사의 일부이다. 개장하는 디즈니랜드에 얼마나 많은 관광객이 입장할지, 그 경제 효과는 어느 정도인지를 설명하는 대목이다. 전망하고 추산한 주체는 디즈니랜드사일 수도 있고 상하이 관광 당국일 수도 있다. 이 기사에서는 알 수가 없다. 인용한 부분에서는 물론 기사 전체 어디에서도 밝히지 않았다. 어떠한 개발이나 투자 효과 추정치는 대부분 부풀려지기 마련이다. 그 추정치를 내놓은 기관이나 단체를 밝히지도 않은 채 검증 없이 인용하고 정확한 전망인 양 쓴 글은 분명 잘못이다. 부풀림을 다시 과장해 전파하는 비겁이자 주체가 없는 못난 글이다.

예문 2를 보자. 대한민국과 에티오피아 정상이 곧 회담을 하고 협력 방안을 논의한다. 논의를 하고 양해각서를 체결하는 주체는 두 나라 또는 두 나라의 정상이다. 효과를 기대하는 건 누구인지 문장 속에 숨었다. 기자인가? 여기서는 아니다. 출처는 청와대가 제공한 보도자료일 가능성이 크다. 그 내용을 그대로 전하면서 주체를 없애고 피동으로 뭉뚱그려 썼다. 청와대가 아니라 모두가 기대하는 효과인 것처럼 호도한 셈이다.

1. 디즈니랜드사가 전망한 개장 첫 해 입장객 수는 천 2백만 명입니다.

   상하이 관광청은 입장료를 뺀 소비 규모만 한 해 3조 5천억 원에 이르고, 이로 인해 상하이의 GDP가 해마다 0.8퍼센트씩 늘 것으로 추산했습니다. 중국 관광산업에 가져올 경제효과는 6조 2천억 원으로 예측했습니다.

   • 첫 문장은 줄여서 간명히 했고, 둘째 문장은 뜻이 좀더 확연하도록 늘였다.
   • '매년'은 '해마다'로 고쳐 쓰면 좋다.

2. 박 대통령은, 잠시 뒤 하일레마리암 총리와 정상회담을 하고 다양한 분야에서 협력을 모색합니다.

   먼저, 백만 제곱미터 규모로 한국섬유단지 조성을 추진합니다. 정부는 이 단지를 우리 기업이 미국과 EU에 수출하는 근거지로 기대했습니다. 에티오피아의 섬유 생산원가가 중국의 30퍼센트에 그쳐 경쟁력이 크기 때문입니다.

   두 정상은 또, 도로와 전력 등 인프라 사업과 고부가가치 사업, 외교 및 국방 분야 등에서 양해각서 40건을 맺습니다.

   • '회담', '회동', '모임' 따위는 '가지다'보다 '하다'와 어울려야 맞다.
   • '전진기지'는 군사 용어이다. 정치나 경제 등을 전투처럼 표현하지 말자.
   • 마지막 문장도 주어를 살리고 능동형으로 바꿨다.
   • '40건의 양해각서'는 번역 투, 외래 표현이다.
   • '체결하다'는 '맺다'로 쉽게 쓰자.

4. 성분끼리 어울리게

문장성분은 문장을 이루는 뼈대이다. 문장은 주어와 서술어, 보어, 목적어, 관형어, 부사어 따위가 제자리에 잘 서 있어야 튼튼하고 힘차다. 앞뒤 문장을 봐도 주체가 흐릿한데 주어를 생략하면 비문이다. 꼭 필요한 목적어를 빠뜨려도 비문이다. 또, 필요해서 쓴 주어와 서술어, 목적어와 서술어, 부사어와 서술어 따위는 서로 어울려야 한다. 이른바 '문장성분의 호응'이다. 올바르게 호응하지 않으면 바른 문장이 아니다.

4-1. 주어와 서술어

예문 1 | 주거급여를 받는 대상을 최대 81만 가구로 늘리고 지원 금액도 평균 2.4% 올리기로 했습니다. 서민층을 대상으로 한 전·월세 대출 **금리가** 0.2%p **낮아지고** 생애최초주택 금리우대 폭도 넓히기로 했습니다.

바로 쓰기 | 주거급여를 받는 대상을 최대 81만 가구로 늘리고 지원 금액도 평균 2.4% 올리기로 했습니다. 서민층을 대상으로 한 전·월세 대출 **금리를** 0.2%p **낮추고** 생애최초주택 금리우대 폭도 넓히기로 했습니다.

예문 2 | 또 다른 주요 특징은 가해자가 공격하는 신체 부위입니다. 묻지 마 범죄자의 절반은 피해자 얼굴을 **먼저 공격했고**, 상체가 26%로 그 뒤를 이었습니다.

바로 쓰기 | 또 다른 주요 특징은 가해자가 공격하는 신체 부위입니다. 묻지 마 범

죄자의 절반은 피해자 얼굴을, **26%는 상체를 먼저 공격했습니다.**

예문 3 | 말라리아는 원충을 옮기는 얼룩날개모기 **등이 전염의 주범입니다.**

바로 쓰기 | **말라리아 전염의 주범은** 원충을 옮기는 얼룩날개모기 **등입니다.**

예문 4 | NHK는 **세코 경제산업장이** 오늘 기자들에게 "미국의 조치가 발동될 경우 매우 광범위한 무역 제한 조치로, 세계시장을 혼란시킬 것"이라고 전했습니다.

바로 쓰기 | NHK는 **세코 경제산업장이** 오늘 기자들에게 "미국의 조치가 발동될 경우 매우 광범위한 무역 제한 조치로, 세계시장을 혼란시킬 것"이라고 **말했다고** 전했습니다.

예문 1에서 생략된 주어는 '정부'이다. 앞선 문장에서 나온 '정부'가 여전히 이 두 문장의 공통 주어이다. 바뀌지 않았다. '정부'를 주어로 주거종합계획의 내용을 하나하나 나열했는데 돌연 전·월세 대출 금리 인하 내용만 금리를 주어로 삼아 피동으로 표현했다. 잘못이다.

예문 2는 '묻지 마' 범죄의 특징을 살펴본 기사의 일부다. 두 번째 문장의 주어와 술어가 엉켰다.

예문 3도 주어와 서술어 호응이 아예 틀려 문장이 엉켜 버렸다.

마지막으로 예문 4는 주어인 'NHK는'의 술어 '전했습니다'만 있고, 다른 주어인 '세코 경제산업장이'의 술어는 없다.

1. 주거급여를 받는 대상을 최대 81만 가구로 늘리기로 했습니다. 지원 금액
   은 평균 2.4% 올립니다. 서민층을 대상으로 한 전·월세 대출 금리는
   0.2%p 낮춥니다. 생애최초주택 금리우대 폭도 넓히기로 했습니다.

   • 문장을 되도록 짧게 나눴다. 호흡이 경쾌하다.

2. 다른 주요 특징은 가해자가 공격하는 신체 부위입니다. 묻지 마 범죄자의
   절반은 피해자의 얼굴을, 26%는 상체를 먼저 공격했습니다.

   • 앞서 묻지 마 범죄의 특징 하나를 설명하고 두 번째 특징을 설명하는 중이다. '또
     다른'에는 '다른' 앞에 '어떤 일이 거듭하여, 그밖에 더'의 뜻을 가진 '또'가 덧붙었
     다. 잘못된 표현이다. 두 번째를 서술할 때엔 '다른'을 쓰고, 그 이상을 서술할 때에
     나 '또 다른'을 써야 맞다. '다시'와 '또다시'도 마찬가지 관계이다.
   • '피해자'와 '얼굴' 사이에 조사 '의'를 넣어 줘야 옳다.

3. 말라리아는 원충을 옮기는 얼룩날개모기 등이 주로 전염시킵니다.

   • 모기를 범인 취급할 것까지 있을까? 어떠한 일을 공연히 전쟁과 범죄 따위에 비유
     하지 말자. 사실을 넘어선 감정의 과잉이자 억지일 때가 많다.

4. NHK는 세코 경제산업장이 오늘 기자들에게 "미국의 조치는 매우 광범위
   한 무역 제한이며 실제 발동되면 세계시장을 혼란시킬 것"이라고 말했다고
   보도했습니다.

- 아마도 세코 경제산업장은 기사에서 인용한 그대로 발언했을 가능성이 크다. 하지만 어색한 문장이다. '미국의 조치'는 발동될 때가 아니라 그 자체로 매우 광범위한 무역 제한인 게 자연스럽다. '조치'도 겹쳐 쓸 이유가 없다. 문법에 어긋나거나 뜻이 엉켜버린 발언을 고스란히 그대로 옮길 필요는 없다. 적당히 각색하고 의역하자. 단, 발언자가 말한 뜻이 바뀐다면 손대지 말아야 한다.

4-2. 목적어와 서술어

예문 1 | 새누리당은 관광산업 활성화를 **통해**, 더불어민주당은 노동시간 축소를 해법으로 제시했습니다.

바로 쓰기 | 새누리당은 관광산업 활성화를, 더불어민주당은 노동시간 축소를 해법으로 제시했습니다.

예문 2 | 국민의당은 지역 사회간접자본 예산을 **절감하고** 건강보험 재정 활용을, 정의당은 사회복지세 도입을 제시했습니다.

바로 쓰기 | 국민의당은 지역 사회간접자본예산 **절감과** 건강보험 재정 활용을, 정의당은 사회복지세 도입을 제시했습니다.

예문 3 | 주유소들의 불법영업이 판을 치자 정부가 전국 만 3천 개 주유소의 가격 표시 **실태를 점검에** 들어갔습니다.

바로 쓰기 | 주유소들의 불법영업이 판을 치자 정부가 전국 만 3천 개 주유소의 가격 표시 **실태 점검에** 들어갔습니다.

예문4 | 핵 협상 타결 **소식에** 이란 국민들은 크게 환영했습니다. 핵 개발 의혹으로 가해진 제재가 풀리면 살림살이가 나아질 것이라는 기대감이 커지고 있습니다.

바로쓰기 | 핵 협상 타결 **소식을** 이란 국민들은 크게 환영했습니다. 핵 개발 의혹으로 가해진 제재가 풀리면 살림살이가 나아질 것이라는 기대감이 커지고 있습니다.

예문 1은 두 정당의 일자리 창출 공약을 설명하는 문장이다. '해법으로 제시했습니다'가 공통 서술어구인데 '관광산업 활성화를 통해'는 이 서술어구와 호응이 안 맞다. '노동시간 축소를'처럼 목적격 조사를 써야 한다. 아니면 '관광산업 활성화를 통해'와 어울리게 서술어구를 바꿔야 한다. 이러려면 '노동시간 축소를'도 바꾼 서술어와 호응하도록 고쳐야 한다.

예문 2도 마찬가지다. 두 당이 제시한 공약을 나열한 이 문장의 서술어는 '제시했습니다' 하나다. 해당하는 목적어 부분은 모두 같은 명사구로 만들어야 공통의 서술어와 바르게 호응한다.

예문 3도 비문이다. 실태를 점검에 들어가다니, 무슨 말인가? 뜻은 미루어 짐작하겠으나 틀린 문장이다.

끝으로, 예문 4의 서술어 '환영하다'는 목적어가 필요하다. 방송기사뿐 아니라 다른 글에서도 흔히 잘못 쓰는 표현이다.

1. 새누리당은 관광산업 활성화를 해법으로 내놨습니다. 더불어민주당은 노동시간 축소를 제시했습니다.

   • 문장을 나눴다.
   • '제시했습니다'를 '내놨습니다'로 고쳐 반복을 피했다.

2. 국민의당은 지역 사회간접자본 예산 절감과 건강보험 재정 활용을 제시했습니다. 정의당은 사회복지세 도입을 내놨습니다.

   • 예문 1과 마찬가지로 문장을 고치고 반복을 피했다.

3. 주유소들의 불법영업이 판치자 정부는 전국 만 3천 개 주유소의 가격 표시 실태 점검을 시작했습니다.

   • 주어 뒤에 쓰는 조사 '은(는)'과 '이(가)'는 구별해 써야 한다. '이(가)'는 본래 주격 조사이다. '은(는)'은 앞말이 다른 어떤 것과 대조됨을 나타내는 보조사이다. 앞말을 강조하는 뜻도 있다. 목적어 뒤에도 쓰지만 주로 주어 뒤에 많이 쓴다. 보통 별 생각 없이 혼용하기 쉽다. 아니, 실제 말을 주고받을 때는 특별히 의식하지 않아도 어울리게 골라 쓴다. 글을 쓸 때도 그 정서와 느낌을 그대로 살리면 되지만 구별이 필요할 때가 있다.
   '이(가)'와 '은(는)'이 같은 주어 뒤에 붙어도 느낌은 확실히 다르다. 예를 들어 '철수가 오늘 학교에 간다'와 '철수는 오늘 학교에 간다'는 완전히 다른 뜻을 내포한다. 앞 문장은 단순히 철수가 학교에 가는 행위를 서술한다. 뒤 문장은 문맥 속에 더 많은 의미를 지녔다. 영희는 학교에 가지 않는데 철수는 간다는 뜻이거나 영희는 어제 학교에 갔는데 철수는 오늘 간다는 식이다. 문장에서 직접 드러나지 않은 뜻을 가진다.

글에서 처음 등장하는 주어에는 '은(는)'보다는 '이(가)'를 써야 자연스럽다. 한 번 주격 조사 '이(가)'를 쓴 다음에 보조사 '은(는)'을 쓰는 식이다. 대조나 강조하는 뜻을 더하려면 '은(는)'을 써야 한다. 또 같은 조사는 연속해서 쓰지 않아야 좋다.

위 문장에서 '정부가'보다 '정부는'으로 표현하면, 주유소의 불법행위에 대응해 정부가 취하는 조치임을 강조하는 힘이 실린다. 바로 앞의 '판치자'의 음절 'ㅏ'와 '정부가'의 'ㅏ'가 겹쳐 읽기에 어색한 점도 사라졌다.

- 동사 '들어가다'의 여러 뜻 가운데 '새로운 상태나 시기가 시작되다'가 있다. 틀린 표현이 아니다. 그런데 '들어가다'의 뜻 가운데 으뜸인 '밖에서 안으로 향하여 가다'가 워낙 강렬해서인가? 여기에서처럼 쓸 때엔 '들어가다'보다 한자어인 '시작하다'가 더 또렷하고 어울리는 느낌이다.

4. 이란 국민은 핵 협상 타결 소식에 매우 기뻐했습니다. 핵 개발 의혹 때문에 받아 온 제재가 풀리면 살림살이가 나아질 것이라는 기대감이 큽니다.

- 주어를 문장의 앞으로 뺐다.
- '소식에'를 꼭 살리고 싶으면 서술어를 바꿔 보자.
- '국민'은 집합의 개념이다. 복수로 쓸 이유가 없다. 만약 이란 국민과 이라크 국민을 뭉뚱그려 말할 때라면 '두 나라 국민들'이라고 써야 하지만, 한 나라의 국민을 표현할 때는 '들'을 빼야 맞다.
- 기뻐하는 정도를 크기로 말하면 어색하다. 정도로 표현해야 맞다.
- '가해진'은 풀어 썼다.
- '~고 있습니다'는 피했다.

4-3. 동사의 성질

예문 1 | 도피 중 버젓이 마약까지 손을 댔던 김 씨는 마약 혐의까지 **추가해** 검찰에 구속됐습니다.

바로쓰기 | 도피 중 버젓이 마약까지 손을 댔던 김 씨는 마약 혐의까지 **추가돼** 검찰에 구속됐습니다.

예문 2 | 아름다운 마을이란 뜻의 이 외곽도시는 지진 이후 폐허의 상징이 됐습니다. 장밋빛 청사진만 걸려 있을 뿐, 아직까지 복구되거나 새로 **지은** 집은 단 한 채도 없습니다.

바로쓰기 | 아름다운 마을이란 뜻의 이 외곽도시는 지진 이후 폐허의 상징이 됐습니다. 장밋빛 청사진만 걸려 있을 뿐, 아직까지 복구되거나 새로 **지어진** 집은 단 한 채도 없습니다.

같은 주어나 목적어를 설명하는 둘 이상의 서술어는 같은 성질이어야 한다. 능동과 피동 형태가 오락가락하면 곤란하다.

예문 1의 주어인 '김 씨'는 마약 혐의를 추가한 주체가 아니다. 주어 '김 씨'를 그대로 살리려면 '구속됐습니다'처럼 '추가돼'로 써야 한다.

예문 2에서, 연결 어미 '~거나' 앞뒤에는 같은 형태의 표현을 써야 맞다. 여기서는 피동과 능동으로 다르다. 집을 복구하거나 새로 짓는 주어는 생략했지만 같은 주체이다. 같은 주어에 해당하는 두 서술어의 표현은 일관돼야 한다.

1. 검찰은 도피 중 버젓이 마약에까지 손을 댄 김 씨를 마약 투약 혐의까지 추가해 구속했습니다.

- 주어를 '검찰'로 바꾸면 더 좋은 능동 문장이 된다.
- '마약 혐의'는 어색하다. 정확한 법 용어로는 '마약류 관리에 관한 법률 위반 혐의'인데, '필로폰 투약 혐의', '대마초를 기른 혐의' 따위로 쓰면 된다.

2. 아름다운 마을이란 뜻의 이 외곽도시는 지진 이후 폐허의 상징이 됐습니다. 장밋빛 청사진만 걸려 있을 뿐, 복구하거나 새로 지은 집은 아직 단 한 채도 없습니다.

- 이왕이면 능동으로 일치해 주면 더 좋은 문장이다.
- '아직까지'는 틀린 낱말이다. 부사 '아직'에 조사 '까지'를 붙이면 안 된다. '아직'이 맞다. '아직'의 위치도 뒤로 돌려야 더 자연스럽다.

4-4. 꾸밈을 주고받는 말

예문 | 남북 양측은 오늘 협의에서 평양 정상회담의 세부일정과 함께 경호와 의전에 관한 논의는 물론 취재진 규모 등에 **관한 구체적인 협의할** 예정입니다.

바로쓰기 | 남북 양측은 오늘 협의에서 평양 정상회담의 세부일정과 함께 경호와

의전에 관한 논의는 물론 취재진 규모 등에 **관해 구체적으로 협의할** 예
정입니다.

예문 2 | 첫 선대위 회의에서 새누리당은 튼튼한 안보와 경제를 총선 화두로 **야
당심판론에 포문을** 열었습니다.

바로 쓰기 | 첫 선대위 회의에서 새누리당은 튼튼한 안보와 경제를 총선 화두로 **야
당심판론의 포문을** 열었습니다.

예문 3 | 이와테현의 리쿠젠타카타시에서도 주민 만 7천여 명이 **여전히** 연락이
끊겼습니다.

바로 쓰기 | 이와테현의 리쿠젠타카타시에서도 주민 만 7천여 명이 **여전히** 연락이
끊겨 있습니다.

꾸며 주는 말과 꾸밈을 받는 말은 서로 어울려야 한다.

예문 1에서 '관한'과 '구체적인'은 명사와 대명사, 수사와 같은 체언을
꾸미는 형태이다. '협의를 할 예정입니다'가 맞다. 동사인 '협의하다'를
그대로 두려면 꾸미는 말은 '관해', '구체적으로'가 되어야 한다.

예문 2를 보자. '야당심판론'이 새누리당의 공격 대상인가? 아니다.
문맥상 '야당심판론'은 공격의 내용이다. '야당심판론'이라는 공격을 시
작했다. '야당심판론의'라고 써서 '포문'을 꾸며야 옳다.

예문 3에서 '여전히'는 '전과 같이'라는 뜻을 지닌 부사다. 뭔가가 과
거부터 현재까지 같은 영향을 미칠 때 쓴다. '끊겼습니다'는 과거 상황
만 이르는 표현이다.

1. 남북 양측은 오늘 협의에서 평양 정상회담의 세부일정을 논의합니다. 경호 와 의전, 취재진 규모 등에 대해서도 세밀하게 협의할 예정입니다.

- 원 예문은 전체가 비문이다. '협의에서 ~ 협의할 예정입니다'라니! '함께', '물론'으로 연결해 '세부일정'과 '논의', '취재진 규모'를 나열한 표현도 잘못이다. '협의할 예정이다'가 셋 모두의 서술어인데 '논의'를 '협의'할 수는 없다.
- '~적'을 피해 '구체적으로'를 '세밀하게'로 고쳤다.

2. 새누리당은 첫 선대위 회의에서 튼튼한 안보와 경제를 총선 화두로 삼아 야당심판론을 제기했습니다.

- 마땅한 필요가 있을 때가 아니면 주어 앞에는 꾸미는 말을 주렁주렁 달지 말아야 한다. 주어를 가볍게 하자는 말이다. 뒤에서 자세히 살펴본다.[16]
- '포문을 열다'는 전투 용어에서 비롯한 관용구이다. '상대편을 공격하는 발언을 시작하다'는 뜻인데, 되도록 쓰지 말길 권한다. 정치나 스포츠를 이렇게 전투나 전쟁처럼 할 필요는 없지 않은가?

3. 이와테현의 리쿠젠타카타시에서도 주민 만 7천여 명이 여전히 연락되지 않습니다.

- '주민 만 7천여 명이'와 '연락이', 주격조사가 붙은 두 단어가 가까이 놓여 있어 어색하다.

---

16 제 2부 4장의 "2. 주어를 가볍게 써라" 참고.

5. 생략은 정도껏

방송기사는 다른 장르보다는 문장 요소 생략이 잦다. 간결한 구어체여서 그렇다. 강조하려고 일부러 생략하기도 하고 영상과 어울리는 표현을 위해 생략할 때도 있다. 문장을 되도록 간결하게 쓰려다 보니 조사를 빼기도 한다. 적절한 생략은 방송기사를 훌륭히 만드는 기술이기도 하다. 하지만 적당히 해야 한다. 앞서 설명한 '방송기사 투 허용'도 정도가 있다. 꼭 필요한 단어나 조사까지 마구 생략해 버리면 뜻이 모호해질 뿐 아니라 문장은 누더기가 된다.

5-1. 주어를 살려라

예문 | 새 안보법안의 핵심은 기존 평화헌법 틀에서 벗어나 무력행사 범위를 대폭 확대하는 것입니다.
　　　법안은 일본이 직접 공격받지 않더라도 명백한 위험이 있다고 판단되면 집단적 자위권을 행사할 수 있도록 명시하고 있습니다. **또** 전 세계로 자위대를 파견해 외국 군대를 폭넓게 지원할 수 있게 됩니다.

바로쓰기 | 새 안보법안의 핵심은 기존 평화헌법 틀에서 벗어나 무력행사 범위를 대폭 확대하는 것입니다.
　　　법안은 일본이 직접 공격받지 않더라도 명백한 위험이 있다고 판단되면 집단적 자위권을 행사할 수 있도록 명시하고 있습니다. **이 법안에 따**

라 일본은 전 세계로 자위대를 파견해 외국 군대를 폭넓게 지원할 수 있게 됩니다.

예문 2 | 이 아메바는 뇌 속에서 본격적으로 증식하며 뇌를 괴사시키는데, 극심한 고통을 앓다 보통 9일 내에 사망에 이릅니다.

바로 쓰기 | 이 아메바는 뇌 속에서 본격적으로 증식하며 뇌를 괴사시키는데, **환자**는 극심한 고통을 앓다 보통 9일 내에 사망에 이릅니다.

예문 1은 일본의 안보법안 내용을 설명하는 기사다. 첫 번째와 두 번째 문장의 주어는 '법안의 핵심'과 '법안'으로 대동소이하다. 세 번째 문장에서는 주어를 생략해 첫 번째, 두 번째 문장의 주어와 같게 만들었는데 서술어를 보면 그 문장의 주어는 '법안'이 아니다. 문맥상 '일본'이 주어다. 써야 할 주어를 생략해 글이 부자연스럽다.

둘째 예문에서 문장의 주어인 '이 아메바'의 서술어는 '괴사시키는데'이다. '사망에 이릅니다'의 주어는 생략되어서 문장 구조가 엉클어졌다. 간결함도 중요하지만 꼭 필요한 단어는 써야 한다.

더 좋은 글 쓰기 V

1. 새 안보법안은 무력행사 범위를 대폭 확대하는 게 핵심입니다. 기존 평화헌법의 틀을 벗었습니다.

   일본이 직접 공격받지 않더라도 위험이 뚜렷하다고 판단하면 집단 자위권을 쓸 수 있게 명시했습니다. 또 일본이 어디에나 자위대를 보내 외국 군대를 폭넓게 지원할 수도 있게 했습니다.

- 첫 문장은 둘로 나누어 간결하게 고쳤다.
- 둘째와 셋째 문장은 능동의 표현으로 다듬었다.
- '명백히'는 '뚜렷이'로 쉽게 쓰자.

2. 이 아메바는 뇌 속에서 활발히 늘어나 뇌세포를 죽입니다. 환자는 극심한 고통을 받다 보통 아흐레 안에 사망합니다.

- '~는데'로 두 절을 이을 이유가 없다. 단문으로 나눴다.
- '본격적으로'는 '활발히', '제대로' 따위로 고쳐 쓰면 좋다.
- '증식'과 '괴사'도 쉽게 바꿔 썼다.
- '고통'은 '앓다'와 어울리지 않는다.

5-2. 서술어를 살려라

예문 1 | 건물 잔해 사이로 구조대원들이 부상자를 실어 나릅니다. 모두 중국에서 파견된 대원들입니다. 지진 피해가 급증하면서 각국에서 구호의 손길도 이어지고 있습니다.

바로쓰기 | 건물 잔해 사이로 구조대원들이 부상자를 실어 나릅니다. 모두 중국에서 파견된 대원들입니다. 지진 피해가 급증하면서 각국에서 **보낸** 구호의 손길도 이어지고 있습니다.

예문 2 | 전문가들은 이런 주기에 따라 1934년 카트만두 동쪽 지진이 80여 년 지

난 요즘, 카트만두 주변에서 대지진이 일어날 가능성이 크다고 경고한 겁니다.

바로 쓰기 | 전문가들은 이런 주기에 따라 1934년 카트만두 동쪽 지진이 **일어난 지** 80여 년 지난 요즘, 카트만두 주변에서 대지진이 일어날 가능성이 크다고 경고한 겁니다.

예문 1은 마지막 문장이 어색하다. '구호의 손길'을 주어로 본다면 '구호의 손길이 각국에서 이어지고 있다'라고 단어 순서를 바꿔야 맞다. '각국'을 주어로 삼는다면 마땅한 서술어가 없다. 잘못이다.

예문 2는 주어인 '동쪽 지진'의 서술어를 생략해 어색하다. 그 뒤의 '지난'은 '80여 년'의 서술어이다.

더 좋은 글 쓰기 ✓

1. 건물 잔해 속에서 구조대원들이 부상자를 실어 나릅니다. 중국이 파견한 대원들입니다. 지진 피해가 급증하자 각국이 구호대원과 물자 지원을 늘렸습니다.

- '잔해 사이로'보다는 '잔해 사이에서' 또는 '잔해 속에서'처럼 장소를 나타내는 말이 적합하다.
- '중국에서 파견된 대원'은 공연한 피동 표현이다.
- '~면서'의 남용을 피해 연결어미 '자'를 썼다.
- '구호의 손길이 이어지다', '도움의 손길이 이어지다' 따위는 너무 흔하고 굳은 표현이다.

2. 그래서 지진 전문가들은 곧 카트만두 주변에서 대지진이 일어날 수 있다고 경고합니다. 1934년 카트만두 동쪽에서 지진이 일어난 지 80여 년이 지났기 때문입니다.

- 80년 주기로 대지진이 일어난다는 '80년 주기설'을 설명한 다음에 이어진 글이다. 문장을 나누고 다듬으니 논리가 더 명확해진다.

5-3. 꼬리를 자르지 말라

예문1 | 의사와 한의사가 함께 근무하는 **한방병원**. 환자가 손목이 아프다며 침술 치료를 요구하자 곧장 실손보험 가입 여부부터 묻습니다.

바로쓰기 | 의사와 한의사가 함께 근무하는 **한방병원입니다**. 환자가 손목이 아프다며 침술 치료를 요구하자 곧장 실손보험 가입 여부부터 묻습니다.

예문2 | 대우조선해양 비리의 핵심 **인물인 남상태 전 사장**. 6년 동안 대우조선해양의 사장을 지내면서 납품 비리, 연임 로비 의혹 등으로 수차례 수사 선상에 올랐지만 검찰에 소환된 건 처음입니다.

바로쓰기 | **남상태 전 사장은** 대우조선해양 비리의 핵심 **인물입니다.** 6년 동안 대우조선해양의 사장을 지내면서 납품 비리, 연임 로비 의혹 등으로 수차례 수사 선상에 올랐지만 검찰에 소환된 건 처음입니다.

예문3 | 경기도 남양주시 진접읍 지하철 연장 공사 **현장**. 구조대원들이 좁은 철골 구조물 사이를 오가며 인명 수색에 나섭니다. 부상당한 인부들이 들것에 실려 나옵니다.

사고가 난 건 오늘 오전 7시 **반쯤**. 지하철 4호선 연장선인 진접선 공사 현장이 강한 폭발음과 함께 붕괴했습니다.

바로 쓰기 | 경기도 남양주시 진접읍 지하철 연장 공사 **현장입니다.** 구조대원들이 좁은 철골 구조물 사이를 오가며 인명 수색에 나섭니다. 부상당한 인부들이 들것에 실려 나옵니다.

사고가 난 건 오늘 오전 7시 **반쯤입니다.** 지하철 4호선 연장선인 진접선 공사 현장이 강한 폭발음과 함께 붕괴했습니다.

앞에서 설명한 서술어 생략 문장 유형에 속한다. 그중에서도 리포트의 시작이나 장면의 첫 부분에서 자주 보이는 잘못을 따로 분류했다. 어떻게 시작할지 마땅치 않을 때 이렇게 서술 어미인 '꼬리 자른 문장'을 툭 던져 버리는 수가 많다. 특히 때나 장소, 사람을 설명할 때 많이 쓴다. 불완전한 문장이고 듣기에도 불편하다.

어떤 글을 쓰든지 첫 문장은 무척 중요하다. 웬만하면 온전한 문장을 쓰자.

더 좋은 글 쓰기 √

1. 의사와 한의사가 함께 근무하는 한방병원입니다. 환자가 아픈 손목에 침술 치료를 원하자 곧장 실손보험에 가입했는지부터 묻습니다.

   • '~며', '~면서'는 피해야 할 표현이다.
   • 한자어 '여부'도 쉽게 고쳐 쓰자.

2. 남상태 전 사장은 6년 동안 대우조선해양의 사장을 지냈습니다. 납품 비리와 연임 로비 의혹 등을 받은 비리의 핵심 인물입니다. 여러 차례 수사 선상에 올랐고 결국 검찰에 불려 나왔습니다.

- 앵커멘트에서 검찰이 남 전 사장을 소환했다는 사실을 전하고 리포트 본 기사는 남 전 사장을 설명하면서 시작했다. '비리의 핵심 인물'이라고 단정한 뒤 서술하기보다 순서를 바꿔 배경부터 풀어가는 편이 낫다고 봤다. 긴 문장도 나눠서 깔끔해졌다.
- '이번이 처음입니다'라는 말은 기사의 가치를 키우려고 버릇처럼 쓰는 낡은 표현이다.

3. 사고가 난 경기도 남양주시 진접읍 지하철 공사 현장입니다. 구조대원들이 구조물에 깔려 다친 인부들을 들것에 실어 나옵니다.
오늘 오전 7시 반쯤, 지하철 4호선 연장선인 진접선 공사장에서 큰 폭발음이 들렸습니다. 현장은 순식간에 무너져 내렸습니다.

- '사고가 난 건 ~쯤입니다'는 무척 식상한 표현이다. 이렇게 강조해 알려야 할 만큼 특별한 시각인가?
- '부상당하다'는 틀린 말이다. '부상한'이 맞고 '다친'으로 쓰면 더 편하다.
- '붕괴하다'도 '무너져 내리다'로 쉽게 쓰자.

5-4. 조사를 살려라

예문 1 | 조금 전에 두 정상이 백두산 천지에 도착했다는 **소식** 들어왔는데요, 시민들의 **반응** 어떤가요?

바로 쓰기 | 조금 전에 두 정상이 백두산 천지에 도착했다는 **소식이** 들어왔는데요, 시민들의 **반응은** 어떤가요?

예문 2 | 정상회담이 곧 시작되지만 **서울역** 평소처럼 열차를 타고 오가는 사람들로 바쁜 모습입니다.

바로 쓰기 | 정상회담이 곧 시작되지만 **서울역은** 평소처럼 열차를 타고 오가는 사람들로 바쁜 모습입니다.

예문 3 | 손님이 없는 날은 여종업원들이 메시지나 SNS를 통한 **호객행위까지** 내몰리고 있습니다.

바로 쓰기 | 손님이 없는 날은 여종업원들이 메시지나 SNS를 통한 **호객행위에까지** 내몰리고 있습니다.

조사 생략은 미리 녹음해 제작하는 기사가 아닌 생방송 기사 문장에서 특히 많다. 흔한 대화체로는 어색하지 않아도 옳지 않은 문장이다.

예문 1에서는 '소식' 뒤에 '이', '반응' 뒤에 '은'을 살려야 맞다. 예문 2를 보자. '서울역' 뒤를 잘 끊어 읽으면 큰 문제없이 들린다. 하지만 조사 '은'이 있어야 옳다. 조사를 무리하게 생략했다. 예문 3에서도 동사 '내몰리다' 앞에는 '~에', '~으로'가 와야 한다.

1. 조금 전에 두 정상이 백두산 천지에 도착했다는 소식이 들어왔습니다. 시민들의 반응은 어떤가요?

   • 문장을 나누자.
   • '~는데'는 앞뒤의 내용이 상반될 때 쓴다. 여기서는 맞지 않는다. 없애자.

2. 정상회담이 곧 시작됩니다. 서울역은 평소처럼 열차를 타고 내리는 사람들이 바삐 움직이는 모습입니다.

   • 정상회담이 시작되면 서울역도 한산해야 하나? 한산하지 않고 평소 모습이면 안 되나? 상반되는 사실을 이을 때 쓰는 '~지만'으로 연결할 이유가 없다.
   • 사람들이 역 안에서 열차를 타고 오갈 수 없다. 역은 열차를 타거나 내리는 곳이다.
   • '바쁘다'는 '일이 많거나 또는 서둘러서 해야 할 일로 인하여 딴 겨를이 없다', '몹시 급하다'이다. '서울역'이 바쁠 수 없다. 사람들이 바쁘다.

3. 여종업원들은 손님이 없는 날에도 메시지나 SNS로 호객행위를 하도록 내몰렸습니다.

   • 중국 내 북한식당 여종업원들의 실태를 현장 취재해 전하는 기사다. 문장의 주어를 여종업원이나 관리자로 뚜렷이 드러내는 편이 좋다.

5-5. 뿐만 아니라

예문 | 쑹타오 부장은 지난해 19차 당대회 당시 시 주석의 특사로 북한을 방문
1 | 했지만 김정은에게 문전박대를 당했던 인물인데, 시 주석이 김정은을
영접하라고 다시 내보낸 겁니다. 쑹타오 부장은 급을 따지자면 장관급
입니다.

뿐만 아니라 베이징에 도착할 때에는 왕후닝 공산당 정치국 상무위원이
영접을 했습니다.

바로 | 쑹타오 부장은 지난해 19차 당대회 당시 시 주석의 특사로 북한을 방문
쓰기 | 했지만 김정은에게 문전박대를 당했던 인물인데, 시 주석이 김정은을
영접하라고 다시 내보낸 겁니다. 쑹타오 부장은 급을 따지자면 장관급
입니다.

게다가 베이징에 도착할 때에는 왕후닝 공산당 정치국 상무위원이 영접
을 했습니다.

예문 | 난민에 대해 극도의 경계심을 드러내는 나라는 이외에도 헝가리와 슬
2 | 로베니아 그리고 폴란드 등입니다. **뿐만 아니라** 난민에 그나마 우호적
인 독일과 프랑스, 스웨덴 등지에서도 반난민을 표방하는 극우당들의
입김이 점차 거세지고 있습니다.

바로 | 난민에 대해 극도의 경계심을 드러내는 나라는 이외에도 헝가리와 슬
쓰기 | 로베니아 그리고 폴란드 등입니다. **이뿐만 아니라** 난민에 그나마 우호
적인 독일과 프랑스, 스웨덴 등지에서도 반난민을 표방하는 극우당들
의 입김이 점차 거세지고 있습니다.

예문 | 우리나라 지폐용지는 전량 이곳에서 공급합니다. **뿐만 아니라** 러시아, 스페인, 우크라이나 등 12개 나라, 20개 업체에 지폐용 펄프를 수출합니다.

바로 쓰기 | 우리나라 지폐용지는 전량 이곳에서 공급합니다. **이뿐만 아니라** 러시아, 스페인, 우크라이나 등 12개 나라, 20개 업체에 지폐용 펄프를 수출합니다.

'뿐'은 체언이나 부사어 뒤에 쓰는 조사이다. 또는 앞에 수식어가 덧붙는 의존명사이다. 조사나 의존명사는 홀로 쓰지 않는다. 어떤 경우든 틀린 생략이다.

더 좋은 글 쓰기 ✓

1. 쑹타오 부장은 지난해 19차 당대회 당시 시 주석의 특사로 북한을 방문했다가 김정은에게 문전박대를 당한 인물입니다. 그런데도 시 주석이 김정은을 영접하라고 다시 내보냈습니다. 쑹타오 부장은 장관급이어서 급으로 봐도 대단한 환대입니다.

게다가 김정은이 베이징에 도착할 때에는 왕후닝 공산당 정치국 상무위원이 영접했습니다.

- 중국이 자국을 방문한 김정은 위원장을 환대했다는 내용이다. 그 주제에 맞게 가다듬었다.
- 마지막 문장에서 '김정은'을 살리지 않으면 베이징에 도착한 인물이 누구인지 헷갈릴 수 있다. 전체 문맥상 '김정은'이지만, 바로 앞 문장에서 '김정은' 없이 '쑹타오

부장'만 언급해 혼란을 불렀다.

- '문전박대를 당했던'은 '문전박대를 당한'으로 고쳤다. '당했던'은 의미 없는 과거 완료 형태이다. 더 나아가 '당했었던'으로 쓰는 일도 있는데 앞에서 살펴봤듯이 바르지 않은 표현이다. 절대 피해야 한다.
- '영접을 했습니다'는 '영접했습니다'로 족하다.

2. 헝가리와 슬로베니아, 폴란드 등도 난민에게 극도의 경계심을 드러냅니다. 난민에게 그나마 관대한 독일과 프랑스, 스웨덴 등지에서도 반난민을 내세운 극우 정당의 입김이 점차 거세지고 있습니다.

- '~에 대해'는 번역 투 표현이다.
- 이탈리아의 상황을 설명한 뒤 다른 나라들을 언급하는 부분이다. '~ 폴란드 등도'라는 표현만으로 충분하다.
- '이뿐만 아니라'가 굳이 필요할까? 없애면 뜻이 달라지나?
- '~적인'을 피했다.
- '~에'와 '~에게'는 구별해야 한다. 사람이나 동물 뒤에는 '~에게'를 써야 바른 표현이다.

3. 우리나라 지폐용지는 모두 이곳에서 공급합니다. 이 업체는 또 러시아, 스페인, 우크라이나 등 12개 나라, 20개 업체에 지폐용 펄프를 수출합니다.

- 한자어 '전량' 대신 '모두'를 써도 충분하다.
- 여기서도 '이뿐만 아니라'를 생략해도 괜찮다.

예문 1 | 문제는 새로운 분야나 비주류 연구. 성과 예측이 힘들단 이유로 지원을 받기 어렵습니다. **때문에** 세상을 뒤흔든 인공지능 알파고가 한국에 있었다면 개발이 중단됐을 거란 자조도 나옵니다.

바로쓰기 | 문제는 새로운 분야나 비주류 연구. 성과 예측이 힘들단 이유로 지원을 받기 어렵습니다. **이 때문에** 세상을 뒤흔든 인공지능 알파고가 한국에 있었다면 개발이 중단됐을 거란 자조도 나옵니다.

예문 2 | 1년 전인 2003년, SK글로벌이 호주에 PHMG를 수출할 때 분말로 돼 있어 호흡기로 흡입하면 위험할 수 있다는 경고를 한 것으로 알려졌습니다. **때문에** SK가 흡입 독성의 위험성을 언제 알았는지도 수사의 쟁점입니다.

바로쓰기 | 1년 전인 2003년, SK글로벌이 호주에 PHMG를 수출할 때 분말로 돼 있어 호흡기로 흡입하면 위험할 수 있다는 경고를 한 것으로 알려졌습니다. **이 때문에** SK가 흡입 독성의 위험성을 언제 알았는지도 수사의 쟁점입니다.

예문 3 | 비타민 B는 현미 같은 도정하지 않은 곡류에도 많습니다. **때문에** 흰 쌀밥과 밀가루 음식을 즐겨 먹는 사람은 비타민 B가 부족하기 쉽습니다.

바로쓰기 | 비타민 B는 현미 같은 도정하지 않은 곡류에도 많습니다. **그래서** 흰 쌀밥과 밀가루 음식을 즐겨 먹는 사람은 비타민 B가 부족하기 쉽습니다.

'때문에'는 의존명사이다. 홀로 쓰지 못하고 반드시 명사나 대명사 또는

'때문에'를 꾸며 주는 말 뒤에 이어 써야 한다. 앞의 상황을 받아서 표현하는 '이'나 '그' 또는 '이렇기', '그렇기'를 넣어 써야 바르다. 필요한 성분을 생략하면 잘못이다. 아주 자주 틀리는 낱말 표현이다. '그래서', '그러므로'와 같은 접속부사로 대체해도 좋다.

더 좋은 글 쓰기 √

1. 문제는 신규, 또는 비주류 분야 연구입니다. 정부나 기업이 성과 예측이 힘들다는 이유로 지원을 꺼립니다. 한국에서는 알파고 같은 인공지능을 개발하려 시도했더라도 끝을 보지 못했을 거란 자조가 나옵니다.

- 문장의 꼬리를 자르지 말자.
- '새로운'과 '비주류'는 나열 관계이다. 낱말의 무게와 성격을 통일해 주자.
- 둘째 문장은 주어를 살려 능동으로 바꿨다.
- 마지막 문장에서 '알파고가 한국에 있었다면'은 문맥상 옳지 않다. '만약 개발을 시도했다면'이라는 가정은, 이미 개발이 끝난 '알파고'와 어울리지 않는다. 임의의 인공지능이어야 맞다.
- '때문에'를 '이 때문에'나 '그래서' 따위로 고쳐야 맞지만 아예 쓰지 않으면 더 좋다. 앞에서 봤듯이 문장과 문장 사이에 접속어는 없을수록 깔끔하다. 접속어 없이도 논리의 흐름이 부드럽게 이어져야 좋은 문장이다.

2. 그러나 1년 전인 2003년, SK글로벌이 호주에 PHMG를 수출할 때 이미 경고가 나왔습니다. 가루인 PHMG가 호흡기로 들어가면 위험할 수 있다는 내용입니다. 그래서 SK가 흡입 독성의 위험을 언제 알았는지도 수사의 쟁

점입니다.

- 수사 상황을 전하는 리포트 기사이다. 검찰에서 확인한 내용을 서술하는데 굳이 '알려졌습니다'로 쓸 필요가 없다. 무엇이 수사의 쟁점인지는 단정했다. 이렇게 같은 기사에서 같은 주제를 다루면서 어떤 팩트는 확정해서 쓰고 다른 팩트는 '전해졌다', '알려졌다' 식으로 뭉뚱그리면 더욱 곤란하다. 내용에 책임을 지자. 첫 문장을 둘로 나누니 뜻이 명확해졌다.
- '호흡기로 흡입하면'은 어색하다. '흡입하다'는 되도록 '빨아들이다', '들이마시다' 정도로 편히 쓰면 좋다.

3. 비타민 B는 현미 같은 찧지 않은 곡식에도 많습니다. 그래서 흰 쌀밥과 밀가루 음식을 즐겨 먹으면 비타민 B가 모자라기 쉽습니다.

- '도정하다'는 '찧다'로, '곡류'는 '곡식'으로, '부족하다'는 '모자라다'로 바꾸어 쉽게 썼다.
- 둘째 문장에서 주어 '사람들'을 일부러 생략했다. 있어야 할 문장 성분은 빠트리지 말아야 하지만 이 경우는 조금 다르다. 누구인지 특정할 필요 없는 모든 사람에 해당한다. 굳이 쓰지 않아도 뜻이 통하고 문장은 더 편하다.

6. 적확한 낱말을 써라

낱말이 문장을 구성한다. 필요한 곳에 어울리는 낱말을 써야 문장이 정확하고 글맛이 산다. 문법과 표준어 규정에 맞는 어휘를 써야 함은 물론이다. 자주 틀리는 낱말과 바꿔 쓰면 좋은 낱말을 묶어 뒤에 따로 정리했지만 문맥과 같이 살펴야 좋은 몇몇 사례를 여기서 짚고 가자.

6-1. ~시키다

예문 1 | 수입 냉동족발을 비위생적인 환경에서 수돗물로 **해동시킨** 뒤 냉장족발로 판매한 업체가 경찰에 적발됐습니다.

바로 쓰기 | 수입 냉동족발을 비위생적인 환경에서 수돗물로 **해동한** 뒤 냉장족발로 판매한 업체가 경찰에 적발됐습니다.

예문 2 | 지상파 방송에 금지돼 있는 중간 광고를 허용함으로써 내수를 **활성화시키고** 지상파 방송사의 제작 여건을 개선시켜야 한다는 겁니다.

바로 쓰기 | 지상파 방송에 금지돼 있는 중간 광고를 허용함으로써 내수를 **활성화하고** 지상파 방송사의 제작 여건을 개선해야 한다는 겁니다.

예문 3 | 이 차는 시속 40킬로미터에서 80킬로미터를 오가며 20분간 주행한 뒤 측정에 들어갔습니다. 에어컨을 **작동시키니** 질소 산화물 배출량이 순간적으로 100배나 폭증합니다.

| 이 차는 시속 40킬로미터에서 80킬로미터를 오가며 20분간 주행한 뒤 측정에 들어갔습니다. 에어컨을 **작동하니** 질소 산화물 배출량이 순간 적으로 100배나 폭증합니다.

'~시키다'는 명사 뒤에 붙어서 사동의 뜻을 더하고 동사를 만드는 접미 사이다. 사동은 주체가 다른 이에게 동작이나 행동을 하게 하는 동사의 성질이다. 사동의 표현은 꼭 그 관계를 밝힐 필요가 있을 때에만 써야 한다. 타동사로 충분한 문맥에서까지 '~시키다'를 버릇처럼 붙이는 일 이 많다. 아주 나쁜 표현이다.

특히 명사 뒤에 '~화(化)'를 더한 단어에 '~시키다'를 붙여 쓰면 잘 못이다. '작동하다'와 '부양하다' 같이 이미 사동의 의미를 가진 낱말에 도 '~시키다'를 덧붙이면 안 된다. 궁색하다.

더 좋은 글 쓰기 ✓

1. 수입 냉동족발을 냉장족발로 속여 판 업체가 경찰에 적발됐습니다. 깨끗하 지 않은 작업장에서 냉동 족발을 수돗물로 녹여 팔았습니다.

- 두 문장으로 나눴다.
- 피동 표현으로 그대로 둬 봤다. 검거 기사에서는 잡힌 주체가 중심이 되기 때문에 용의자나 피의자를 주어로 삼아 피동으로 쓰는 일이 많다. 능동 표현이 바람직하 다고 꼭 고집할 필요는 없다. 때에 따라 다양하게 활용하자.
- '판매하다'는 '팔다'로 쓰면 충분하다.

2. 지상파 방송에 금지한 중간 광고를 허용해 내수를 살리고 지상파 방송사의
   제작 여건을 개선하자는 의견입니다.

   - 지상파 방송에 중간 광고를 허용하자는 주장을 뒷받침해 설명하는 문장이다. '금
     지'와 '허용'은 같은 주체가 하는 행위이다. 능동으로 통일해야 맞다.
   - '것'을 없애고 가다듬었다. '것'은 없애면 없앨수록 문장이 깔끔하다.

3. 이 차는 시속 40에서 80킬로미터를 오가며 20분간 주행한 뒤 측정했습니
   다. 에어컨을 켜니 질소 산화물 배출량이 금세 100배나 늡니다.

   - 대화할 때 '시속 40킬로미터에서 80킬로미터를 오가며'로 말하지 않는다. 방송기
     사는 말로 읽는 글이니 '킬로미터'는 한 번만 쓰면 된다.
   - '들어가다'는 여러 경우에 쓰는데 여기서는 '새로운 상태나 시기가 시작되다'는 뜻
     이다. 굳이 필요 없는 군더더기다.
   - '작동하다'는 그냥 '켜다'로, '순간적으로'는 '금세'로 바꿨다.
   - '폭증(暴增)하다'는 사전에 없는 말이다. 한자 뜻을 풀면 '갑자기 늘어나다'는 뜻이
     니, '순간적으로 폭증합니다'는 '금세 늡니다'로 쓰면 충분하다.

6-2. 드러내다

예문 | 이 돼지는 구제역이 발병해 이동 제한 조치가 내려졌던 세종시의 한 농
      가에서 들여온 것으로 밝혀져, 방역 체계에 **허점을 드러내고** 있습니다.

바로 | 이 돼지는 구제역이 발병해 이동 제한 조치가 내려졌던 세종시의 한 농
쓰기 | 가에서 들여온 것으로 밝혀져, 방역 체계에 **허점이 드러나고** 있습니다.

예문 2 | 개표가 진행되면서 후보자들의 당락도 **윤곽을 드러내고** 있습니다.

바로 쓰기 | 개표가 진행되면서 후보자들의 당락도 **윤곽이 드러나고** 있습니다.

예문 3 | 독도함에 이어 국내 두 번째 대형수송함인 **마라도함이** 웅장한 **모습을 드러냈습니다.**

바로 쓰기 | 독도함에 이어 국내 두 번째 대형수송함인 **마라도함의** 웅장한 **모습이 드러났습니다.**

'드러내다'는 '드러나다'의 사동사이다. '드러나게 하다'란 뜻이다. '어깨를 드러내는 옷차림', '그는 드디어 속마음을 드러냈다'처럼 쓴다. 위 예문에서는 무언가를 드러내는 행위의 주체가 현상 또는 사물이다. 의지를 가지지 않은 주체이므로 사동으로 쓰면 어색하다. 앞에서도 설명했듯이 사동 표현은 주체가 다른 이에게 어떤 행동이나 동작을 하게 할 때 쓴다.

더 좋은 글 쓰기 ✓

1. 이 돼지는 세종시의 한 농가에서 들여왔습니다. 구제역이 발병해 농림부가 이동을 제한한 지역입니다. 방역 체계에 허점이 드러났습니다.

- 문장을 나눴다. 한결 간결하고 뜻도 분명해졌다.
- '조치가 내려지다'는 주체를 살려 능동으로 고쳤다.
- '들여온 것으로 밝혀지다'도 쓰지 말아야 할 피동이자 익명 표현이다. 기자가 무엇을 기사로 쓸 때는, 신뢰할 만한 관련 기관이나 인물이 확인을 해 줬거나 기자 본인

이 직접 그 사실을 확인했으니 쓴다. 그대로 밝히면 된다. 주체를 밝힐 필요가 없으면 그냥 이렇게 단정해 버리자.

3. 마라도함의 웅장한 모습이 드러났습니다. 독도함에 이어 국내 두 번째 대형수송함입니다.

- 문장을 나누고 서술 순서를 바꿨다. '마라도함'이 '국내 두 번째 대형수송함'이라는 설명을 문장 앞머리에 길게 하면 장황하다.

6-3. 부상을 입다

예문 1 | 이들 차량에서는 에어백이 전개될 때 과도한 폭발 압력으로 **부상을 입**힐 가능성이 발견됐습니다.

바로 쓰기 | 이들 차량에서는 에어백이 전개될 때 과도한 폭발 압력으로 **상처를 입**힐 가능성이 발견됐습니다.

예문 2 | 승객 7명이 **부상을 입었는데**, 30도를 넘는 폭염 속에서 마모된 재생 타이어가 사고의 원인으로 지목됩니다.

바로 쓰기 | 승객 7명이 **다쳤는데**, 30도를 넘는 폭염 속에서 마모된 재생 타이어가 사고의 원인으로 지목됩니다.

예문 3 | 흉기 난동을 제지하는 과정에서 경찰관 두 명이 **부상을 입었습니다.**

바로 쓰기 | 흉기 난동을 제지하는 과정에서 경찰관 두 명이 **부상했습니다.**

'부상'(負傷)은 '몸에 상처를 입음'의 뜻을 가졌다. '부상을 입다', '부상을 당하다'는 틀린 말이다. '부상하다'나 '상처를 입다', '다치다'가 옳다.

더 좋은 글 쓰기 ✓

1. 이들 차량에서는 에어백이 터질 때 폭발 압력이 지나쳐 사람이 다칠 가능성이 나타났습니다.

   - '전개되다', '과도하다', 모두 쉽고 바르게 고쳐 쓰자.
   - '상처를 입'는 주체는 차에 탄 사람이다. 주체를 살리고 '부상하다', '상처를 입다' 대신 '다치다'로 쉽게 바꿨다.

2. 승객 7명이 다쳤습니다. 낡고 닳은 재생 타이어가 30도를 넘는 폭염 속에서 찢어져 사고가 난 것으로 보입니다.

   - 승객이 다친 사실과 사고 원인은 '~ㄴ데'로 이어서는 안 된다.
   - '폭염 속에서', '마모된 재생 타이어'가 어쨌단 말인가? 사고 원인이 이왕 드러났으면 멈칫댈 이유가 없다.

3. 흉기 난동을 막다가 경찰관 두 명이 다쳤습니다.

   - '제지하다'는 '못 하게 하다' 또는 '막다'로 써도 충분하다.
   - '과정에서'는 필요 없다.

6-4. 피해를 입다

예문
1 | 도심 도로는 물에 잠기거나 곳곳이 내려앉았고 주민 수천 명이 정전 **피해를 입었습니다**.

바로
쓰기 | 도심 도로는 물에 잠기거나 곳곳이 내려앉았고 주민 수천 명이 정전 **피해를 봤습니다**.

예문
2 | 요즘엔 장례를 전문적으로 챙겨 주는 상조업체를 찾는 경우가 많은데, 상조업체에 가입했다 **피해를 입는** 소비자가 속출하고 있습니다.

바로
쓰기 | 요즘엔 장례를 전문적으로 챙겨주는 상조업체를 찾는 경우가 많은데, 상조업체에 가입했다 **피해를 보는** 소비자가 속출하고 있습니다.

예문
3 | 어제 저녁 6시 44분쯤 경주 월성원전 3호기 계획 예방정비 중 원자로 건물 안에서 냉각재가 일부 누설돼 작업자가 피폭 **피해를 입었습니다**.

바로
쓰기 | 어제 저녁 6시 44분쯤 경주 월성원전 3호기 계획 예방정비 중 원자로 건물 안에서 냉각재가 일부 누설돼 작업자가 피폭 **피해를 봤습니다**.

'피해'는 '손해를 입음'이다. '피해를 입다'는 '손해를 입음을 입다'로 쓰는 꼴이다. 상황에 따라 '해를 입다', '손해를 보다', '피해를 보다' 정도로 써야 맞다.

더 좋은 글 쓰기

1. 도심 도로가 물에 잠기거나 곳곳이 내려앉았습니다. 주민 수천 명은 정전

으로 애를 먹었습니다.

- 도로가 잠긴 일과 정전은 둘 다 호우의 결과이나 별개이다. 문장을 나눴다.
- 앞 문장의 주격조사는 '는'이 아닌 '가'로, 뒷 문장의 주격 조사는 '이'가 아닌 '은'으로 바꿨다. '은(는)'과 '이(가)'의 다른 쓰임새는 앞에서 살폈다.

2. 요즘엔 장례를 도와주는 상조업체를 찾는 분들이 많습니다. 섣불리 가입했다가 피해를 보는 경우도 적지 않습니다.

- 문장을 짧게 끊고 '~ㄴ데'를 뺐다. '~ㄴ데'는 접속 부사 '그런데'를 줄여 쓰는 표현이다. '그런데'는 앞과 다른 방향으로 이끌거나 앞과 상반되는 내용을 이끌 때 쓴다. 굳이 그 의미가 필요하지 않을 때엔 없애는 편이 좋다.
- '속출'은 과장이기 쉽다. 없애자.

3. 경주 월성원전 3호기에서 작업자가 방사능에 노출됐습니다. 이 작업자는 어제 저녁 6시 40분쯤 원자로 건물 안에서 계획 예방정비를 하다 냉각재가 새어 나와 피해를 봤습니다.

- 단신기사의 첫 문장인데 너무 길다. 지나치게 많은 내용을 한 문장에 담았다. 핵심 요점만 짧게 전달한 뒤 다음 문장에서 덧붙여 설명해 보자.
- '피폭'은 '인체가 방사능에 노출됨', '누설'은 '새어 나감'이다. 쉽게 쓰자.
- 숫자는 대부분 어느 정도 자리에서 반올림하거나 버림해서 쓰면 된다. 굳이 분 단위까지 밝혀야 한다면 '44분쯤'이 아니라 '44분'으로 써야 맞다.

6-5. '많다'와 '적다', '높다'와 '낮다'

예문1 | 수조 원의 자금을 지원받고도 경영이 개선되지 않고 있는 STX해양에 대해, 채권단이 오늘 법정 관리 여부를 논의합니다. 현재로선 법정 관리에 들어갈 **가능성이 높은** 것으로 전해졌습니다.

바로쓰기 | 수조 원의 자금을 지원받고도 경영이 개선되지 않고 있는 STX해양에 대해, 채권단이 오늘 법정 관리 여부를 논의합니다. 현재로선 법정 관리에 들어갈 **가능성이 큰** 것으로 전해졌습니다.

예문2 | 60세 이상 유권자 **비율**은 17대와 18대엔 10%대 후반을 맴돌다 지난 총선에서 20%를 돌파하더니 이번에는 23%대로, 전체 연령층 가운데 가장 **많아졌습니다**.

바로쓰기 | 60세 이상 유권자 **비율**은 17대와 18대엔 10%대 후반을 맴돌다 지난 총선에서 20%를 돌파하더니 이번에는 23%대로, 전체 연령층 가운데 가장 **높아졌습니다**.

예문3 | 국정 운영에 대한 긍정적인 평가가 우세했습니다. 특히 광주 전라 지역에서 긍정적인 **평가가** 95.9%로 가장 **높았고** 시·도지사 선거에서 자유한국당 후보가 당선될 것으로 예측된 대구 경북 지역에서조차도 긍정적인 **평가가** 62.7%로 부정적인 평가보다 배 이상 **높았습니다**.

바로쓰기 | 국정 운영에 대한 긍정적인 평가가 우세했습니다. 특히 광주 전라 지역에서 긍정적인 **평가가** 95.9%로 가장 **많았고** 시·도지사 선거에서 자유한국당 후보가 당선될 것으로 예측된 대구 경북 지역에서조차도 긍정적인 **평가가** 62.7%로 부정적인 평가보다 배 이상 **많았습니다**.

'가능성이 높다'는 표현을 자주 사용한다. 가능성은 성질이다. 성질은 크거나 작고 강하거나 약하다. 높거나 낮을 수는 없다. 비율은 많거나 적지 않고 높거나 낮다. 예문 3에서처럼 '평가' 자체가 높다는 표현은 어색하다. 평가한 '비율'이 높다. 잘 가려 쓰자.

더 좋은 글 쓰기 √

1. 채권단이, 수조 원을 지원받고도 경영이 나아지지 않은 STX해양의 법정 관리 여부를 오늘 논의합니다. 현재로선 법정 관리로 갈 가능성이 큽니다.

   • '수조 원의 자금'은 번역 투 표현이다.
   • 주어인 '채권단'을 문장의 앞으로 돌렸다.
   • '개선되지 않고 있는'에서 '개선되다'는 '나아지다'로 쉽게 풀었고, '~고 있다'를 없앴다.
   • 채권단이 법정 관리 결정을 내릴 분위기를 기자가 취재했다. 취재한 사실은 사실대로 쓰면 된다. '전해졌습니다'는 몹쓸 버릇이다.

2. 60세 이상 유권자 비율은 17대와 18대에 10% 후반을 맴돌았습니다. 지난 총선에서 20%를 넘어서더니 이번에는 23%대로, 전체 연령층 가운데 가장 높아졌습니다.

   • 문장은 짧게 쓰자!
   • '돌파하다'는 '넘어서다'로 풀어 썼다.

3. 국정 운영을 긍정하는 평가가 우세했습니다. 특히 광주 전라 지역에서 긍

정 평가가 95.9%로 가장 많았습니다. 시ㆍ도지사 선거에서 자유한국당 후보가 당선할 것으로 예측된 대구 경북 지역에서조차도 긍정 평가가 62.7%로 부정 평가보다 배 이상 많았습니다.

- '~에 대해'와 '~적인'은 피해야 할 번역 투 표현이다. 쓰지 않아도 뜻이 다르지 않고 문장은 훨씬 편하다.
- '당선되다'는 사전에 있는 말이지만 틀렸다. 사전 풀이를 보자. '당선하다'는 '선거에서 뽑히다', '심사나 선발에서 뽑히다'이다. '당선되다'는 '선거에서 뽑히게 되다', '심사나 선발에서 뽑히게 되다'이다. '당선되다'는 이미 피동인 '당선하다'에 공연히 '~게 되다'를 더한 말이다. 뽑혔으면 뽑혔지, 뽑히게 되었다고 말할 이유가 있을까? '낙선하다'와 '낙선되다'도 마찬가지다. 어떤 이유에서인지 방송이나 실생활에서 '당선'은 '당선되다', '낙선'은 '낙선하다'로 주로 쓴다. 바람직하지 않다. '당선'도 '낙선'도 '하다'를 붙여 쓰면 충분하다.

6-6. 얼굴 표정

예문 1 | 상대방의 **얼굴 표정**에서 자신을 무시하는 듯한 느낌을 받을 때 충동적으로 공격하는 성향 때문입니다.

바로 쓰기 | 상대방의 **표정**에서 자신을 무시하는 듯한 느낌을 받을 때 충동적으로 공격하는 성향 때문입니다.

예문 2 | 일단 데이터베이스를 만들어 두는 겁니다. A라는 학생이 있으면 이 학생의 이름과 **얼굴 표정** 등을 저장해 놓고, A학생의 현재 표정이나 눈동자 움직임과 비교하는 거죠.

일단 데이터베이스를 만들어 두는 겁니다. A라는 학생이 있으면 이 학
생의 이름과 **표정** 등을 저장해 놓고, A학생의 현재 표정이나 눈동자 움
직임과 비교하는 거죠.

'표정'은 본디 '얼굴에 나타나는 속마음이나 감정'이다. '얼굴 표정'은 '얼
굴'을 두 번 쓴 꼴이다.

더 좋은 글 쓰기 ✓

1. 상대방의 표정이 자신을 업신여긴다고 느낄 때 갑자기 공격하는 성향 때문
   입니다.

   • 일본어에서 온 '~적'은 되도록 피하자.

2. 먼저 학생들의 이름과 표정 등을 모아 저장해 둡니다. 이 데이터베이스와
   현재의 학생 표정이나 눈동자 움직임을 비교합니다.

   • 중국의 한 학교가 교실에 안면인식 카메라를 설치해 학생들을 관리한다는 내용이
     다. 쉽게 설명하려고 'A라는 학생'을 예로 들었는데, 도움이 되지 않는다.
   • '일단'은 '먼저'로 쉽게 쓰자.
   • '만들어 두는 겁니다', ' 비교하는 거죠'. 두 문장 모두 '것'을 써서 끝냈다. 불필요하
     고 거추장스럽다. '것'을 없애자.

6-7. 전화 통화

예문 1 | 송영무 국방부장관은 오늘 오전 제임스 매티스 미국 국방장관과 **전화 통화를** 하고, 이번 남북정상회담의 결과와 향후 양국 간 협력 방안에 대해 논의했습니다.

바로쓰기 | 송영무 국방부장관은 오늘 오전 제임스 매티스 미국 국방장관과 **통화를** 하고, 이번 남북정상회담의 결과와 향후 양국 간 협력 방안에 대해 논의했습니다.

예문 2 | 오늘 국가안전보장회의 상임위원회는 김관진 안보실장 주재로 열리게 되며 박 대통령과 오바마 대통령의 **전화 통화** 이후 북핵 대응 방안 등이 논의될 것으로 알려졌습니다.

바로쓰기 | 오늘 국가안전보장회의 상임위원회는 김관진 안보실장 주재로 열리게 되며 박 대통령과 오바마 대통령의 **통화** 이후 북핵 대응 방안 등이 논의될 것으로 알려졌습니다.

예문 3 | 윤병세 외교부장관과 존 케리 미 국무부장관이 **전화 통화를** 갖고, 대북 공조 방안을 논의했습니다.

바로쓰기 | 윤병세 외교부장관과 존 케리 미 국무부장관이 **통화를** 갖고, 대북 공조 방안을 논의했습니다.

'통화'는 '전화로 말을 주고받음'의 뜻이다. '전화 통화'는 '전화'가 겹친 옳지 않은 표현이다.

1. 송영무 국방부장관이 오늘 오전 제임스 매티스 미국 국방장관과 통화하고 이번 남북정상회담의 결과를 논의했습니다. 두 나라의 뒤이은 협력 방안도 협의했습니다.

   • '향후'는 '이다음'이다. '뒤이어 오는 때나 자리'이다.
   • 여기서 '향후'는 '협력 방안'을 꾸민다. '양국 간'이 아니다. 꾸밈을 주고받는 낱말은 서로 가까이 있어야 한다.

2. 오늘 국가안전보장회의 상임위원회는 김관진 안보실장 주재로 열립니다. 박 대통령과 오바마 대통령의 통화 이후 북핵 대응 방안 등을 논의하게 됩니다.

   • 정부 관계자가 확인해 준 팩트이다. 확실하게 쓰자. 확인한 사실이 아닌 추정이라면, '논의할 것으로 보입니다'와 같이 기자의 짐작으로 표현해야 맞다.

3. 윤병세 외교부장관과 존 케리 미 국무부장관이 통화를 하고, 대북 공조 방안을 논의했습니다.

   • '통화'는 '갖다'보다 '하다'와 어울린다.

6-8. 기간 동안

예문 | 문재인 대통령과 김정은 북한 국무위원장이 정상회담 **기간 동안** 최소 2
1   번 이상 정상회담을 하기로 했습니다.

바로 | 문재인 대통령과 김정은 북한 국무위원장이 정상회담 **기간에** 최소 2번
쓰기   이상 정상회담을 하기로 했습니다.

예문 | 올해 추석 연휴 **기간 동안** 교통량은 지난해보다 증가했지만 교통사고
2   사망자와 부상자는 대폭 감소한 것으로 나타났습니다.

바로 | 올해 추석 연휴 **동안** 교통량은 지난해보다 증가했지만 교통사고 사망
쓰기   자와 부상자는 대폭 감소한 것으로 나타났습니다.

예문 | 유니버시아드 **기간 동안** 경찰이 국제경찰협력센터를 운영합니다.
3

바로 | 유니버시아드 **기간에** 경찰이 국제경찰협력센터를 운영합니다.
쓰기

'기간'과 '동안'은 뜻이 같다. 모두 '어느 한 시점에서 다른 한 시점까지
시간의 길이'를 의미한다. 심지어 둘 다 명사다. 겹쳐 쓰면 잘못이다.

더 좋은 글 쓰기 ∨

1. 문재인 대통령과 김정은 북한 국무위원장이 정상회담 기간에 2번 이상 정
   상회담을 하기로 했습니다.

   • '최소 2번'은 '2번 이상'과 같다. '최소 2번 이상'은 뜻이 겹쳤다.

2. 올해 추석 연휴 동안 교통량은 지난해보다 늘었지만 교통사고 사망자와 부
   상자는 많이 줄었습니다.

   - '증가하다', '감소하다'는 '늘다', '줄다'로 쉽게 쓰자. '대폭 감소한 것으로 나타났습
     니다'는 '많이 줄었습니다'면 충분하다.

3. 경찰이 유니버시아드 기간에 국제경찰협력센터를 운영합니다.

   - 주어를 문장 앞머리에 둬야 자연스럽다. 반드시 따라야 할 원칙은 아니지만 별다
     른 이유가 없으면 지키자.
   - 대회 기간에 경찰은 뭘 하고 군인은 뭘 하고 자치단체 공무원은 뭘 하고, 이런 식의
     서술이라면 예문처럼 쓴 뒤에 군인과 공무원의 활동 계획을 써야 부드럽다.

6-9. 거액의 돈

예문 | 이달 초 이명희 씨에게 영장이 청구됐을 때 이 씨 측이 피해자들에게 **거
1   **액의 합의금을** 건네 회유했다는 보도 전해 드렸었는데요, 이 과정에 대
     한항공 임원들이 동원된 정황을 KBS가 확인했습니다.

바로 | 이달 초 이명희 씨에게 영장이 청구됐을 때 이 씨 측이 피해자들에게 **합
쓰기   **의하자고 거액을** 건네 회유했다는 보도 전해 드렸었는데요, 이 과정에
     대한항공 임원들이 동원된 정황을 KBS가 확인했습니다.

예문 | 중국의 유력한 차기 지도자였다가 낙마한 쑨정차이 전 충칭시 당서기
2   가 **거액의 뇌물수수죄로** 종신형을 선고받았다고 신화통신이 보도했습

니다.

중국의 유력한 차기 지도자였다가 낙마한 쑨정차이 전 충칭시 당서기
가 **많은 뇌물을 받은 죄로** 종신형을 선고받았다고 신화통신이 보도했습
니다.

'거액'은 '아주 많은 액수의 돈'이다. '돈'의 뜻이 들어 있다. 예문 1, 예
문 2에 나오는 '합의금', '뇌물'도 돈의 의미를 포함한다. 거액의 뇌물,
거액의 수수료, 거액의 비용, 거액의 계약금 따위는 모두 돈의 의미가
겹쳐 어색한 표현이다. 거액과 비슷한 말인 '다액'이나 반대인 '과액',
'소액'은 이런 식으로 쓰지 않는다. '~의 ○○'이라는 번역 투 잘못이기
도 하다.

더 좋은 글쓰기 ✔

1. 검찰이 이명희 씨의 구속영장을 청구한 이달 초, 이 씨 측이 피해자들에게
   거액을 주고 합의를 회유했다고 보도해 드렸습니다. 그 과정에 대한항공
   임원들이 움직인 정황을 KBS가 확인했습니다.

   • 구속영장을 청구한 주체를 살려 능동 표현으로 바꿨다.
   • '전해드렸었다'는 지나친 과거형이다.
   • '보도'는 '대중 전달 매체를 통해 일반 사람들에게 새로운 소식을 알림'이다. '보도'
     안에 전달의 뜻이 있다. '보도를 전하다'는 표현은 잘못이다.
   • 누가 임원들을 동원했는지는 모른다. 이명희 개인인지 주변의 누구인지 알 수 없
     다. 그렇다고 '동원됐다'고 피동으로 쓸 이유는 없다. 충분히 고쳐 쓸 수 있다.

2. 중국의 차기 지도자로 유력했다가 낙마한 쑨정차이 전 충칭시 당서기가 많은 뇌물을 받은 죄로 종신형을 선고받았다고 신화통신이 보도했습니다.

- '유력한 차기 지도자'가 맞는가? '차기 지도자로 유력한 인물'이 맞는가? 어떤 표현이 더 자연스러운가?

6-10. 이름을 거명하다

예문 1 | 이어, **딸 이름을** 식섭 **거명하는** 길 듣고 최 씨와 박 전 대통령이 가까운 사이라고 생각했다고 덧붙였습니다.

바로 쓰기 | 이어, **딸을** 직접 **거명하는** 걸 듣고 최 씨와 박 전 대통령이 가까운 사이라고 생각했다고 덧붙였습니다.

예문 2 | 합의 추대 대상으로는 수도권 출신인 원유철 전 정책위의장과 비박이지만 대통령 특보를 지낸 주호영 의원이 우선 거론되고 있습니다. 이주영, 정우택, 정병국, 심재철, 홍문종 **의원의 이름도 거명됩니다.**

바로 쓰기 | 합의 추대 대상으로는 수도권 출신인 원유철 전 정책위의장과 비박이지만 대통령 특보를 지낸 주호영 의원이 우선 거론되고 있습니다. 이주영, 정우택, 정병국, 심재철, 홍문종 **의원도 거명됩니다.**

예문 3 | 도널드 트럼프 대통령은 특히 이번 G7 정상회의 주최국이면서 북미자유무역협정 회원국이기도 한 캐나다를 **거명하며** "캐나다는 미국 유제품에 270%의 관세를 부과한다. 그들은 여러분에게 이렇게 한다고 미리 말하지 않았다. 그렇지 않느냐?"라면서, "우리 농부들에게 불공정하다"

고 비판했습니다.

바로
쓰기 | 도널드 트럼프 대통령은 특히 이번 G7 정상회의 주최국이면서 북미자
유무역협정 회원국이기도 한 캐나다를 **거론하며** "캐나다는 미국 유제
품에 270%의 관세를 부과한다. 그들은 여러분에게 이렇게 한다고 미리
말하지 않았다. 그렇지 않느냐?"라면서, "우리 농부들에게 불공정하다"
고 비판했습니다.

'거명하다'는 '어떤 사람의 이름을 입에 올려 말하다'의 뜻이다. '이름을
거명하다'는 '이름'이 겹친 틀린 표현이다. 사람이 아닌 사물이나 현상
따위에 붙여 써도 자연스럽지 못하다.

더 좋은 글 쓰기 ✓

2. 새누리당 인사들은 수도권 출신인 원유철 전 정책위의장과 비박이지만 대
   통령 특보를 지낸 주호영 의원을 합의 추대 대상으로 먼저 거론합니다. 이
   주영, 정우택, 정병국, 심재철, 홍문종 의원도 대상입니다.

   • 문맥에 따라 주어 '새누리당 인사들'을 살렸다. 웬만하면 능동형 문장으로 고치자.
   • '우선'은 '먼저'로 순화해 썼다.

3. 도널드 트럼프 대통령은 특히 이번 G7 정상회의 주최국이자 북미자유무역
   협정 회원국인 캐나다를 지목해 "우리 농부들에게 불공정하다"고 비판했습
   니다. "캐나다는 미국 유제품에 270%의 관세를 부과한다. 그들은 여러분
   에게 이렇게 한다고 미리 말하지 않았다. 그렇지 않느냐?"고 말했습니다.

- 나라는 '거명하다' 대신 '거론하다'나 '지목하다' 정도로 쓰면 좋다.
- 긴 문장을 끝까지 다 읽어야만 트럼프 대통령이 캐나다를 꼬집어 비판한 주된 사실을 겨우 알 수 있다. 문장을 둘로 쪼개니 편할뿐더러 전하려는 의미도 더 빠르게 드러나게 되었다.

6-11. '쌓이다'와 '싸이다'

예문 1 | 경이적인 성장률로 해마다 높은 임금상승률을 구가하던 중국은 경제성장이 주춤하고 임금상승률도 지난해 처음으로 10% 아래로 떨어지면서 고민에 **쌓였습니다.**

바로쓰기 | 경이적인 성장률로 해마다 높은 임금상승률을 구가하던 중국은 경제성장이 주춤하고 임금상승률도 지난해 처음으로 10% 아래로 떨어지면서 고민에 **싸였습니다.**

예문 2 | 고속도로 옆에 세워진 탱크로리가 시뻘건 불길에 **휩쌓였습니다.**

바로쓰기 | 고속도로 옆에 세워진 탱크로리가 시뻘건 불길에 **휩싸였습니다.**

'쌓이다'는 '쌓다'의 피동사이고 '싸이다'는 '싸다'의 피동사이다. '쌓다'와 '싸다'를 구별하듯 '쌓이다'와 '싸이다'도 뜻에 맞게 달리 써야 한다.

예문 1에서는 중국이 고민에 둘러싸였다는 의미니까 '싸이다'를 써야 맞다. 고민이 겹쳐 심해졌다는 의미였다면 '고민'의 조사를 바꿔 '고민이 쌓였습니다'로 써야 맞다. 예문 2에서는 '휩싸이다'로 써야 한다.

1. 놀라운 성장률로 해마다 임금이 치솟던 중국은 최근 고민에 싸였습니다. 경제성장이 주춤하고 임금상승률도 지난해 처음으로 10% 아래로 떨어졌습니다.

- '~적'은 여러 차례 설명한 대로 일본어에서 온 표현이다. '구가하다'는 흔히 쓰지 않는 어려운 낱말이다. '~면서'는 버릇처럼 쓰는 낡은 표현이다. 모두 피했다.

2. 고속도로 옆 탱크로리가 시뻘건 불길에 휩싸였습니다.

- '세워진'은 동사 '서다'의 사동사인 '세우다'에 피동의 뜻을 더하는 '~지다'를 합친 말이다. 바람직하지 않은 피동 표현이자 어색하다. 운전자가 세워둔 탱크로리인데, 주체인 운전자를 내세워 쓰지 않을 바에야 차라리 '세워진'을 생략해 버리자.
- 탱크로리가 움직이던 도중에 불이 났다면 '고속도로를 달리던'으로 꾸밀 필요가 있겠다.

6-12. 한몫하다

예문 | 과거에 모범택시에만 있었던 호출 시스템이나 신용카드 결제 등이 일반 택시에도 보편화되면서 차별성이 사라진 것도 손님이 주는 데 **한몫했습니다.**

바로 쓰기 | 과거에 모범택시에만 있었던 호출 시스템이나 신용카드 결제 등이 일

반 택시에도 보편화되면서 차별성이 사라진 것도 손님이 주는 **한** 이유입니다.

예문
2 | 또 집권 여당이 한국의 부가가치세와 비슷한 6%의 재화용역세를 도입하고 석유 보조금 등을 폐지해 서민의 생활비 부담이 커진 것도 인기 **하락에 한몫했습니다.**

바로
쓰기 | 또 집권 여당이 한국의 부가가치세와 비슷한 6%의 재화용역세를 도입하고 석유 보조금 등을 폐지해 서민의 생활비 부담이 커진 것도 인기 **하락의 한 원인입니다.**

예문
3 | 소방공무원들이 같은 지역에 두 달 간격으로 해외 연수를 다녀온 것은 **허술한 사전 심사도 한몫했습니다.**

바로
쓰기 | 소방공무원들이 같은 지역에 두 달 간격으로 해외 연수를 다녀온 것은 **허술한 사전 심사 탓이기도 합니다.**

'한몫하다'는 '한 사람으로서 맡은 역할을 충분히 하다'는 뜻을 가진 동사다. 긍정의 의미를 지녔다. 부정의 문맥에 쓰면 어울리지 않는다.

더 좋은 글 쓰기 ✓

1. 모범택시 손님이 주는 한 이유는 일반택시와 차이가 사라졌기 때문입니다. 모범택시에만 있던 호출 시스템이나 신용카드 결제 등을 일반택시에서도 쉽게 쓸 수 있게 됐습니다.

- '있었던'은 지나친 완료 표현이다. 예전에 있다가 지금은 사라진 현상이 아니다. '있던'으로 바꾸었다.

- '차별성이 사라진 것'을 앞에서 꾸며 주는 말이 너무 길어 무겁다. 제대로 이해하기도 어렵다.

2. 또 서민 생활비 부담이 커진 것도 집권 여당 인기 하락의 한 원인입니다. 여당이 한국의 부가가치세와 비슷한 세율 6%의 재화용역세를 도입하고 석유 보조금 등을 폐지한 때문입니다.

- 문장의 머리가 너무 무겁다. 문장을 나눠 여당의 인기 하락 원인을 먼저 명확히 밝힌 뒤 설명을 이어가 보자.

3. 소방공무원들이 같은 지역에 두 달 간격으로 해외 연수를 다녀온 배경에는 허술한 사전 심사도 있습니다.

- '허술한 사전 심사'와 다른 몇몇 원인이 부실한 해외 연수를 불렀다는 내용이다. '것은'을 써서 서술하기에 좀 어설프다.

글은 친절해야 읽기에 좋다. 우리글인데도 어렵고 불편한 글이 적지 않다. 다음 글을 읽어 보자.

피고인들은, 이 사건 사이버 활동은 대한민국 자유민주주의 체제와 안전보장을 위하여 불가피하게 수행한 방어심리전이므로 정당하다는 취지의 주장을 일관되게 하고 있다. 경계가 없는 사이버 공간에서는 이미 북한 및 북한의 맹목적 추종 세력에 의하여 치밀한 전략에 따른 심리전이 실제 행해지고 있다는 분석은 충분히 이해되고 국정원으로서는 이에 대응하여 적절한 조치를 할 필요성은 있으나, 이 사건의 경우 그러한 필요성을 감안하고 보더라도, 앞서 상세히 살펴본 바와 같은 여러 사정들에 비추어 이 사건 사이버 활동은 본연의 심리전 활동의 범주를 벗어나 공직선거법 등을 위반한 것이고, 자유민주주의를 지키려고 한 활동이었다고는 하나 정작 자유민주주의의 핵심 가치를 훼손한 것임이 명백하다. 피고인들은 재판 과정에서 줄곧 이 사건 사이버 활동에 대한 자신들의 주관적 또는 자의적인 평가만을 거듭 강조하고 있을 뿐 객관적 성찰의 입장을 보여 주고 있지 않은 것으로 보인다. 심리전에 대응한 적절한 조치를 강구함에 있어서는 마땅히 헌법 및 법률이 허용하는 범위 내에서 할 수 있는 조치의 내용과 방법이 무엇인지를 따져 보아야 한다. 대한민국 국민 그 누구도 법의 구속에서 자유로울 수 없고, 어떠한 국가기관도 법치의 영역으로부터 자유로울 수 없으며, 내세운 명분의 정당함이 그에 따른 모든 행위를 정당화하는 것은 아니기 때문이다. 사이버 공간에서의 안보환경이 급변하여 이에 대응할 절박한 필요가 있다고 하더라도, 하고자 하는 활동이 현재의 법체계에서 허용될 수 없다면 국민의 지지를 얻어 새로운 활동 근거에 대한 국회의 동의를 확보하는 것이 선행되어야 한다. 예외가 있을 수 없다.[1]

법원 판결문 일부이다. 어떤가? 앞에서 지적한 만연체인 데다가 찬찬히 해독을 해야 할 만큼 난해하고 불편하다. 검찰 공소장이나 법원 판결문 같은 법조계의 글은 하나같이 이렇게 불친절하다. 정도는 훨씬 덜하지만 방송기사에서도 이런 잘못이 종종 나타난다. 시청자를 우롱하는 현학이자 우리글을 갉아먹는 독이다.

되도록 쉽게, 딱딱하지 않고 편하고 예쁜 문장을 쓰자. 자연스럽지 않은 표현을 피한다. 술술 읽히는 글이 좋은 글이다.

---

1 서울고등법원 2015.02.09. 선고 2014노2820 판결 [공직선거법위반 · 국가정보원법위반] 종합법률정보 판례.

1. 쉽게 써라

방송기사는 중학교 2학년생의 눈높이에 맞춰 쓰라는 말이 있다. 심지어 초등학교 5학년생 수준에 맞추라고까지 한다. 그 정도로 쉽게 써야 한다는 말이다. 나이와 직업, 학력을 떠나 누가 보고 들어도 제대로 이해할 수준이어야 한다. 주제에 따라서는 전문용어와 표현이 불가피한 기사가 있다. 특히 경제나 과학, 의학 분야 기사가 그렇다. 그렇더라도 전문용어는 형편껏 삼가자. 방송기사가 아닌 글도 이왕이면 쉬운 말로 풀어 쓰자. 쉽게 써도 되는데 어려운 말을 골라 쓴 글은 글의 깊이를 더하기는커녕 학식을 뽐내는 유치함만 풍기기 쉽다.

1-1. 경제 용어

예문 1 | 금통위는 통화정책방향 결정문에서 **수출 감소세가 지속되고 내수 개선 움직임이 약화되면서 경제주체들의 심리가 위축돼** 앞으로 **경기위축 위험**이 더 커졌다고 진단했습니다.

바로 쓰기 | 금통위는 통화정책방향 결정문에서 **수출이 계속 줄고 국내 수요도 나아질 기미가 없어서 경제주체들이 위축돼** 앞으로 **경기가 나빠질 위험**이 더 커졌다고 진단했습니다.

예문 2 | 채권단은 최대 주주인 한진해운 조양호 **회장의 사재 출연을** 요구하고 있지만 한진그룹 측이 난색을 표하여 유동성 문제 해결마저 쉽지 않은

상황입니다.

바로 | 채권단은 최대 주주인 한진해운 조양호 **회장이 개인 재산을 내놓기를** 요
쓰기 | 구하고 있지만 한진그룹 측이 난색을 표하여 자금 문제 해결마저 쉽지
않은 상황입니다.

예문 | 부도업체 수가 줄어든 것은 전자결제 등으로 어음 교환 규모가 줄어들
3 | 고, 저금리로 **시중 유동성이** 늘어났기 때문으로 분석됩니다.

바로 | 부도업체 수가 줄어든 것은 전자결제 등으로 어음 교환 규모가 줄어들
쓰기 | 고, 저금리로 **시중 자금이** 늘어났기 때문으로 분석됩니다.

예문 | 당시 **단기차입금 조로** 계열사로부터 끌어온 돈이 천억 원가량인데, 담
4 | 보도 없이 **낮은 이율에** 빌려다 쓴 겁니다.

바로 | 당시 **1년 안에 갚기로** 하고 계열사로부터 끌어온 돈이 천억 원가량인데,
쓰기 | 담보도 없이 **낮은 금리로** 빌려다 쓴 겁니다.

예문 | 코오롱이 개발한 특수섬유 '아라미드' 관련 미국 화학기업 듀폰과의 특
5 | 허소송 관련 비용 처리, 코오롱의 계열사 지분 재매각 과정에서 발생한
처분 손실의 손금산입 등도 조사 대상이었습니다.

바로 | 코오롱이 개발한 특수섬유 '아라미드' 관련 미국 화학기업 듀폰과의 특
쓰기 | 허소송 관련 비용 처리, 코오롱의 계열사 지분 재매각 과정에서 발생한
손실을 손해로 셈한 내용 등도 조사 대상이었습니다.

예문 1은 한 문장 안에 '수출 감소세', '내수 개선', '심리 위축', '경기위
축' 따위 경제 용어를 줄줄이 썼다. 신문 경제면이나 경제전문지라면 어
려운 전문용어를 써도 무방하다. 찬찬히 곱씹고 되짚을 여유가 있으니

까. 방송뉴스에서는 곤란하다.

예문 2를 보자. '사재 출연'은 개인 재산을 내어놓는 일이다. 어려운 말이기도 하지만 뜻도 부적절하다. '출연'(出捐)의 의미를 따지면 선의로 선선히 도우려고 내놓는다는 뜻이 강하다. 재벌 총수들이 등 떠밀려 내놓는 돈은 사재 출연이 아니다.

예문 3에 등장하는 '유동성'이란 낱말도 따져 보자. 본디 '기업의 자산이나 채권을 손실 없이 현금화할 수 있는 정도나 능력'을 말하는 경제학 용어이다. '현금 동원력'쯤 되는데, 요즘에는 그냥 자금을 칭할 때 마구 쓴다. 뿌리를 따지면 잘못이고, 공연히 어려운 말이다.

예문 4의 '단기차입금'은 '결산일 또는 그다음 날부터 시작하여 지급 기한을 1년 이내로 정하고 꾸어 쓴 돈'이다. 어렵다. 풀어 쓰자. '이율'은 '이자율'이나 '금리'로 써야 편하다.

예문 5는 해박한 전문 지식을 가진 사람이 아니고서는 도무지 이해하기 어렵다. 방송기사는 들으면서 바로 뜻을 알 수 있어야 한다. '처분 손실'은 무엇을 팔 때 발생한 손실이다. 앞의 '재매각'도 다시 팔아 버린다는 뜻이다. 중복이니 '처분'은 없어도 된다. '손금'은 '손해가 난 돈', '산입'은 '셈하여 넣음'이다.

더 좋은 글 쓰기 ✓

1. 금통위는 통화정책방향 결정문에서 앞으로 경기가 더 나빠질 위험이 크다고 진단했습니다. 수출이 계속 줄고 국내 수요도 나아질 기미가 없어서 경제주체들이 위축되리라고 본 탓입니다.

- 길고 복잡하면 한눈에 맥이 잡히지 않는다. 자르자.

2. 채권단은 최대 주주인 한진해운 조양호 회장이 개인 재산을 내놓길 바랍니다. 한진그룹이 이를 꺼려해 자금 문제 해결도 쉽지 않습니다.

- 문장을 나누고 조금 더 다듬었다.
- '요구하고 있다'는 '바라다'로 고쳤다. '난색을 표하다'는 '꺼려하다'로 쉽게 쓰면 넉넉하다.
- '상황입니다', '처지입니다' 따위도 쓸모없다. 거추장스럽기만 하다.

3. 부도업체 수가 준 까닭은 전자결제 등으로 어음 교환 규모가 줄고, 금리가 낮은 덕에 시중 자금이 늘어서입니다.

- '줄어들다', '늘어나다'는 '줄다', '늘다'로 써도 된다.
- '것'을 피했다.
- '~으로(로) 분석됩니다'는 무책임한 표현이다. 분석한 이가 있으면 밝히고, 자신의 분석이면 그냥 단정하자.

4. 당시 1년 안에 갚기로 하고 계열사에서 끌어온 돈이 천억 원가량입니다. 담보도 없이 낮은 금리로 빌려다 썼습니다.

- 나눴다.
- '~로부터(으로부터)'는 격조사 '로'와 보조사 '부터'를 합친 말이다. 틀리진 않지만 피하자.

5. 코오롱이 미국 기업 듀폰과 벌인 고강도 특수섬유 관련 특허소송 비용 처리가 국세청의 조사 대상이었습니다. 국세청은 코오롱이 계열사 지분을 다시 팔면서 난 손실을 손해로 셈한 내용도 조사했습니다.

- 앞뒤 문맥을 살펴 조사의 주체인 '국세청'을 살리고 문장을 나눴다.
- '아라미드'는 꼭 필요하지 않은 정보이다. 공연히 문장을 길고 복잡하게 한다. 없애도 아무 상관없다.
- '계열사 지분 재매각 과정에서'보다 '계열사 지분을 다시 팔면서'가 훨씬 쉽다.

1-2. 주식 용어

예문 1 | 코스피가 닷새 만에 **반등에 성공**하며 2,030선에 **안착했습니다.**

바로 쓰기 | 코스피가 닷새 만에 **다시 오르**며 2,030선에 **올라섰습니다.**

예문 2 | 오늘 코스피가 가파르게 올랐습니다. **장중 한때 2,000포인트를 찍었다**가 1,987.99포인트로 장을 마쳤습니다.

바로 쓰기 | 오늘 코스피가 가파르게 올랐습니다. **한때 2,000포인트까지 올랐다**가 1,987.99포인트로 장을 마쳤습니다.

예문 3 | 한화갤러리아타임월드 주가는 서울 시내 대형 면세점 사업자 발표 당일인 10일부터 14일까지 3거래일 연속 상한가를 기록하며 6만 원이던 주가가 13만 천 원으로 배 이상 **폭등했고,** 그룹 지주회사 격인 한화의 주가도 이 기간에 9.8% 올랐습니다.

바로 쓰기 | 한화갤러리아타임월드 주가는 서울 시내 대형 면세점 사업자 발표 당

일인 10일부터 14일까지 3거래일 연속 상한가를 기록하며 6만 원이던 주가가 13만 천 원으로 배 이상 **많이 올랐고**, 그룹 지주회사 격인 한화의 주가도 이 기간 9.8% 올랐습니다.

^{예문}₄ | 오늘 코스피는 **장중 한때** 1,850선까지 떨어졌다가 **기관 투자자들의 매수세에 힘입어** 일부 **낙폭**을 회복했습니다.

^{바로}_{쓰기} | 오늘 코스피는 **한때** 1,850선까지 떨어졌다가 **기관 투자자들이 주식을 많이 사들여** 일부 회복했습니다.

경제 용어 가운데 주식 관련 표현만 따로 살폈다. 주식 시세를 전할 때 틀에 박히다시피 한 용어와 표현들이다. '반등했다', '폭등했다'는 '오름세로 돌아섰다', '많이 올랐다' 등으로 풀어 쓰자. '장중 한때'라는 표현도 자주 쓰는데 그냥 '한때' 또는 '장중'으로 쓰면 된다. '낙폭을 회복하다'는 표현은 '회복하다'로만 써도 충분하다.

더 좋은 글 쓰기 ✔

3. 한화갤러리아타임월드 주가는 서울 시내 대형 면세점 사업자 발표 날인 10일부터 3거래일 연속 상한가를 기록했습니다. 6만 원이던 주가가 13만 천 원으로 배 이상 많이 올랐습니다. 그룹 지주회사 격인 한화의 주가도 이 기간 9.8% 올랐습니다.

• 문장을 잘라야 말끔하다.

1-3. 과학 용어

예문 | 국내에서 재배되는 벼 품종 껍질에서 추출한 감마오리자놀이 **면역 활성**에 도움을 준다는 연구 결과가 나왔습니다.

농촌진흥청은 감마오리자놀을 유방암세포와 대식세포에 적용한 결과 **암세포의 전이와 증식 억제 그리고 면역 활성** 효과가 있는 것을 확인했다고 밝혔습니다.

바로 쓰기 | 국내에서 재배되는 벼 품종 껍질에서 추출한 감마오리자놀이 면역을 **강하게 하는 데** 도움을 준다는 연구 결과가 나왔습니다.

농촌진흥청은 감마오리자놀을 유방암세포와 **백혈구의 하나인** 대식세포에 적용한 결과 **암세포가 옮아가거나 느는 것을 막고 면역을 강하게 하**는 효과가 있는 것을 확인했다고 밝혔습니다.

경제 기사 못지않게 과학 분야 기사에서도 어려운 용어가 넘친다. 전문 영역이기에 어쩔 수 없는 면이 있다고 해도 되도록 쉽게 쓰려고 애써 보자. 꼼꼼히 읽어도 이해하기 어려운 정도라면 휙 듣고 지나는 방송기사로 적절하지 않다. 일상의 웬만한 글로도 좋지 않다. 어려운 용어는 쉬운 말로 풀고 원리를 친절히 설명해 보자.

더 좋은 글 쓰기 ✓

국내에서 기르는 벼 품종 껍질에서 뽑아낸 감마오리자놀이란 성분이 면역을 강하게 하는 데 도움을 준다는 연구 결과가 나왔습니다.

농촌진흥청은 감마오리자놀을 유방암세포와 대식세포에 적용한 실험에서 이런 효과를 확인했다고 밝혔습니다. 이 실험에서 감마오리자놀은 암세포가 옮아가거나 느는 것을 막고 면역을 강하게 했다고 덧붙였습니다. 대식세포는 몸속 병원균이나 망가진 세포를 잡아먹는 백혈구의 한 종류입니다.

- 짧지만 이해하기 어려운 글보다는 조금 길더라도 친절한 글이 낫다.
- '재배되는'은 더 쉽고 능동 형태인 '기르는'으로 고쳤다. '추출한'도 '뽑아낸'으로 바꿨다.

2. 주어를 가볍게 써라

글이 편하려면 문장 성분의 순서와 위치도 무척 중요하다. 먼저 주어를 살펴보자. 주어는 그 문장의 맨 앞에 와야 자연스럽다. 다른 성분을 앞으로 빼 서술하고 주어를 뒤에 오게 하면 어색하다. 주어 앞에 그 주어를 꾸미는 표현이 긴 문장은 마치 가분수처럼 무겁다.

예문 | **이번 거부권 행사는** 국회법 개정안이 헌법상 권력 분립의 원칙에 어긋
1 　　 난다는 판단에 **따른 것이라고 정부는** 밝혔습니다.

바로 | **정부는** 국회법 개정안이 헌법상 권력 분립의 원칙에 어긋난다는 판단에
쓰기 **따라 거부권을 행사한 것이라고** 밝혔습니다.

예문 | 19대 총선 직후 9개월 동안 더불어민주당 김경협 의원의 비서관으로 **일**
2 　　 **한 최 모 씨는** 김 의원이 달마다 월급 가운데 70만 원을 떼 갔다고 주장
합니다.

바로 | **최 모 씨는** 19대 총선 직후 9개월 동안 더불어민주당 김경협 의원의 비
쓰기 서관으로 **일했습니다. 최 씨는** 김 의원이 달마다 월급 가운데 70만 원을
떼 갔다고 주장합니다.

예문 | 다음 달 초 스페인, 체코와의 유럽 원정 2연전을 **치를 축구 대표팀의 슈**
3 　　 **틸리케 감독이,** 이청용과 이정협, 김진수를 전격 제외하고, 윤빛가람을
깜짝 기용하는 등 새 국가대표 명단을 발표했습니다.

바로 | **축구 대표팀이** 다음 달 초 스페인, 체코와의 유럽 원정 2연전을 **치릅니**
쓰기

다. **슈틸리케 감독**은 이청용과 이정협, 김진수를 전격 제외하고, 윤빛가람을 깜짝 기용하는 등 새 국가대표 명단을 발표했습니다.

예문 4 | 발 디딜 곳 없는 처지를 보여 주는 듯 허공에 매달린 여행 **가방이 극이 펼쳐지는 주 무댑니다.**

바로 쓰기 | **극이 펼쳐지는 주 무대는** 발 디딜 곳 없는 처지를 보여주는 듯 허공에 매달린 여행 **가방입니다.**

예문 5 | 1937년, 옛 소련의 강제 이주 정책으로 9살에 낯선 땅 우즈베키스탄에 **정착한 문광준 할아버지 가족입니다.** 벌써 80년 가까이 흘러 증손자까지 태어났지만 할아버지는 여전히 모국어를 기억합니다.

바로 쓰기 | **문광준 할아버지는** 1937년, 옛 소련의 강제 이주 정책으로 9살에 낯선 땅 우즈베키스탄에 **정착했습니다.** 벌써 80년 가까이 흘러 증손자까지 태어났지만 할아버지는 여전히 모국어를 기억합니다.

예문 1에서 전체 문장의 주어는 '정부'이다. 앞으로 빼자.

예문 2에서는 주어인 '최 모 씨'를 앞에서 꾸미는 말이 너무 길다. 되도록 간단히 쓰자. 주어를 뒤에서 서술하자. 문장을 나누면 쉽다. 마찬가지로 예문 3도 문장을 나누고 주어를 바꿔 무게를 줄이자.

예문 4는 문장을 나누지 말고 주어와 술어를 바꾸자. 뜻은 그대로, 주어는 가벼워진다.

마지막으로 예문 5를 보자. 가족 전체를 먼저 보여 주는 화면 구성에 따라 가족 묘사로 첫 문장을 시작했다. 주인공인 '문광준 할아버지'를 주어 삼아 문장 앞으로 보내면 한결 가벼워지고 흐름도 더 자연스럽다.

1. 정부는 국회법 개정안이 헌법상 권력 분립의 원칙에 어긋난다는 판단에 따라 거부권을 행사했다고 밝혔습니다.

   - '것'을 없앴다.

2. 최 모 씨는 19대 총선 직후 아홉 달 동안 더불어민주당 김경협 의원의 비서관으로 일했습니다. 최 씨는 김 의원이 달마다 월급에서 70만 원씩을 떼 갔다고 주장합니다.

   - 9개월보다 '아홉 달'이 입말에 더 맞다.
   - '~마다'와 호응하는 '씩'을 함께 쓰면 표현이 더 부드럽다.

3. 축구 대표팀이 다음 달 초 스페인, 체코와 유럽 원정 2연전을 치릅니다. 슈틸리케 감독은 새 국가대표 명단을 발표했습니다. 이청용과 이정협, 김진수를 제외하고 윤빛가람을 기용했습니다.

   - '~와(과)의'는 '~와(과)'로 고쳐 써야 맞다. 번역 투의 못된 버릇이다.
   - '전격', '깜짝' 따위는 글쓴이의 감정이나 견해를 더한 표현이다. 사실을 있는 그대로 전하는 기사 문장에는 어울리지 않는다. 시청자에게 기자의 판단을 강요하는 꼴이다. 예문 같은 스포츠 분야 기사에서도 되도록 자제해야 옳다.

3. 주어와 술어 사이를 좁혀라

주어와 술어는 가까울수록 좋다. 둘 사이에 다른 말이 길면 혼란스럽다. 앞서 살펴본 대로 주어는 문장의 맨 앞에 와야 자연스럽다. 하지만 술어와 너무 멀어질 때엔 주어의 자리를 뒤로 옮겨도 나쁘지 않다. 문장을 나눠도 좋다.

예문 1 | 1810년, **다산 정약용이** 강진 유배 **시절** 부인이 보내 준 비단치마를 잘라 두 아들에게 교훈이 될 만한 글을 **적은** '하피첩'입니다.

바로 쓰기 | **다산 정약용이** 1810년 강진 유배 **시절에** 남긴 '하피첩'입니다. 부인이 보내 준 비단치마를 잘라 두 아들에게 교훈이 될 만한 글을 **적었습니다.**

예문 2 | **시진핑 국가주석은** 개막식 축사에서 한반도 핵 문제 등 주요 이슈에 대한 미중간 긴밀한 소통과 협조를, 케리 **국무장관은** 지속적인 대북 압박과 미중간 제재 이행의 공동보조를 **강조했습니다.**

바로 쓰기 | **시진핑 국가주석은** 개막식 축사에서 한반도 핵 문제 등 주요 이슈에 대한 미중간 긴밀한 소통과 협조를 **강조했습니다.** 케리 **국무장관은** 지속적인 대북 압박과 미중간 제재 이행의 공동보조를 **역설했습니다.**

예문 3 | **헌재는** 학원 심야교습 제한으로 침해되는 사익보다 사교육비 절감 등의 얻게 되는 공익이 더 크다고 판단했습니다. **헌재는** 또, 시간 제약이 없는 교육방송이나 인터넷 강좌 등에 비해 학원 심야교습 규제 조례가 불공평하다는 주장에 대해서도, 차별이 **아니라고** 봤습니다.

바로
쓰기 | 헌재는 학원 심야교습 제한으로 침해되는 사익보다 사교육비 절감 등의 얻게 되는 공익이 더 크다고 판단했습니다. 또, 시간 제약이 없는 교육방송이나 인터넷 강좌 등에 비해 학원 심야교습 규제 조례가 불공평하다는 주장에 대해서도, **헌재는** 차별이 **아니라고 봤습니다.**

예문
4 | 박근혜 대통령은 오늘 61회 현충일 추념식에 참석해 북한 핵은 우리의 안보는 물론 동북아와 세계 평화를 위협하고 민족의 화합과 통일을 가로막는 가장 큰 걸림돌이라고 비판했습니다.

이어 **정부는** 북한이 비핵화의 길을 선택하고 대화의 장으로 나올 때까지, 국제사회와 긴밀하게 협력하면서 강력한 제재와 압박을 지속해 나갈 것이라고 **밝혔습니다.**

바로
쓰기 | 박근혜 대통령은 오늘 61회 현충일 추념식에 참석해 북한 핵은 우리의 안보는 물론 동북아와 세계 평화를 위협하고 민족의 화합과 통일을 가로막는 가장 큰 걸림돌이라고 비판했습니다.

이어 북한이 비핵화의 길을 선택하고 대화의 장으로 나올 때까지, **정부는** 국제사회와 긴밀하게 협력하면서 강력한 제재와 압박을 지속해 나갈 것이라고 **밝혔습니다.**

예문 1에서는 주어 '정약용'과 술어 '글을 적은' 사이가 너무 멀다. 바꿔 보자.

예문 2는 시진핑 주석과 케리 장관, 둘의 발언을 소개하면서 공동의 서술어 '강조했습니다'를 썼다. 길이를 줄이려는 의도인데 억지스런 문장이 됐다. 주어 '시진핑 중국 국가주석'과 술어 '강조했습니다' 사이가 너무 멀어 숨이 가쁘다. 몇 자 더 쓰더라도 문장을 나누고 술어를 가까이 붙여야 낫다.

예문 3은 헌법재판소의 결정 내용을 전하는 기사의 일부다. 주체가 '헌재'인 사실이 기사 전체에 드러나 있다. 뒤 문장에서까지 주어 '헌재'를 앞세울 필요 없이 술어 가까이로 옮기면 한결 가지런하다.

예문 4에서 두 번째 문장 전체의 술어는 '밝혔습니다'이다. 주어는 첫 문장의 주어인 '박근혜 대통령'과 같은데 생략했다. 그 문장 안에는 다른 주어 '정부'가 있다. '정부'의 술어는 '협력하면서'와 '지속해 나갈 것'이다. 이 주어와 술어 사이가 지나치게 멀다.

더 좋은 글 쓰기 ✔

2. 시진핑 국가주석은 개막식 축사에서 한반도 핵 문제 등 주요 쟁점에 대한 미중간 긴밀한 소통과 협조를 강조했습니다. 케리 국무장관은 대북 압박 지속과 제재 이행에 미중간 공동보조를 역설했습니다.

   - '이슈'는 '쟁점', '논점', '논쟁거리'로 순화해야 한다.
   - 둘째 문장은 영 구조와 의미가 어색하다.
   - '~적인'도 없앴다.

3. 헌재는 학원 심야교습 제한으로 침해 받는 사익보다 사교육비 절감 등의 얻는 공익이 더 크다고 판단했습니다. 시간 제약이 없는 교육방송이나 인터넷 강좌 등보다 학원 심야교습 규제 조례가 불공평하다는 주장에 대해서

도 차별이 아니라고 봤습니다.

- 주어 '헌재'가 계속 이어진다. 둘째 문장에서는 주어를 아예 생략해도 좋다.
- '침해되는', '얻게 되는'은 '침해 받는', '얻는'으로 고쳐 봤다.
- '~에 비해'는 '~보다'로 쓰면 간단하고 편하다.

4. 박근혜 대통령이 오늘 61회 현충일 추념식에 참석해 북한 핵을 비판했습니다. 북한 핵은 우리의 안보는 물론 동북아와 세계 평화를 위협하고 민족의 화합과 통일을 가로막는 가장 큰 걸림돌이라고 말했습니다.
박 대통령은 또, 북한이 비핵화의 길을 선택하고 대화의 장으로 나올 때까지, 정부는 국제사회와 긴밀하게 협력하면서 강력한 제재와 압박을 지속해 나가겠다고 밝혔습니다.

- 첫 문장은 나눠 간결하게 다듬었다.
- 전체 문맥의 주어 '박 대통령'을 둘째 문장에서는 생략하고 셋째 문장에서는 다시 살렸다. 계속 숨어 있으면 불편하다.

4. 수식어와 피수식어의 거리를 좁혀라

방송기사는 '듣는' 글이다. 꾸미는 말과 꾸밈을 받는 말을 멀리 떨어뜨려 놓으면 뜻을 제대로 전하기 어렵다. 방송기사가 아닌 다른 글도 마찬가지다. 수식어와 피수식어는 되도록 가까이에 놓자.

예문 1 | **지난해** 온라인 광고시장 규모는 3조 원으로 5년 전에 비해서 2배로 커졌고 해마다 급성장하고 있습니다.

바로 쓰기 | 온라인 광고시장 규모는 **지난해** 3조 원으로 5년 전에 비해서 2배로 커졌고 해마다 급성장하고 있습니다.

예문 2 | 중소기업중앙회가 **내일부터** 중소기업 공제기금 대출금리를 최고 0.5%p 인하합니다.

바로 쓰기 | 중소기업중앙회가 중소기업 공제기금 대출금리를 **내일부터** 최고 0.5%p 인하합니다.

예문 3 | 국회는 **지난 1994년 6월** 임기 개시 이후 7일 이내에 국회의장단과 상임위원장단을 선출하도록 국회법을 개정했지만, 지금까지 한 차례도 이를 지킨 적이 없습니다.

바로 쓰기 | 국회는 임기 개시 이후 7일 이내에 국회의장단과 상임위원장단을 선출하도록 **지난 1994년 6월에** 국회법을 개정했지만, 지금까지 한 차례도 이를 지킨 적이 없습니다.

예문 | 치료를 받고 재활이 가능한 동물들은 계류장으로 옮겨집니다. **햇빛과**
4 | **비가 그대로 들이치는 공간으로**, 지금은 한쪽 다리를 잃은 말똥가리와
황조롱이가 야생에 적응 중입니다.
바로 | 치료를 받고 재활이 가능한 동물들은 **햇빛과 비가 그대로 들이치는** 계류
쓰기 | 장으로 옮겨집니다. 지금은 한쪽 다리를 잃은 말똥가리와 황조롱이가
계류장에서 야생에 적응 중입니다.

예문 1은 '지난해'의 위치가 잘못돼 말하려는 내용이 혼란스럽다. '해마
다 급성장'의 주체는 '지난해 온라인 광고시장 규모'가 아니라 '최근 몇
년간의 시장 규모'이다. '지난해'가 '온라인 광고시장 규모' 말고 '3조 원'
을 꾸미도록 바로 그 앞으로 옮기자.

예문 2은 '내일부터'의 위치에 따라 느낌이 확 다르다. '내일부터'를
뒤로 옮기면 훨씬 선명하다.

예문 3를 보자. 국회법 개정 시점을 너무 앞에 뒀다. '1994년 6월'을
듣고 한참을 더 지나서야 그때 뭘 했다는 이야기인지 알 수 있다. 지금
까지 지킨 적이 없다는 내용을 친절히 설명하기 위해서라도 위치를 바
꿔야 한다.

예문 4는 '계류장'이 어떤 공간인지를 앞이 아닌 뒤에서, 문장을 바꿔
설명했다. 수식어는 피수식어 앞쪽에 가까이 두는 편이 낫다.

1. 온라인 광고시장 규모는 지난해 3조 원입니다. 5년 전보다 2배로 커졌습니다. 해마다 급성장합니다.

   • 짧은 문장이 주는 맛을 느껴보자.

2. 중소기업중앙회가 중소기업 공제기금 대출금리를 내일부터 최고 0.5%p 내립니다.

   • '인하'는 '내림', '낮춤'으로 쓰자. '인상'은 '올림', '높임'.

3. 국회는 임기 시작 뒤 7일 안에 국회의장단과 상임위원장단을 뽑도록 1994년 6월에 국회법을 개정했습니다. 그 뒤 지금까지 한 차례도 지키지 않았습니다.

   • '임기 개시 이후 7일 이내에'와 '임기 시작 뒤 7일 안에', 둘 중 무엇이 쉽고 부드러운가?
   • '선출'은 '뽑음'으로 순화하자.
   • 1994년 6월이 과거임을 모두가 다 안다. '지난'은 필요 없다.
   • 개정한 국회법을 가리키는 지시대명사 '이'도 필요 없다. 없어도 뻔하다.

4. 치료를 받고 재활이 가능한 동물들은 계류장으로 옮깁니다. 계류장은 햇빛과 비가 그대로 들이치는 공간입니다. 지금은 한쪽 다리를 잃은 말똥가리와 황조롱이가 야생에 적응 중입니다.

- 문장을 나누면 더 편해진다.
- 첫 문장의 주어는 '동물들', 피동형 표현이다. 능동형 표현으로 고치자. 주어는 '야생동물구조센터 직원들'이지만 생략했다. 해당 장면을 설명한 문장이니 주어를 생략한 채 능동형 표현으로 써도 어색하지 않다.

5. 숫자는 어림수로

특히 경제 분야 기사에는 수치가 많다. 사업계획서나 학술논문 같은 글에서는 숫자를 마지막 단위까지 정확히 적어야 마땅할 테지만 '듣는 글'인 방송기사는 다르다. 정확한 정보도 중요하지만 복잡함은 독이다. 물론 주가지수나 환율, 금리 같은 금융 지표는 정확히 끝까지 써야 한다. 경제성장률, 임금상승률, 인구증가율처럼 통계의 의미가 큰 숫자도 세세히 써야 좋다. 그럴 때가 아니면 큰 의미 없는 숫자를 과감히 생략하자. 숫자는 사실을 왜곡하지 않으면서 의미를 전하기만 하면 충분하다. 적당한 자리에서 반올림하자.

예문 | 부동산 경매업체 지지옥션은 정부의 규제 완화 방안이 나온 **이후인 7일**
1 **부터 19일까지** 개발제한구역 내 토지 경매 낙찰가율, 즉 감정가 대비 낙찰가의 비율이 **79.4%**를 기록했다고 밝혔습니다. 이는 올해 들어 지난달까지 **평균인 55.8%**에 비해 23%p 이상 오른 것입니다.

바로 | 부동산 경매업체 지지옥션은 정부의 규제 완화 방안이 나온 **뒤 어제까**
쓰기 **지** 개발제한구역 내 토지 경매 낙찰가율, 즉 감정가 대비 낙찰가의 비율이 **79%**를 기록했다고 밝혔습니다. 이는 올해 들어 지난달까지 **평균보다** 23%p 이상 오른 것입니다.

예문 | 국내 담배 판매량은 1999년 895억 개비에서 지난해 557억 개비로 줄곧
2 감소한 반면, 해외 판매량은 1999년 26억 개비에서 **2014년** 434억 개비

로 크게 증가했습니다.

바로 | 국내 담배 판매량은 1999년 895억 개비에서 지난해 557억 개비로 줄곧
쓰기 | 감소한 반면, 해외 판매량은 26억 개비에서 434억 개비로 크게 증가했
습니다.

예문 | 식품의약품안전처는 지난해 국내 의약품 생산액이 16조 4,194억 원으
3 | 로 전년도보다 0.26% 상승에 그쳤지만 수출액은 2조 6,300억 원으로
전년보다 13.5% 증가했다고 밝혔습니다.

바로 | 식품의약품안전처는 지난해 국내 의약품 생산액이 16조 4천억 원으로
쓰기 | 전년도보다 0.26% 상승에 그쳤지만 수출액은 2조 6천억 원으로 전년보
다 13.5% 증가했다고 밝혔습니다.

반올림하자! 작은 단위는 없애자! 없어도 무방한 숫자는 아예 빼버리
자. 보고서나 논문이 아닌 방송기사임을 잊지 말자.

더 좋은 글 쓰기 V

1. 부동산 경매업체 지지옥션은 정부의 규제 완화 방안이 나온 뒤 어제까지
개발제한구역 내의 토지 경매 낙찰가율이 79%라고 밝혔습니다. 올해 들어
지난달까지 평균보다 23%p 이상 오른 수치입니다. 낙찰가율은 감정가와
낙찰가의 비율입니다.

• 전문용어인 '낙찰가율'을 풀어 쓴 친절함 때문에 문장이 길어 숨차다. 나눠 나중에
설명해도 좋다.

2. 담배 국내 판매량은 1999년 895억 개비에서 지난해 557억 개비로 줄곧 줄
   었습니다. 해외 판매량은 26억 개비에서 434억 개비로 많이 늘었습니다.

   • 국내와 해외에서 팔린 담배의 양을 비교 서술했다. '해외 판매량'에서는 '담배'를
     생략했는데 이러려면 앞선 '국내 담배 판매량'을 '담배 국내 판매량'으로 고쳐 써
     야 더 자연스럽다. 다시 읽으면서 따져 보자.
   • 문장은 나누고 접속어 구실을 한 '반면'은 없앴다.

3. 식품의약품안전처는 지난해 국내 의약품 생산액이 16조 4천억 원으로 그
   앞 해보다 0.26% 느는 데 그쳤다고 밝혔습니다. 수출액은 2조 6천억 원으
   로 13.5% 늘었다고 설명했습니다.

   • 생산액은 오르내림보다는 늘거나 줆으로 표현해야 맞다.
   • '연도'는 '사무나 회계 결산 따위 처리를 위해 구분한 1년 동안의 기간'이다. 여기서
     는 '전년'이면 충분하다. 구태여 '전년도'라고 쓰려면 '지난해'도 '연도' 개념으로 '지
     난 연도'로 써야 합당하다. 수출액을 얘기할 때도 '전년도'로 써서 통일해야 맞다.
         더 나아가 본디 '전년'은 '지난해'이다. 여기서는 비교 대상인 '지난해'보다 앞선
     해를 말한다. '그 앞 해'로 쓰면 쉽고 편하다. 수출액을 말한 두 번째 문장에서는 '지
     난해'와 '그 앞 해' 모두 생략해도 좋다.

6. 한자말을 가려 쓰자

앞서 번역 투 문장의 잘못을 설명할 때 언급했듯이, 중국에서 온 한자어이든 일본에서 온 한자어이든 굳어진 낱말은 이미 우리말이다. 한자말이라고 해서 몽땅 버리고 우리 토박이말로 새로 짓자는 의견은 옳지 않다. 이미 사어(死語)인 옛말을 불러내자는 주장도 억지다.

하지만 우리에게 익숙하고 더 깔끔한 단어를 두고도 한자말을 마구 써서는 안 된다. 함부로 쓰는 남용도 문제고 틀리게 쓰는 오용도 잘못이다. 내용을 명쾌히 전달하기 위해서도, 우리말을 더 아름답게 지키고 가꾸기 위해서도, 한자말 오남용은 피하자.

6-1. 종지부

예문 1 | 지난 2002년 이란 비밀 핵 시설 폭로로 촉발된 이후 국제사회와 이란 사이에 13년간 이어져 온 신경전이 마침내 **종지부를 찍었습니다.**

바로 쓰기 | 지난 2002년 이란 비밀 핵 시설 폭로로 촉발된 이후 국제사회와 이란 사이에 13년간 이어져 온 신경전이 마침내 **끝났습니다.**

예문 2 | 160바퀴나 되는 길고 긴 경주 끝에 1위로 골인한 부쉬. 연기를 내뿜는 멋진 세리머니로 치열했던 레이스의 **종지부를 찍었습니다.**

바로 쓰기 | 160바퀴나 되는 길고 긴 경주 끝에 1위로 골인한 부쉬. 연기를 내뿜는 멋진 세리머니로 치열했던 레이스의 **마침표를 찍었습니다.**

'종지부'(終止符)는 일본 한자말이다. 마치고 그치는 부호, '마침표'다. '종지부를 찍다'는 '마침표를 찍다'로 쓰거나 그냥 '마치다', '끝내다'로 쓰자.

더 좋은 글 쓰기 ✓

1. 지난 2002년 이란 비밀 핵 시설 폭로로 일어난 국제사회와 이란 사이의 신경전이 마침내 끝났습니다. 13년 만입니다.

   - '촉발되다'는 어렵다. 억지 피동 표현이다.
   - '13년'을 떼어 문장을 나눴다. 오래 끌다가 끝났다는 의미가 잘 산다.

2. 160바퀴나 되는 길고 긴 경주를 1위로 마친 부쉬. 연기를 내뿜는 멋진 세리머니로 치열한 레이스를 끝냈습니다.

   - 카레이싱 기사다. 서술어를 생략해 '꼬리를 자른 문장'은 대부분 바람직하지 않다. 이 예문처럼 감탄 섞어 강조하기 위한 쓰임이면 받아들일 만하다.
   - '레이스'가 오래전 상황은 아니다. '치열했던'보다 '치열한'이 낫다.
   - '레이스'는 '경주, 경영, 경조, 경마, 경륜 따위를 통틀어 이르는 말'이다. 국립국어원은 '달리기'로 순화하라고 권하지만 마땅하지 않다. 여기서는 '경주'로 바꿔 쓸 수 있지만 바꾸지 않고 그냥 뒀다. 앞 문장 '경주'와 겹치기도 하고, '레이스'란 낱말을 통용하는 현실도 헤아렸다.

6-2. 납득

예문 1 | 핸드폰 수리를 마치기도 전에 30~40만 원의 수리비용을 먼저 내라고 한다면 **납득이 가시겠습니까?**

바로 쓰기 | 핸드폰 수리를 마치기도 전에 30~40만 원의 수리비용을 먼저 내라고 한다면 **이해할 수 있겠습니까?**

예문 2 | 최근 위안부 문제가 한일 정상회담의 전제조건이 아니라는 발언도 나왔지만 우리 국민이 **납득할** 수 있는 위안부 문제 해법은 여전히 관계 정상화의 관건입니다.

바로 쓰기 | 최근 위안부 문제가 한일 정상회담의 전제조건이 아니라는 발언도 나왔지만 우리 국민이 **이해할** 수 있는 위안부 문제 해법은 여전히 관계 정상화의 관건입니다.

'납득'(納得)도 일본 한자말이다. '다른 사람의 말이나 행동, 형편 따위를 잘 알아서 긍정하고 이해함'을 뜻한다. '이해'로 순화해 써야 맞다.

더 좋은 글 쓰기 ✓

1. 휴대전화를 다 고치기도 전에 수리비용 30~40만 원부터 내라고 한다면 이해하겠습니까?

- 국립국어원은 '핸드폰', '휴대폰'을 '휴대전화', '손전화'로 순화해 쓰도록 했다. '손전화'는 어색하고 억지스럽다. '휴대전화'가 무난하다.

- 한 문장에 '수리'가 겹쳤다. '수리를 마치다'를 '다 고치다'로 바꿨다.
- '수'를 없앴다.

2. 위안부 문제가 한일 정상회담의 전제조건이 아니라는 말도 최근 나왔습니다. 하지만 우리 국민이 받아들일 만한 위안부 문제 해법은 여전히 관계 정상화의 관건입니다.

- 접속어가 없어야 좋은 문장이지만 필요할 때에는 쓰자.
- '최근'의 위치를 바꿨다.
- '납득할 수 있는', '이해할 수 있는', '받아들일 만한', 어떤 표현이 더 낫나?

6-3. 여부

예문 1 | 합수단은 한 전 장관에 대해 내란음모 혐의를 적용했는데요, 장관이 어떤 목적으로 문건 작성을 지시했는지, 또 당시 박근혜 정부 청와대까지 **보고했는지 여부는** 수사를 통해 밝혀질 것으로 보입니다.

바로쓰기 | 합수단은 한 전 장관에 대해 내란음모 혐의를 적용했는데요, 한 장관이 어떤 목적으로 문건 작성을 지시했는지, 또 당시 박근혜 정부 청와대까지 **보고했는지는** 수사를 통해 밝혀질 것으로 보입니다.

예문 2 | "위수령은 잘못된 것이 아니다." 어제 국회에서는 송영무 장관이 이 발언을 **했는지 여부를** 놓고 현역 대령과 장관이 맞서는 보기 드문 장면이 연출됐습니다.

바로 | "위수령은 잘못된 것이 아니다." 어제 국회에서는 송영무 장관이 이 발
쓰기 언을 **했는지를** 놓고 현역 대령과 장관이 맞서는 보기 드문 장면이 연출
됐습니다.

예문 | 경찰은 어제 방송인 김어준 씨에 이어 오늘은 주진우 기자를 참고인 신
3 분으로 불러 2016년 이 지사와 관련한 김부선 씨의 SNS 사과문을 **대필
했는지 여부** 등을 조사했습니다.

바로 | 경찰은 어제 방송인 김어준 씨에 이어 오늘은 주진우 기자를 참고인 신
쓰기 분으로 불러 2016년 이 지사와 관련한 김부선 씨의 SNS 사과문을 **대필
했는지** 등을 조사했습니다.

어미 '는지'는 막연한 의문을 품은 채로 앞 절의 내용을 뒤 절의 사실이
나 판단과 관련시킬 때 쓴다. 쉽게 말하면, 앞 내용이 명확하지 않은 상
태이다. '여부'는 '그러함과 그러하지 아니함'이다. 이 또한 결론을 모르
는 상태이다. '는지'와 '여부'를 함께 쓰면 뜻이 겹친다. 어색하다. '여
부'는 '출석 여부', '성공 여부'처럼 명사에 이어 써야 자연스럽다.

더 좋은 글 쓰기 ✓

1. 합수단은 한 전 장관에게 내란음모 혐의를 적용했습니다. 한 전 장관이 어
   떤 목적으로 문건 작성을 지시했는지, 또 당시 박근혜 정부 청와대까지 보
   고했는지를 수사해 밝힐 예정입니다.

- '~에 대해'는 쓰지 말자. 못된 번역 투이다.
- 문장을 나눴다. 원래 예문의 주어는 '합수단'이다. 둘로 나눈 뒷문장도 같은 주어 '합수단'이 보이지 않지만 숨어 있다.
- 앞에서 '한 전 장관'으로 썼는데 뒤에선 '한 장관'으로 잘못 썼다.

2. "위수령은 잘못된 것이 아니다." 송영무 장관이 이 말을 했는지를 놓고 현역 대령과 장관이 어제 국회에서 맞섰습니다. 보기 드문 모습입니다.

- 언제 어디서가 중요하진 않다. 뒤로 돌리자.
- '발언'은 대부분은 '말'이나 '얘기'로 바꿔 써도 충분하다. 요즘엔 언어학에서나 쓰는 '발화'란 낱말도 유행처럼 쓴다. 현학이자 몹쓸 버릇이다.
- '~한 장면이 연출됐습니다'는 식상하고 진부한 표현이다.

3. 경찰은 어제 방송인 김어준 씨를 조사하고 오늘은 주진우 기자를 참고인 신분으로 불렀습니다. 주 기자가 2016년 이 지사와 관련한 김부선 씨의 SNS 사과문을 대필했는지 등을 조사했습니다.

- 경찰이 김어준 씨에게는 뭘 조사했는지를 밝히지 않았다. 김 씨도 주 기자처럼 사과문을 대필했는지 등을 조사받았나? 아니다. 그 사실이 분명히 드러나도록 문장을 나누고 정리했다.

6-4. 골자

예문1 | 이준식 교육부장관과 고대영 KBS사장은 오늘 KBS에서 2016 학교체육
프로젝트의 공동 추진을 **골자로** 한 양해각서를 체결했습니다.

바로
쓰기| 이준식 교육부장관과 고대영 KBS사장은 오늘 KBS에서 2016 학교체육
프로젝트의 공동 추진을 **주된 내용으로** 한 양해각서를 체결했습니다.

예문
2| 더불어민주당은 당 사무총장제와 최고위원제 **폐지를 골자로 한** 혁신안
의 폐기 여부를 결정합니다.

바로
쓰기| 더불어민주당은 당 사무총장제와 최고위원제 **폐지가 주 내용인** 혁신안
의 폐기 여부를 결정합니다.

'골자'(骨子)는 '말, 일의 내용에서 중심이 되는 줄기를 이루는 것'이다.
'~을 골자로 하다'는 '~이 주요 내용이다'라는 말이다.

더 좋은 글 쓰기 ✓

1. 이준식 교육부장관과 고대영 KBS 사장은 오늘 KBS에서 양해각서를 맺었
습니다. 주된 내용은 2016 학교체육 프로젝트 공동 추진입니다.

• '체결'도 굳이 안 써도 되는 한자말이다.

6-5. 내역

예문 1 | 경찰은 관련자 진술과 주고받은 이메일 내용, 사건 당일 카드 결제 **내역** 등을 보면 정 전 의원의 성추행 의혹 보도가 다소 과장된 부분은 있지만 허위라고 볼 수 없다고 밝혔습니다.

바로 쓰기 | 경찰은 관련자 진술과 주고받은 이메일 내용, 사건 당일 카드 결제 **기록** 등을 보면 정 전 의원의 성추행 의혹 보도가 다소 과장된 부분은 있지만 허위라고 볼 수 없다고 밝혔습니다.

예문 2 | 앞서 법원행정처는 지난달 26일 재판 거래와 법관 사찰 의혹이 담긴 문건 410개를 제출했지만 검찰의 반발만 샀습니다. 수십 개의 하드디스크 원본과 업무용 휴대전화, 업무추진비 사용 **내역** 등을 요구했는데 자체적으로 선별한 문서만 보냈다는 겁니다.

바로 쓰기 | 앞서 법원행정처는 지난달 26일 재판 거래와 법관 사찰 의혹이 담긴 문건 410개를 제출했지만 검찰의 반발만 샀습니다. 수십 개의 하드디스크 원본과 업무용 휴대전화, 업무추진비 사용 **기록** 등을 요구했는데 자체적으로 선별한 문서만 보냈다는 겁니다.

'내역'은 '물품이나 금액 따위의 내용'이다. 국립국어원은 '명세'로 순화하라 한다. 명세도 어렵다. '내용'이나 '기록' 정도로 바꿔 써도 충분할 때가 많다.

1. 경찰은 정 전 의원의 성추행 의혹 보도가 어느 정도 과장이어도 허위는 아니라고 밝혔습니다. 관련자 진술과 주고받은 이메일 내용, 사건 당일 카드 결제 기록 등을 근거로 삼았습니다.

- 경찰의 발표 내용을 인용한 기사 문장이다. 정부나 정당, 기관 따위의 발표나 유명인의 말을 인용할 때는 말 그대로를 고스란히 옮겨야 원칙이다. 섣불리 손을 대면 문맥과 행간에 숨은 뜻을 해칠 우려가 있다. 하지만 틀린 표현은 고쳐 전달해야 맞다. 내용을 왜곡하지 않는 범위에서 되도록 옳고 쉽게 써보자. '다소 과장된 부분은 있지만 허위라고 볼 수는 없다'는 문장을 바꿔 썼다.
- 문장을 나눠 결론을 앞세웠다.

2. 앞서 법원행정처는 지난달 26일 재판 거래와 법관 사찰 의혹을 담은 문건 410개를 검찰에 제출했습니다. 검찰의 반발만 샀습니다. 검찰은 하드디스크 원본 수십 개와 업무용 휴대전화, 업무추진비 사용 기록 등을 요구했는데 법원행정처는 알아서 고른 문서만 보낸 탓입니다.

- 여러 기록을 요구한 주체와 고른 문서만 보낸 주체가 분명하지 않다. 문장이 조금 길어지더라도 명확히 밝혀야 좋다.

6-6. 일환

예문 | 백태현 대변인은 오늘 정례브리핑에서 한국과 미국은 한반도 비핵화와
1 | 남북관계 진전과 관련해서 다양한 경로를 통해서 긴밀하게 협의해 오
     | 고 있으며, 조명균 장관과 폼페이오 장관의 전화 통화도 이러한 협의 차
     | 원의 **일환으로** 진행됐다고 말했습니다.

바로 | 백태현 대변인은 오늘 정례브리핑에서 한국과 미국은 한반도 비핵화와
쓰기 | 남북관계 진전과 관련해서 다양한 경로를 통해서 긴밀하게 협의해 오
     | 고 있으며, 조명균 장관과 폼페이오 장관의 전화 통화도 이러한 협의 차
     | 원의 **하나로** 진행됐다고 말했습니다.

예문 | 이번 회담에서는 '4 · 27 판문점선언'에 담긴 비무장지대의 평화지대화
2 | 의 **일환으로** 판문점 공동경비구역, JSA 비무장화, DMZ 내 GP 병력과
     | 장비 철수 등이 논의될 것으로 예상됩니다.

바로 | 이번 회담에서는 '4 · 27 판문점선언'에 담긴 비무장지대의 평화지대화
쓰기 | 의 **하나로** 판문점 공동경비구역, JSA 비무장화, DMZ 내 GP 병력과 장
     | 비 철수 등이 논의될 것으로 예상됩니다.

예문 | 이번에 발의되는 기회균등촉진법은 사라져 가는 기회의 사다리를 다시
3 | 만들기 위한 법적 정비 작업의 **일환입니다.**

바로 | 이번에 발의되는 기회균등촉진법은 사라져 가는 기회의 사다리를 다시
쓰기 | 만들기 위한 법적 정비 작업의 **하나입니다.**

'일환'은 '줄지어 있는 많은 고리 가운데 하나', '서로 밀접한 관계로 연

결되어 있는 여러 것 가운데 한 부분'이다. 주로 두 번째 뜻으로 많이 쓴다. '~의 일환으로'는 '~의 하나로'나 '~를 목적으로' 따위로 고쳐 쓰면 편하고 부드럽다.

더 좋은 글 쓰기 ✓

1. 백태현 대변인은 오늘 정례브리핑에서 한국과 미국은 한반도 비핵화와 남북관계 진전과 관련해서 다양한 경로로 긴밀히 협의해 오고 있다고 말했습니다. 조명균 장관과 폼페이오 장관의 통화도 이러한 협의 차원에서 진행했다고 설명했습니다.

- 읽거나 듣기에 숨차다. 나눴다.
- '~를(을) 통해서'는 '~로(으로)', '긴밀하게'는 '긴밀히'로 편하게 줄였다.
- '통화'는 '전화로 말을 주고받음'이다. '전화 통화'는 틀린 낱말이다.
- '협의 차원의 하나로'를 '협의 차원에서'로 고쳤다. 더 쉽고 뜻은 같다.

2. 남북은 이번 회담에서 '4 · 27 판문점선언'에 담은 비무장지대의 평화지대화의 내용을 논의할 것으로 보입니다. 판문점 공동경비구역, JSA 비무장화, DMZ 내 GP 병력과 장비 철수 등입니다.

- '4 · 27 판문점 선언'을 한 주체도 남북이다. 주어를 살려서 '담긴'을 '담은'으로, '논의될'은 '논의할'로 바꿨다.
- '비무장지대의 평화지대화'라는 주제로 세부 내용을 논의한다는 맥락이다. '~의 하나로'로 고친 문장보다 다시 고쳐 쓴 문장이 좀 더 분명하다.

3. 이번에 발의하는 기회균등촉진법은 사라져 가는 기회의 사다리를 다시 만들려는 법 정비의 하나입니다.

- 피동을 피하자. 정부든 국회의원이든 법을 발의하는 주체를 밝혀 적자. 앞뒤 맥락에서 드러나 있다면 위에서 고친 대로 주어를 빼고도 능동으로 쓰자.
- '~하기 위한'은 '~하려는'으로 써도 부드럽다.
- '법적 정비 작업'은 '법 정비'로만 써도 내용이 같다.

6-7. 애로

예문 1 ┃ 램버트 대행은 대북 경협에 관여하는 한국 기업 관계자들과 만나 **애로 사항을** 청취하고 남북 경협에 영향을 주는 대북제재에 대한 미국 입장을 설명할 예정인 것으로 알려졌습니다.

바로 쓰기 ┃ 램버트 대행은 대북 경협에 관여하는 한국 기업 관계자들과 만나 **어려움을** 청취하고 남북 경협에 영향을 주는 대북제재에 대한 미국 입장을 설명할 예정인 것으로 알려졌습니다.

예문 2 ┃ 취임 전, 중국내 롯데마트의 철수가 사드 때문이 아니라는 말로 논란을 불렀던 노 대사는, 취임식에서는 중국내 우리 기업들의 **애로가** 누적되고 있다며 이대론 안 된다고 말했습니다.

바로 쓰기 ┃ 취임 전, 중국내 롯데마트의 철수가 사드 때문이 아니라는 말로 논란을 불렀던 노 대사는, 취임식에서는 중국내 우리 기업들의 **어려움이** 누적되고 있다며 이대론 안 된다고 말했습니다.

예문 3 | 문재인 정부의 첫 저출산 대책이 발표됐습니다. "출산율을 높이자!"라는 목표에서 벗어나, 아이를 낳고 키우는 가정의 고충과 **애로를** 해결하는, 특히 2040세대의 부담을 줄이는 방안에 초점이 맞춰졌습니다.

바로 쓰기 | 문재인 정부의 첫 저출산 대책이 발표됐습니다. "출산율을 높이자!"라는 목표에서 벗어나 아이를 낳고 키우는 가정의 고충과 **어려움을** 해결하는, 특히 2040세대의 부담을 줄이는 방안에 초점이 맞춰졌습니다.

'애로'(隘路)는 본디 '좁고 험한 길'이다. '어떤 일을 하는 데 장애가 되는 것'의 뜻으로 많이 쓴다. '어려움'이면 충분하다.

더 좋은 글 쓰기 √

1. 램버트 대행은 대북 경협에 관여하는 한국 기업 관계자들을 만나 어려움을 듣고 남북 경협에 영향을 주는 대북제재에 대해 미국의 처지를 설명할 예정이라고 외교 당국자가 전했습니다.

- '~과(와) 만나'보다는 '~을(를) 만나'가 편하다. '청취하고'도 '듣고'면 족하다.
- 예문대로면 '미국 입장' 앞에 '남북 경협에 영향을 주는 대북제재에 대한'이라는 긴 수식어가 붙는 꼴이다. 꾸밈 받는 말 앞에 꾸미는 말이 길면 불편하다.
- '대한'을 '대해'로만 고쳐도 훨씬 쉬워졌다.
- '입장'은 '처지'로 순화하자.
- '~ㄴ 것으로 알려졌습니다'는 무책임한 표현이다. 취재원을 확실히 밝히거나 밝히지 못할 처지라면 익명으로라도 주어를 살리자.

2. 노 대사는 취임 전, 중국내 롯데마트의 철수가 사드 때문이 아니라고 말해 논란을 불렀습니다. 취임식에서는 중국내 우리 기업들의 어려움이 쌓이고 있다며 이대론 안 된다고 말했습니다.

- '애로가 누적되다'와 '어려움이 쌓이다', 무엇이 편한가?

3. 문재인 정부가 첫 저출산 종합대책을 발표했습니다. "출산율을 높이자"는 목표에서 벗어나 아이를 낳고 키우는 가정의 어려움을 해결하고, 특히 2040세대의 부담을 줄이는 데에 초점을 맞췄습니다.

- 행동의 주체를 주어로! 능동형 문장으로!
- "출산율을 높이자!"를 직접인용한 뒤 '라는'을 쓰면 바른 문법이다. 하지만 읽는 글 인 방송기사에서 직접인용은 의미가 없다. 따옴표를 써도 간접인용인 셈이다.
- '고충과 애로'는 모두 '어려움'이다.
- '해결하는'은 저 뒤에 떨어진 '방안'을 꾸민다. 복잡하다.

6-8. 급기야

예문 | 경남도지사와 도교육감이 고등학교 무상급식을 두고 지난 1년 내내 힘 겨루기를 해 왔는데요, **급기야** 시민단체가 주도하는 주민소환 운동으 로 이어졌습니다.

바로 쓰기 | 경남도지사와 도교육감이 고등학교 무상급식을 두고 지난 1년 내내 힘 겨루기를 해 왔는데요, **결국** 시민단체가 주도하는 주민소환 운동으로 이어졌습니다.

예문 2 | 이 총리는 시장경제는 강자 중심의 질서로 약자를 소외하고 분배를 왜곡해 격차를 키우기 쉽다며, **급기야** 자본주의의 지속가능성을 우려하도록 만들었다고 설명했습니다.

바로 쓰기 | 이 총리는 시장경제는 강자 중심의 질서로 약자를 소외하고 분배를 왜곡해 격차를 키우기 쉽다며, **끝내** 자본주의의 지속가능성을 우려하도록 만들었다고 설명했습니다.

'급기야'(及其也)는 '마지막에 가서는'의 뜻을 가졌다. 일상 대화에서 거의 쓰지 않는데 글에서만 고집한다. 같은 한자어이지만 '결국'(結局)이 쉽다. '마지막에는', '마침내', '끝내' 정도로 바꿔도 좋다.

더 좋은 글 쓰기 ✓

1. 경남도지사와 도교육감이 고등학교 무상급식을 두고 1년 내내 힘겨루기를 해 왔습니다. 마침내 시민단체가 이끄는 주민소환 운동으로 이어졌습니다.

   • '지난'은 빼도 된다.
   • '주도하다'도 그냥 '이끌다'면 충분하다.

2. 이 총리는 시장경제가 강자 중심의 질서라고 말했습니다. 약자를 소외하고 분배를 왜곡해 격차를 키우기 쉽다고 덧붙였습니다. 끝내 자본주의의 지속가능성을 우려하게 만들었다고 설명했습니다.

   • 문장을 나누자!
   • '이 총리는'과 '시장경제는'에 주격조사 '는'이 잇따라 나와 어색하다.

6-9. 주력하다

예문
1 | 독일 보안 당국은 난민으로 위장한 IS 조직원들이 테러를 저지를 가능성이 있다고 보고 추가 테러 예방에 **주력하고** 있습니다.

바로
쓰기 | 독일 보안 당국은 난민으로 위장한 IS 조직원들이 테러를 저지를 가능성이 있다고 보고 추가 테러 예방에 **힘쓰고** 있습니다.

예문
2 | 공화당 경선에서 트럼프 후보는 바짝 따라온 크루즈 후보를 공격하는데 **주력했습니다.**

바로
쓰기 | 공화당 경선에서 트럼프 후보는 바짝 따라온 크루즈 후보를 공격하는데 **힘썼습니다.**

'주력(主力)하다'는 온 힘을 기울인다는 말이다. 굳이 한자로 쓸 이유가 없다. '주력 산업', '주력 무기' 따위 명사는 그대로 쓰는 게 좋다.

더 좋은 글 쓰기 ✔

1. 독일 보안 당국은 난민으로 위장한 IS 조직원들의 테러 우려가 있다고 보고 테러가 더 일어나지 않게 힘쓰고 있습니다.

- '테러를 저지를 가능성'은 '테러 우려'로만 써도 족하다.
- '추가 테러 예방에'은 '테러가 더 일어나지 않게'로 고쳤다.
- '~고 있습니다'는 되도록 쓰지 말아야 좋지만 여기서는 진행형 표현이 필요하다. 써야할 땐 쓰자.

6-10. 배제하다

예문 1 | 국회에서 개정안이 수정되지 않는다면 거부권 행사도 **배제하지 않겠다**는 뜻으로 보입니다.

바로 쓰기 | 국회에서 개정안이 수정되지 않는다면 거부권 행사도 **할 수 있다는 뜻**으로 보입니다.

예문 2 | 할아버지는 세 자녀가 있다는 이유로 복지 사각지대에 놓였습니다. 자녀들이 모두 곤궁하지만 근로능력이 있다는 이유로 **배제된 겁니다.**

바로 쓰기 | 할아버지는 세 자녀가 있다는 이유로 복지 사각지대에 놓였습니다. 자녀들이 모두 곤궁하지만 근로능력이 있다는 이유로 **빠진 겁니다.**

예문 3 | 미국 지질조사국은 며칠 안에 또다시 진도 7 이상의 지진이 발생할 **가능성을 배제할 수 없다고** 경고했습니다.

바로 쓰기 | 미국 지질조사국은 며칠 안에 또다시 진도 7 이상의 지진이 발생할 **가능성이 있다고** 경고했습니다.

예문 4 | 검찰은 횡령한 자금 중 일부가 정치자금으로 건네졌을 가능성도 **배제하지 않고** 있습니다.

바로 쓰기 | 검찰은 횡령한 자금 중 일부가 정치자금으로 건네졌을 가능성도 **빼놓지 않고** 있습니다.

'배제(排除)하다'는 '받아들이지 않고 물리쳐 제외하다'란 뜻이다. 특히 '가능성을 배제할 수 없다'는 표현은 우리말답지 않다. 외래 표현이다.

1. 국회가 개정안을 수정하지 않으면 거부권을 쓸 수도 있다는 뜻으로 보입니다.

   - 개정안을 수정하거나 하지 않는 행위는 국회의원들, 곧 국회가 한다. 개정안이 아니라 국회를 주어로 삼아 능동 표현을 써야 한다.
   - '행사하다'는 '어떤 일을 시행하다'이다. 그냥 '하다'이다. 여기서는 '거부할 권리'이니 '쓰다'가 어울린다.

2. 할아버지는 세 자녀가 있다는 이유로 복지 혜택을 못 받습니다. 자녀들이 모두 가난한데도 근로능력이 있다는 이유로 복지 대상에서 빠졌습니다.

   - '복지 사각지대', '안전 사각지대' 따위는 버릇처럼 쓰는 진부한 표현이다.
   - '곤궁'은 '가난하여 살림이 구차함'이다. '가난'은 '살림살이가 넉넉하지 못함'이다. 뜻과 느낌에 별 차이가 없다. 한자어가 아니고 더 널리 쓰는 '가난'으로 바꿔 봤다.
   - 할아버지가 무엇에서 배제되었는지를 명확히 밝힐 필요가 있다.

3. 미국 지질조사국은 며칠 안에 다시 진도 7 이상의 지진이 일어날 수 있다고 경고했습니다.

   - '또다시'는 '또'와 '다시'를 겹쳐 '다시'를 강조하는 말이다. 일부러 강조의 뜻을 더할 때가 아니면 '다시'나 '또'만 써도 좋다.
   - '발생할 가능성이 있다'는 '일어날 수 있다'로 쓰면 더 편하다.

4. 검찰은 횡령한 자금 일부를 정치자금으로 건넸을 수도 있다고 봅니다.

- '자금 중 일부'의 '중'은 필요 없다.
- 자금을 횡령한 주체는 앞 문장에서 언급했다. 이 문장에서는 생략해도 될 만한 맥락이다. '자금 일부'보다는 숨은 그 주체를 앞세워 능동 표현으로 바꿨다.
- '가능성을 빼놓지 않다'는 '그랬을 수도 있다고 본다'이다.
- 수사 중인 상태이지만 구태여 진행형으로 나타낼 이유는 없다.

6-11. 부심하다

예문
1 │ 특히, 평택에서 감염된 메르스 환자는 감염력이 있는 시기에 열차를 탄 사실이 확인돼 지역사회 감염 차단에 **부심하고 있습니다.**

바로
쓰기 │ 특히, 평택에서 감염된 메르스 환자는 감염력이 있는 시기에 열차를 탄 사실이 확인돼 지역사회 감염 차단에 **애쓰고 있습니다.**

예문
2 │ 청와대는 북미 정상회담 무산에 따른 대응책 마련에 **부심하고 있습니다.** 문 대통령은 북미 정상 간 직접 소통을 촉구하면서 대화 동력 살리기에 총력을 기울이는 모습입니다.

바로
쓰기 │ 청와대는 북미 정상회담 무산에 따른 대응책 마련에 **힘쓰고 있습니다.** 문 대통령은 북미 정상 간 직접 소통을 촉구하면서 대화 동력 살리기에 총력을 기울이는 모습입니다.

'부심(腐心)하다'의 본디 뜻은 '근심 걱정으로 마음이 썩다'이다. '어떤 문제를 해결하기 위한 방안을 생각해 내느라 몹시 애쓰다'로 뜻이 넓어졌다. 그냥 '애쓰다', '힘쓰다'로 쓰면 넉넉하다.

더 좋은 글 쓰기 ✓

1. 보건당국은 특히 평택에서 옮은 메르스 환자가 감염력이 있는 시기에 열차를 탄 사실을 확인했습니다. 병이 더 번지지 않도록 힘쓰고 있습니다.

- 주어를 살렸다.
- '지역사회 감염'이란 대체 뭔가? 모호하다. 환자가 격리생활을 하지 않고 열차를 탔으니 여러 승객에게, 또 주변 지역으로 병이 퍼질 염려가 생겼다는 맥락이다. 친절히 풀어쓰거나 차라리 단순히 쓰자. 보건당국 전문가들이 '지역사회 감염' 용어를 쓴다고 해서 그대로 따라 쓸 이유가 없다.
- 한창 진행 상황이니 '~고 있습니다'를 그냥 됐다.

2. 청와대는 북미 정상회담 무산에 따른 대응책 마련에 애쓰고 있습니다. 문 대통령은 북미 정상의 직접 소통을 촉구하고 대화 동력을 살리는 데 온힘을 쏟는 모습입니다.

- 이 예문에서도 진행의 의미가 분명히 필요하다. '~고 있습니다'로 그냥 됐다.
- 둘째 문장 '총력을 기울이다'도 '온힘을 쏟는다'로 쉽게 쓰면 좋다. '힘쓰다', '힘을 쏟다'가 겹쳐서 앞 문장의 '힘쓰다'를 '애쓰다'로 대체했다.

6-12. 감안하다

예문
1 │ 정부는 '한반도 신경제구상'과 관련해 남북 협의를 통해 차분히 추진하되, 국제사회의 대북제재 틀을 **감안해** 단계적으로 접근하겠다고 밝혔습니다.

바로
쓰기 │ 정부는 '한반도 신경제구상'과 관련해 남북 협의를 통해 차분히 추진하되, 국제사회의 대북제재 틀을 **고려해** 단계적으로 접근하겠다고 밝혔습니다.

예문
2 │ 이번 긴급회의는 지난 4일 민간위원들의 요청에 따라 소집됐습니다. 각 군 참모총장들도 사안의 시급성을 **감안해** 내일 전원 참석한다는 방침입니다.

바로
쓰기 │ 이번 긴급회의는 지난 4일 민간위원들의 요청에 따라 소집됐습니다. 각 군 참모총장들도 사안의 시급성을 **참작해** 내일 전원 참석한다는 방침입니다.

예문
3 │ 임대시장이 전세에서 월세로 빠르게 바뀌고 있는 점을 **감안해** 주택정책도 크게 바뀝니다.

바로
쓰기 │ 임대시장이 전세에서 월세로 빠르게 바뀌고 있는 점을 **살펴** 주택정책도 크게 바뀝니다.

'감안(勘案)하다'는 일본에서 온 한자말이다. '여러 사정을 참고하여 생각한다'는 뜻을 지녔다. 문맥에 따라 '살피다', '헤아리다', '고려하다', '참작하다', '생각하다' 따위에서 골라 바꿔 쓰자.

1. 정부는 '한반도 신경제구상'은 남북 협의를 통해 차분히 추진하되 국제사회의 대북제제 틀을 고려해 차근차근 접근하겠다고 밝혔습니다.

   - '한반도 신경제구상'은 '추진' 대상이다. '~과(와) 관련해'로 쓸 이유가 없다.
   - '단계적으로'는 '차근차근'으로 쉽게 썼다.

2. 이번 긴급회의는 지난 4일 민간위원들이 요청해 국방부가 소집했습니다. 각 군 참모총장들도 사안이 시급함을 헤아려 내일 모두 참석하기로 했습니다.

   - 주어를 살려 피동을 피했다.
   - '시급성'보다는 '시급함', '전원'은 '모두'면 충분하다.
   - '방침'은 '앞으로 일을 치러 나갈 방향과 계획'이다. '방침입니다'는 '하기로 했다' 정도로 써도 된다. '방침입니다'를 고집하더라도 '~한다는 방침입니다'보다는 '~할 방침입니다'가 그나마 낫다. 뒤에서 다시 살핀다.[2]

3. 정부는 주택정책도 많이 바꿉니다. 임대시장이 전세에서 월세로 빠르게 바뀌는 점을 고려했습니다.

   - 주어를 내세우고 문장을 나눴다.

---

2 제 2부 4장의 "7-8. ~한다는 계획 / 방침이다" 참고.

6-13. 애매하다

예문1 | **애매하고** 까다로웠던 재활용 쓰레기 분리배출 방법이 개선되고, 대국민 안내책자도 발간됩니다.

바로쓰기 | **모호하고** 까다로웠던 재활용 쓰레기 분리배출 방법이 개선되고, 대국민 안내책자도 발간됩니다.

예문2 | 보험금을 지급받지 못한다는 분쟁이 늘자, 금융감독원이 **애매한** 약관을 손보겠다고 나섰는데요, 새로운 약관으로도 기존 가입자는 여전히 사각지대에 놓여, 분쟁 재발을 막을 수 없다는 지적이 나옵니다.

바로쓰기 | 보험금을 지급받지 못한다는 분쟁이 늘자, 금융감독원이 **모호한** 약관을 손보겠다고 나섰는데요, 새로운 약관으로도 기존 가입자는 여전히 사각지대에 놓여, 분쟁 재발을 막을 수 없다는 지적이 나옵니다.

예문3 | 버스나 택시 같은 대중교통 운전사를 폭행하면 엄하게 처벌하는 특별법이 있지만 **애매한** 경우가 많습니다.

바로쓰기 | 버스나 택시 같은 대중교통 운전사를 폭행하면 엄하게 처벌하는 특별법이 있지만 **모호한** 경우가 많습니다.

'애매하다'는 일본식 한자어 '曖昧'(あいまい)[3]에 '하다'가 붙은 말이다.

---

3 '애매하다'와 '애매모호하다' 모두 《표준국어대사전》에 있는 표준어이다. 국립국어원은 '애매하다'를 일본어 투 용어로 단정할 근거는 없다고 한다. 하지만 일본식 한자어이자 일제의 잔재라는 설이 우세하다. 되도록이면 논란 없는 우리말을 쓰자.

'희미하여 분명하지 않다'는 뜻이다. '모호하다'와 같다. '모호'(模糊) 도 한자어이지만 우리식이다. 둘을 합친 '애매모호(曖昧模糊) 하다'도 바람직하지 않다. '모호하다'가 좋다.

1. 환경부가 모호하고 까다로운 재활용 쓰레기 분리배출 방법을 개선하고 안내책자도 발간합니다.

   - 주어를 살려 능동 표현으로 바꿨다.
   - 기사 전체 내용을 보면 분리배출 방법 개선이 끝나지 않았다. 앞으로 개선하겠다는 내용이다. '까다로웠던'으로 쓰면 틀린다.
   - '대국민'은 없애도 충분하다.

2. 암 보험금을 지급받지 못해 생기는 분쟁이 늘자, 금융감독원이 모호한 약관을 손보겠다고 나섰습니다. 하지만 새로운 약관도 기존 가입자에게는 적용하지 못해서 분쟁을 아주 없애진 못한다고 합니다.

   - '지급받지 못한' 그 자체가 분쟁은 아니다. 분쟁이 일어나는 원인이다.
   - 문장을 나누고 접속어를 썼다. 두 문장의 관계를 볼 때 '하지만'과 같은 역접이 필요하다.
   - '사각지대', '지적이 나옵니다'라는 진부하고 무책임한 표현을 뺐다.
   - 문장을 가다듬어 내용을 더 또렷이 했다.

6-14. 방불케 하다

예문 1 | 차가운 바닷물에 온몸을 던지고 물장구를 치고, 수천 명이 뿜어내는 열기가 **한여름 해수욕장을 방불케 합니다.**

바로 쓰기 | 차가운 바닷물에 온몸을 던지고 물장구를 치고, 수천 명이 뿜어내는 열기가 **마치 한여름 해수욕장 같습니다.**

예문 2 | 미래의 경매사를 꿈꾸는 대학생들이 **오디션을 방불케 하는** 경매사 체험에 나섰는데요, 어떤 느낌이었을까요?

바로 쓰기 | 미래의 경매사를 꿈꾸는 대학생들이 **마치 오디션처럼 보이는** 경매사 체험에 나섰는데요, 어떤 느낌이었을까요?

'방불케 하다'는 '방불(彷佛/髣髴) 하다'에서 왔다. '방불하다'는 말은 '~과 거의 비슷하다'는 뜻이다. 어렵다. '방불하다'에 '~하게 하다'를 더해 '~과 같다고 느끼게 하다'는 의미로 많이 쓰는데, 버리고 쉽게 쓰자.

더 좋은 글 쓰기 ✓

1. 차가운 바닷물에 온몸을 던지고 물장구를 칩니다. 수천 명이 뿜어내는 열기가 마치 한여름 해수욕장 못지않습니다.

• '못지않다'로 바꿔 써도 어감이 좋다.

2. 경매사가 되길 꿈꾸는 대학생들이 오디션 같은 경매사 체험에 나섰습니다. 어떤 느낌이었을까요?

- '미래의 경매사를 꿈꾸는 ~', 어색하지 않은가? 마치 타임머신을 타고 먼 미래로 가 그 시대의 경매사가 되길 원하듯 보이지 않나? 의미를 잘 전달하도록 자연스럽게 고쳤다.

7. 낡은 표현을 피해라

기자들이 버릇처럼 함부로 쓰는 몇몇 표현이 있다. 상투어이거나 진부한 표현이다. 아무 생각 없이 선배 기자들이 쓰던 못된 표현을 따라 쓴다. 잘못도 여럿이 같이 하면 잘못인 줄 모르기 쉽다. 그래도 잘못이다. 방송을 통해 퍼진 이런 볼품없는 문장은 따라 쓰지 말자. 우리 말글살이를 좀먹는다.

7-1. ~ 것으로 나타나다

예문 ┃ 학부모나 학생으로부터 근무시간 이외에 전화나 문자 등을 받아 피해를 입는 교사들이 **많은 것으로 나타났습니다.**

한국교원단체총연합회가 전국의 유치원, 초중고 교원 1,835명을 대상으로 근무시간 외 휴대전화로 인한 교권침해 교원인식조사를 실시한 결과 휴대전화로 인한 교권피해가 심각하다고 답한 비율이 79.6%에 달했습니다.

바로 ┃ 학부모나 학생으로부터 근무시간 이외에 전화나 문자 등을 받아 피해를 입는 교사들이 **많습니다.**

한국교원단체총연합회가 전국의 유치원, 초중고 교원 1,835명을 대상으로 근무시간 외 휴대전화로 인한 교권침해 교원인식조사를 실시한 결과 휴대전화로 인한 교권피해가 심각하다고 답한 비율이 79.6%에 달했습니다.

예문 2 | 저축은행의 고금리 대출 관행이 **여전한 것으로 나타났습니다.** 금융감독원은 연 이자율 20%가 넘는 대출을 고금리 대출로 규정하고 저축은행 79곳을 대상으로 조사를 벌였습니다. 조사 결과, 고금리 비중이 대출 잔액의 66.1%에 달하는 것으로 조사됐습니다.

바로 쓰기 | 저축은행의 고금리 대출 관행이 **여전합니다.** 금융감독원은 연 이자율 20%가 넘는 대출을 고금리 대출로 규정하고 저축은행 79곳을 대상으로 조사를 벌였습니다. 조사 결과, 고금리 비중이 대출 잔액의 66.1%에 달하는 것으로 조사됐습니다.

예문 3 | 한국무역협회의 조사 결과, 올해 우리 국민의 '삶의 질'이 지난해보다 7단계 **내려간 것으로 나타났습니다.**

바로 쓰기 | 한국무역협회의 조사 결과, 올해 우리 국민의 '삶의 질'이 지난해보다 7단계 **내려갔습니다.**

'나타나다'는 안 보이던 어떤 모습이 드러나거나 새로운 현상이나 사물이 생겨날 때 쓴다. 생각과 느낌이 글이나 그림으로 드러날 때, 또는 마음가짐이 얼굴이나 몸가짐으로 드러날 때에도 쓰는 낱말이다. 기사에서는 보통 어떤 조사 결과나 통계수치를 인용할 때 많이 쓴다. 쓰지 않아도 될 때가 많다. 사실을 있는 그대로 전하는 데 그치지 않고 아주 새롭고 놀랄 만한 내용인 양 호들갑 떠는 식이다.

1. 근무 외 시간에 학부모나 학생한테 전화나 문자 등으로 피해를 보는 교사들이 많습니다.

   한국교원단체총연합회가 전국의 유치원, 초중고 교원 1,800여 명을 조사했더니 80%가 휴대전화 때문에 교권피해가 심각하다고 답했습니다.

   - 교사들이 힘들어 하는 연락은 누구한테 받느냐가 아니라 언제 받느냐의 문제이다. 근무시간도 아닌데 시도 때도 없이 오는 연락 때문에 힘들다는 얘기다. '근무 외 시간'을 문장의 앞으로 빼 강조했다.
   - '피해'는 '손해를 입음'이다. '피해를 입는'은 틀린 표현이다.
   - 꼭 필요하지 않으면 숫자는 어림수로 쓰자.
   - '~을(를) 대상으로'도 피해야 할 표현이다. 없어도 된다.
   - 예문은 '휴대전화로 인한 교권침해', '휴대전화로 인한 교권피해'를 연이어 겹쳐 썼다. '근무시간 외 휴대전화로 인한 교권침해 교원인식조사'라는 조사 제목을 그대로 인용해 쓰다 보니 불필요한 중복을 했다.

2. 저축은행의 고금리 대출 비중이 여전히 높습니다. 금융감독원이 저축은행 79곳을 조사해 보니 대출 잔액의 66% 이상이 고금리 대출이었습니다. 금감원은 연 이자율 20%가 넘으면 고금리 대출로 규정합니다.

   - 금감원이 규정한 고금리 대출의 기준은 나중에 설명해도 된다.
   - '조사를 벌였습니다', '조사 결과', '조사됐습니다', 조사했다는 사실이 중요한가? 조사에서 확인한 유의미한 내용을 강조하자.

3. 한국무역협회는 올해 우리 국민의 '삶의 질'을 조사해 보니 지난해보다 7단
계 내려갔다고 밝혔습니다.

- '~의 조사 결과', '가 조사한 결과'도 조사 결과를 인용할 때 버릇처럼 쓰는 표현이
  다. 다양하게 바꿔 보자.

7-2. ~ 것으로 드러나다

예문 1 | A 씨는 부유층이 주로 거주하는 서울 강남권 아파트를 노렸습니다. 서
울 송파구와 강남구 일대의 고급 아파트가 범행 대상이었습니다.
또, 초인종을 눌러 본 뒤 응답이 없으면 미리 준비한 도구로 출입문을
뜯고 범행을 **저지른 것으로 드러났습니다.**

바로 쓰기 | A 씨는 부유층이 주로 거주하는 서울 강남권 아파트를 노렸습니다. 서
울 송파구와 강남구 일대의 고급 아파트가 범행 대상이었습니다.
또, 초인종을 눌러 본 뒤 응답이 없으면 미리 준비한 도구로 출입문을
뜯고 범행을 **저질렀습니다.**

예문 2 | 어제까지 집계된 온열 질환자 수는 2,002명으로, 지난해 5월부터 9월까
지 집계한 전체 온열 환자 수 1,574명을 이미 **뛰어넘은 것으로 드러났습
니다.**

바로 쓰기 | 어제까지 집계된 온열 질환자 수는 2,042명으로, 지난해 5월부터 9월까
지 집계한 전체 온열 환자 수 1,574명을 이미 **뛰어넘었습니다.**

예문 3 | 미국 조지아 주에서 경찰관들이 과속 단속에 걸린 운전자를 체포할 지를 놓고 어이없게도 동전 던지기를 **한 것으로 드러났습니다.** 경찰은 두 경관에게 휴직 명령을 내린 뒤 감사를 벌이고 있습니다.

바로쓰기 | 미국 조지아 주에서 경찰관들이 과속 단속에 걸린 운전자를 체포할 지를 놓고 어이없게도 동전 던지기를 **했습니다.** 경찰은 두 경관에게 휴직 명령을 내린 뒤 감사를 벌이고 있습니다.

예문 4 | 감사원은 오늘 '4대강 살리기 사업 추진실태 점검과 성과분석'에 대한 감사 결과를 공개했습니다.

감사 결과를 보면, 관련 주무 부처에서는 기술적 검증이 부족하거나 사업 타당성에 대한 의문을 갖고 있었음에도 불구하고 대통령에게 보고조차 못 하고 지시를 일방적으로 **따른 것으로 드러났습니다.**

바로쓰기 | 감사원은 오늘 '4대강 살리기 사업 추진실태 점검과 성과분석'에 대한 감사 결과를 공개했습니다.

감사 결과를 보면, 관련 주무 부처에서는 기술적 검증이 부족하거나 사업 타당성에 대한 의문을 갖고 있었음에도 불구하고 대통령에게 보고조차 못 하고 지시를 일방적으로 **따랐습니다.**

위에서 살펴본 '~ 것으로 나타났습니다'와 마찬가지다. '드러났습니다'는 숨겨진 사실이 새롭게 밝혀지거나 보이지 않던 것이 새삼 보이게 됐을 때에만 쓰자. 꼭 필요할 때가 아니면 쓰지 않아야 좋다.

1. A 씨는 부유층이 모여 사는 서울 강남지역을 노렸습니다. 송파구와 강남구 일대의 고급 아파트를 범행 대상으로 삼았습니다.

   초인종을 눌러 본 뒤 응답이 없으면 준비한 도구로 출입문을 뜯고 범행했습니다.

   • 첫 문장의 주어인 'A 씨'가 둘째, 셋째 문장의 주어로 기능한다. 둘째 문장에서 '아파트'를 주어로 살려 쓴 뒤 셋째 문장에서는 다시 'A 씨'를 생략한 주어로 삼으면 잘못이다.
   • '주로 거주하는'은 '모여 사는'으로 고쳤다.
   • 첫 문장과 둘째 문장의 '아파트'가 불필요한 중복이다.
   • '준비하다'는 '미리 마련하여 갖추다'이다. '미리 준비한'은 '미리'가 겹쳐 틀린 표현이다.

2. 질병관리본부가 어제까지 집계한 온열 질환자 수는 2천여 명입니다. 지난해 여름철 전체 온열 환자 수 천 5백여 명을 이미 넘어섰습니다.

   • '집계된'으로 썼다가 '집계한'으로 썼다. 한 문장 안에서 피동과 능동을 정하지 못하여 우왕좌왕이다. 주어를 살려서 능동으로 고쳤다.
   • 숫자는 어림수로 고치자. '지난해 5월부터 9월까지'도 지나치게 자세한 서술이다. 시청자에게 필요 없는 정보이다.

3. 미국 조지아 주에서 경찰관들이 과속 단속에 걸린 운전자를 체포할지 말지, 어이없게도 동전을 던져 정했습니다. 경찰은 두 경관에게 휴직을 명령

한 뒤 감사를 시작했습니다.

- '지'는 어떤 일이 있었던 때부터 지금까지의 동안을 나타내는 의존명사일 때엔 앞말과 띄어 쓴다. '그를 만난 지 3년', '밥을 먹은 지 30분도 지나지 않았다'처럼 쓴다. 위 예문처럼 쓰는 어미 '지'는 앞말에 붙여 써야 한다.
- '휴직 명령을 내리다'는 '휴직을 명령하다'로 바꿨다.
- '감사를 벌이고 있다'는 '감사에 시작하다'로 바꿔 봤다. '~고 있다'를 피했다. '시작'이 한자어이긴 하지만 감사에 돌입한 정황을 강조하려고 썼다.

4. 4대강 사업 주무 부처는 대통령의 지시를 고스란히 따랐습니다. 기술 검증이 부족하다는 의견이나 사업 타당성에 의문을 가졌으면서도 대통령에게 보고조차 못 했습니다.

감사원이 이런 내용을 담은 감사 결과를 오늘 공개했습니다.

- 감사원이 감사에서 확인한 내용이다. 그 내용이 신뢰할 만하다고 판단했으니 인용해 기사로 썼다. '드러났다'고 굳이 표현하지 않고 확인 내용만 그대로 옮겨도 충분하다.
- 감사 결과를 공개한 사실보다 그 내용이 알릴 만한 가치가 더 크다. 결과 공개 사실은 뒤로 돌렸다.
- '기술적', '일방적'의 '~적'을 피했다.

7-3. ~면서

예문 1 | 최근 초미세먼지 저감 대책으로 경유값 인상이 **검토되면서** 논란이 일고 있습니다.

바로 쓰기 | 최근 초미세먼지 저감 대책으로 경유값 인상이 **검토돼** 논란이 일고 있습니다.

예문 2 | 부장검사 출신 변호사의 개업 축하 행사가 열렸습니다. 이 변호사의 지인은 행사 동영상을 찍어서 인터넷 블로그에 **올리면서** 현직 검찰청 특수부장 등이 참석했다고 적었습니다.

바로 쓰기 | 부장검사 출신 변호사의 개업 축하 행사가 열렸습니다. 이 변호사의 지인은 행사 동영상을 찍어서 인터넷 블로그에 **올리고** 현직 검찰청 특수부장 등이 참석했다고 적었습니다.

예문 3 | 이렇게 기업은행에 부담을 떠넘긴 대신 기획재정부는 9조 원이 넘는 세수결손 규모를 8조 5천억 원으로 **줄였다면서** 생색을 낼 수 있었습니다. 이에 대해 기획재정부는 주식 매각은 앞서 예산안을 편성할 때부터 계획됐던 **조치이며,** 자사주 매입은 기업은행 자체 결정에 따른 것이라고 해명했습니다.

바로 쓰기 | 이렇게 기업은행에 부담을 떠넘긴 대신 기획재정부는 9조 원이 넘는 세수결손 규모를 8조 5천억 원으로 **줄였다는** 생색을 낼 수 있었습니다. 이에 대해 기획재정부는 주식 매각은 앞서 예산안을 편성할 때부터 계획됐던 **조치이고,** 자사주 매입은 기업은행 자체 결정에 따른 것이라고 해명했습니다.

예문 | 하메네이 최고지도자는 평화와 안정을 위해 양국이 **협력하자면서** 박 대
4 | 통령의 방문을 높이 평가하고, 새로운 단계로 발전하는 좋은 계기가 되
기를 기대했습니다.

바로 | 하메네이 최고지도자는 평화와 안정을 위해 양국이 **협력하자고** 박 대통
쓰기 | 령의 방문을 높이 평가하고, 새로운 단계로 발전하는 좋은 계기가 되기
를 기대했습니다.

'~면서'는 둘 이상의 움직임이나 사태 따위가 동시에 겸해 있음을 나타
내는 연결 어미이다. 연속성을 나타내기도 한다. '~며'는 '~면서'의 준
말이다. '~며'는 둘 이상을 나열할 때 쓰기도 한다. 꼭 필요할 때는 써
야 하지만 아무렇게나 버릇처럼 쓰는 일이 많다. 마구 쓰면 문장의 흐
름을 막아 딱딱한 문어체 글이 되고 만다. 나열의 의미인 '~며'는 '~고'
로 바꾸면 된다. 동시 또는 연속의 성질일 때는 '~하자', '~해', '~어'
따위로 바꾸면 된다. 특히 누군가의 말을 인용할 때 남용하는 일은 그
만두자.

더 좋은 글 쓰기 ✓

1. 최근 정부가 초미세먼지를 줄일 대책으로 경윳값 인상을 검토해 논란이 입
니다.

- 주어를 살려 능동 표현으로 바꿨다.
- 공연한 진행형은 버리자.

2. 한 부장검사 출신 변호사가 개업 축하 행사를 열었습니다. 이 변호사의 지인은 행사 장면을 촬영해 인터넷 블로그에 올렸습니다. 현직 검찰청 특수부장 등이 참석했다고 적었습니다.

- '행사' 말고 사람인 '변호사'를 주어로 해 능동형 문장으로!
- '~면서'를 '~고'로 바꿔도 좋지만 아예 문장을 나누면 더 깔끔하다.

3. 기획재정부는 이렇게 기업은행에 부담을 떠넘긴 대신 9조 원이 넘는 세수 결손 규모를 8조 5천억 원으로 줄였다고 생색을 낼 수 있었습니다. 비판이 일자 기재부는, 앞서 예산안을 편성할 때부터 주식 매각을 계획했다고 해명했습니다. 자사주 매입은 기업은행 자체 결정이라고 설명했습니다.

- 주어는 문장의 앞으로.
- 기획재정부가 해명을 한 이유는 기업은행에 부담을 지우고 세수 결손을 줄인 꼼수라는 지적이 나온 탓이다. 앞뒤 맥락을 정확히 밝힐 필요가 있다.
- '결정에 따른 것' 그것이 바로 '자사주 매입'이다. 중언부언이다.

4. 하메네이 최고지도자는 박 대통령 방문을 높이 평가했습니다. 평화와 안정을 위해 양국이 협력하자고 말했습니다. 새로운 단계로 발전하는 좋은 계기가 되기를 기대했습니다.

- '~면서'를 '~고'로 바꿔놓으니 앞뒤 문맥이 어색하다. 오히려 억지스럽다. 긴 문장을 자르면 모두 해결된다.

7-4. ~ㄴ 가운데

예문 1 | 국산과 외국산 천일염에서 미세 플라스틱이 잇따라 검출돼 유해성 논란이 일고 **있는 가운데**, 해당 미세 플라스틱은 체내에 흡수되지 않는 것으로 밝혀졌습니다.

바로쓰기 | 국산과 외국산 천일염에서 미세 플라스틱이 잇따라 검출돼 유해성 논란이 **일고 있는데**, 해당 미세 플라스틱은 체내에 흡수되지 않는 것으로 밝혀졌습니다.

예문 2 | 국회 상임위 차원의 청문회를 수시로 열 수 있도록 한 이른바 '상시 청문회법'이 정부로 이송됐습니다.
행정부의 업무를 위축시킬 수 있다고 정부가 우려를 **표명한 가운데**, 청와대는 거부권 행사 여부를 고심하고 있습니다.

바로쓰기 | 국회 상임위 차원의 청문회를 수시로 열 수 있도록 한 이른바 '상시 청문회법'이 정부로 이송됐습니다.
행정부의 업무를 위축시킬 수 있다고 정부가 우려를 **표명했고**, 청와대는 거부권 행사 여부를 고심하고 있습니다.

예문 3 | 시중에 유통되는 밍크고래 70%가량이 불법 포획된 것으로 **추정되는 가운데** 고래 수요가 늘어나는 고래축제를 앞두고 불법 포경이 활개를 치고 있습니다.

바로쓰기 | 시중에 유통되는 밍크고래 70%가량이 불법 포획된 것으로 **추정됩니다.** 고래 수요가 늘어나는 고래축제를 앞두고 불법 포경이 활개를 치고 있습니다.

법조인의 전관예우 논란이 **계속되고 있는 가운데** 자신의 전관 경력을 내세우는 변호사들의 행태는 계속되고 있습니다.

법조인의 전관예우 논란이 **계속되는데도** 자신의 전관 경력을 내세우는 변호사들의 행태는 여전합니다.

'~ㄴ 가운데'는 '어떤 일이나 상태가 이루어지는 범위의 안'의 뜻을 갖는다. 그 뜻을 표현할 때에만 가려 써야 하는데, 사실을 나열하거나 연결할 때에도 마구 쓰는 일이 많다. 보통은 문장을 나눠 쓰면 간편하다.

더 좋은 글 쓰기 ✓

1. 국산과 외국산 천일염에서 미세 플라스틱이 검출돼 유해 논란이 불거졌습니다. 환경부에 따르면 이 미세 플라스틱은 몸 안으로 흡수되지 않습니다.

- 앞뒤 내용을 살피면 국산 천일염을 조사한 뒤 이어서 외국산 천일염을 조사하지 않았다. 둘 다 한 조사에서 나온 결과다. '잇따라'는 필요 없이 쓴 군더더기다.
- '유해성 논란'이라고 쓰면 '유해성이 있는지 없는지에 대한 논란'의 뜻이다. 내용은 '유해한지 아닌지에 대한 논란'이다. '유해 논란'이면 족하다.
- 이번에 나온 미세 플라스틱이 몸 안에 흡수되지 않는다는 사실은 다른 누가 밝힌 게 아니다. 인용을 생략한 기사의 뒷부분을 보면, 지난해 환경부의 발표를 근거로 삼아 기자가 분석한 내용이다. 정확히 쓰고 설명하자.

2. 국회는 상임위 차원의 청문회를 늘 열 수 있게 하는 이른바 '상시 청문회법'을 정부로 넘겼습니다.

정부는 행정부의 업무를 위축시킬 수 있다고 우려했습니다. 청와대는 거부권을 행사할지 말지 신중히 검토하고 있습니다.

- '수시로'는 '아무 때나 늘'이다.
- 굳이 어려운 법률 용어인 '이송'을 쓰지 않아도 좋다.
- '표명하다'는 '드러내다', '나타내다'로 편히 쓰자. 여기서는 그냥 '우려하다'로 쓰면 충분하다.
- '여부'는 '그러함과 그러하지 아니함'이다. '행사 여부'는 '행사할지 말지'다.
- '고심'은 '몹시 애를 태우며 마음을 씀'의 뜻이다. 국립국어원은 '애씀'으로 순화하라고 한다. 여기서는 단지 애씀의 내용이 아니다. 좀더 적확한 표현으로 바꿔 쓰자.

3. 유통되는 밍크고래의 70%가량은 불법 포획한 것으로 보입니다. 고래 고기 수요가 느는 고래축제를 앞두고 불법 포경이 활개를 칩니다.

- 첫 문장에서 불법 포획의 주체는 밍크고래가 아니다. 임의의 어민이다. 누구나 알 수 있다. 이럴 때는 주어를 생략한 채 그냥 능동 형태로 쓰면 된다.
- '유통하다'는 '화폐나 물품을 세상에서 널리 쓰다', '상품 따위를 생산자에서 소비자, 수요자에 도달하기까지 여러 단계에서 교환하고 분배하다'란 뜻이다. 곧 '세상'에서 쓰거나 '시장'에서 사고판다는 말이다. '시중'은 '도시의 안' 또는 '사람들이 생활하는 공개된 공간을 비유적으로 이르는 말'이다. '유통'이란 낱말을 쓰면서 '시중'을 함께 쓰면 뜻이 겹치는 꼴이다. '시중'은 필요 없다.
- '추정하다'는 '미루어 생각하여 판정하다'이다. 대부분 '보이다'로 편하게 바꿔 써도 뜻이 다르지 않다.
- 고래축제 때 느는 수요는 고래가 아니라 고래 고기이다. 명확히 쓰자.
- '~고 있습니다'를 없앴다.

4. 법조인 전관예우에 대한 비판이 계속되는데도 변호사들이 자신의 전관 경력을 내세우는 행태는 여전합니다.

- '법조인 전관예우'는 서로 다른 주장이 있는 논란거리가 아니다. 그릇된 관행으로 확실한 비판 대상이다.
- '변호사들' 앞에 수식어가 너무 길다. 뒤로 돌려 풀어 썼다.

7-5. ~에 어려움을 겪다

예문 1 | 화재 현장이 지상 40미터 높이여서 접근이 어려웠던 데다 내부 자재가 타면서 생긴 유독가스로 진화에 **어려움을 겪었습니다.**

바로쓰기 | 화재 현장이 지상 40미터 높이여서 접근이 어려웠던 데다 내부 자재가 타면서 생긴 유독가스로 진화가 **어려웠습니다.**

예문 2 | 경기도가 메르스 등 감염병 대처를 위해 역학조사관 증원을 추진하고 있지만, 지원자가 없어 **어려움을 겪고 있습니다.**

바로쓰기 | 경기도가 메르스 등 감염병 대처를 위해 역학조사관 증원을 추진하고 있지만, 지원자가 없어 **애를 먹고 있습니다.**

예문 3 | 우리 경제성장의 엔진 역할을 해 온 제조업이 위기를 겪고 있습니다. 선진국의 기술력에 치이고, 가격 경쟁력에서는 중국에 밀리면서 수출도 **어려움을 겪고 있는데요,** 끊임없는 혁신으로 세계 시장을 선도하는 우리 기업들도 있습니다.

바로쓰기 | 우리 경제성장의 엔진 역할을 해 온 제조업이 위기를 겪고 있습니다.

선진국의 기술력에 치이고 가격 경쟁력에서는 중국에 밀리면서 수출도 **힘겨운데요,** 끊임없는 혁신으로 세계 시장을 선도하는 우리 기업들도 있습니다.

'~에 어려움을 겪었습니다'는 뭔가에 애를 먹어 쉽지 않음을 나타낼 때 많이 쓴다. 특히 화재 기사에서 진압 상황을 서술할 때 빼지 않고 쓴다. 지겹다. 지겹다. 어떤 경우에든 써야 할 이유가 없다.

더 좋은 글 쓰기 √

1. 화재 현장이 지상 40미터 높이여서 접근이 어려웠습니다. 내부 자재가 타면서 유독가스까지 나와 진화에 애를 먹었습니다.

   - '~ㄴ 데다'가 지닌 의미를 '유독가스까지'의 '까지'로 살렸다.
   - '어려웠습니다'의 반복을 피하려고 둘째 문장을 '애를 먹었습니다'로 고쳤다.

2. 경기도가 메르스 같은 감염병에 대처하기 위해 역학조사관을 늘리려 하지만 지원자가 없어 애를 먹고 있습니다.

   - '증원을 추진하다'는 '늘리려 하다'로 줄여 쓰면 더 편하다.
   - 진행 중인 상황이어서 '~고 있다'는 표현이 유용하다. 필요하더라도 한 문장 안에 두 번 쓸 이유는 없다.

3. 우리 경제성장을 이끌어 온 제조업이 위기입니다. 기술력에서는 선진국에

치이고 가격 경쟁력에서는 중국에 밀려 수출도 힘겹습니다. 하지만 끊임없는 혁신으로 세계 시장을 이끄는 우리 기업들도 있습니다.

- '엔진 역할'이 뭔가? 써서 좋을 바 없는 비유이다.
- 둘째 문장을 보자. 문장 속 성분 배치 순서가 어색하다. 기술력과 가격 경쟁력 두 가지 요인을 설명하는데 어순이 호응하지 않았다. 문장을 나누고 흐름에 따라 접속사를 살렸다.

7-6. '지난'과 '오는'

예문 1 | 검찰은 오늘 서울중앙지방법원 형사18단독 심리로 열린 강 변호사의 공판에서 징역 2년을 선고해 달라고 재판부에 요청했습니다. 앞서 김 씨의 남편은 **지난** 2015년 자신의 아내와 불륜을 저질렀다는 이유로 강 변호사에게 손해배상 1억 원을 청구하는 소송을 제기했습니다.

바로쓰기 | 검찰은 오늘 서울중앙지방법원 형사18단독 심리로 열린 강 변호사의 공판에서 징역 2년을 선고해 달라고 재판부에 요청했습니다. 앞서 김 씨의 남편은 2015년 자신의 아내와 불륜을 저질렀다는 이유로 강 변호사에게 손해배상 1억 원을 청구하는 소송을 제기했습니다.

예문 2 | 외국계 회사가 의약 리베이트 혐의로 적발된 건 이번이 처음인데, 검찰은 **지난** 2013년부터 올해 2월까지 2억 원의 리베이트를 준 것으로 보고 있습니다.

바로쓰기 | 외국계 회사가 의약 리베이트 혐의로 적발된 건 이번이 처음인데, 검찰

은 2013년부터 올해 2월까지 2억 원의 리베이트를 준 것으로 보고 있습니다.

예문 3 | 갈수록 다양해지고 똑똑해지고 있는 드론. **오는** 2022년 전 세계 시장규모가 약 35조 원에 달할 것으로 전망되는 가운데, 우리 정부도 원천기술 개발에 대한 투자를 확대한다는 방침입니다.

바로쓰기 | 갈수록 다양해지고 똑똑해지고 있는 드론. 2022년 전 세계 시장규모가 약 35조 원에 달할 것으로 전망되는 가운데, 우리 정부도 원천 기술 개발에 대한 투자를 확대한다는 방침입니다.

'지난'은 과거 시점 앞에, '오는'은 미래 시점 앞에 붙여 쓰는 말이다. 대부분은 필요 없는 수식이다. 누가 봐도 분명한 과거이거나 미래인 시점 앞에는 붙이지 말자.

더 좋은 글 쓰기 ✔

1. 검찰은 오늘 서울중앙지방법원에서 열린 강 변호사의 공판에서 징역 2년을 선고해 달라고 재판부에 요청했습니다. 김 씨의 남편은 자기 아내와 불륜을 저질렀다는 이유로 2015년 강 변호사에게 손해배상 1억 원을 청구하는 소송을 냈습니다.

• 공판이 '형사18단독 심리로' 열린 사실까지 시청자가 알아야 할까? 가치 있는 사실만을 추려 쓰자.

- '앞서'도 '지난'처럼 버려도 된다.
- '2015년'은 불륜이 벌어진 때가 아니라 김 씨의 남편이 소송을 낸 때이다. '2015년'의 위치는 어디가 적합한가?

2. 외국계 회사를 의약 리베이트 혐의로 적발한 첫 사례입니다. 검찰은 이 회사가 2013년부터 올해 2월까지 뒷돈 2억 원을 건넸다고 추정합니다.

- 문장을 둘로 나눴는데 첫 문장의 주어가 없다. 둘째 문장의 주어인 '검찰'이 첫 문장의 주어이기도 하다. 알 수 있으니 생략한 꼴이다.
- '이번이 처음'이란 표현도 피하자. 바로 뒤에서 살펴본다.
- '~ㄴ 것으로 보고 있다'도 생동감 없는 낡은 표현이다.
- 반복을 피하자. '리베이트'를 연이어 되풀이하기보다 '뒷돈', '뇌물' 따위로 달리 쓰면 더 좋다.

3. 드론은 갈수록 다양하고 똑똑해지고 있습니다. 2022년 세계 시장이 35조 원 규모로 커지리라는 전망이 나옵니다. 우리 정부도 원천 기술 개발에 투자를 확대하기로 했습니다.

- 웬만하면 어미를 자르지 말자. 온전히 끝맺자.
- '전 세계 시장규모'의 '전'은 없어도 된다. '세계 시장'을 곧 지구상 모든 나라 시장으로 봐도 좋다.
- '약 35조 원'의 '약'도 지우자. 전망한 시장 규모이니 어차피 대략의 수이다.
- '~에 대한'도 전혀 쓸모없는 군더더기이다.
- '~한다는 방침입니다'란 표현은 쓰지 말자. 뒤에서 살핀다.[4]

7-7. 이번이 처음

예문 1 | 김정은의 측근인 리수용 노동당 중앙위원회 부위원장이 대규모 대표단을 이끌고 중국을 전격 방문했습니다. 4차 핵실험 이후 북한 **고위급이 중국을 방문한 것은 이번이 처음입니다.**

바로 쓰기 | 김정은의 측근인 리수용 노동당 중앙위원회 부위원장이 대규모 대표단을 이끌고 중국을 전격 방문했습니다. 4차 핵실험 이후 북한 **고위급의 첫 중국 방문입니다.**

예문 2 | 롯데홈쇼핑이 6개월간 황금시간대 영업정지 처분을 받았습니다. **방송 송출을 정지시킨 건 이번이 처음인데** 중소 협력업체들의 피해가 우려됩니다.

바로 쓰기 | 롯데홈쇼핑이 6개월간 황금시간대 영업정지 처분을 받았습니다. **홈쇼핑 방송 정지는 처음 일인데** 중소 협력업체들의 피해가 우려됩니다.

예문 3 | 용선료 연체를 참다못한 외국 선주들이 한진해운 소유의 선박을 담보로 잡고 실력 행사에 나선 겁니다. 한진해운 소유 선박이 용선료 문제로 해외에 **억류된 건 이번이 처음입니다.**

바로 쓰기 | 용선료 연체를 참다못한 외국 선주들이 한진해운 소유의 선박을 담보로 잡고 실력 행사에 나선 겁니다. 한진해운 소유 선박이 용선료 문제로 해외에 **억류된 첫 사례입니다.**

---

4 제 2부 4장의 "7-8. ~한다는 계획 / 방침이다" 참고.

전에 없던 어떤 일이 처음 일어났다고 강조해야 기사의 가치가 커진다. 기사를 쓰는 이에게는 큰 유혹이다. 참자. 반드시 밝혀야 할 때에만 골라 쓰자. 처음인 사실을 드러낼 때에도 '이번이 처음', '~로는 처음' 따위는 너무 진부하니 쓰지 말자. 제대로 검증하지 않은 채 한쪽만의 주장을 받아 '세계 최초', '국내 최초'로 강조하는 표현도 피해야 한다.

더 좋은 글 쓰기 ✓

1. 김정은의 측근인 리수용 노동당 중앙위원회 부위원장이 대규모 대표단을 이끌고 중국을 갑자기 찾았습니다. 4차 핵실험 이후 북한 고위급의 첫 중국 방문입니다.

   - '전격'은 '번개처럼 격렬하게 일어남', '번개같이 급작스럽게 들이침'이다. '갑자기' 또는 '급히' 정도로 풀어쓰면 좋다.
   - 반복을 피하려고 첫 문장의 '방문했습니다'를 '찾았습니다'로 바꿨다.

2. 롯데홈쇼핑이 여섯 달 동안 황금시간대 영업을 정지당했습니다. 홈쇼핑 업체의 방송 정지는 처음 일입니다. 중소 협력업체들의 피해가 우려됩니다.

   - '처분'이라는 법률 용어를 고스란히 옮길 필요가 없다.
   - '영업정지 처분'을 한 공정거래위원회를 주어로 하면 '공정위가 롯데홈쇼핑에 여섯 달 동안 황금시간대 영업정지 처분을 내렸습니다'로 써야 한다.
   - '6개월'은 '여섯 달'과 같은 뜻이고 옳은 표현이지만 입말로는 '여섯 달'이 좋다.

7-8. ~한다는 계획 / 방침이다

예문 | 서울시는 강북구청과 '사업 정상화 지원 태스크포스'를 꾸려 올해 안에
1   사업 재개 계획을 마련하기로 했습니다. 또 내년 중 인허가 절차를 거
       친 뒤 착공에 들어가 2020년까지 공사를 **마무리한다는 계획입니다.**

바로 | 서울시는 강북구청과 '사업 정상화 지원 태스크포스'를 꾸려 올해 안에
쓰기   사업 재개 계획을 마련하기로 했습니다. 또 내년 중 인허가 절차를 거
       친 뒤 착공에 들어가 2020년까지 공사를 **마무리할 계획입니다.**

예문 | 과학기술정보통신부와 교육부는 연구기관별로 특별위원회를 구성해
2   부실 학회 참가자에 대한 조사와 검증 과정을 거친 뒤, 연구윤리규정 또
       는 직무규정을 위반한 행위가 적발된 경우 징계 등 조치를 신속하게 **취**
       한다는 계획입니다.

       또 연구기관의 조사·검증 또는 처분이 미진한 경우에는 재조사 요구
       와 함께 기관평가 반영, 정부 R&D 참여 제한 등 기관 단위 제재 또는 불
       이익 부여도 **검토하겠다는 방침입니다.**

바로 | 과학기술정보통신부와 교육부는 연구기관별로 특별위원회를 구성해
쓰기   부실 학회 참가자에 대한 조사와 검증 과정을 거친 뒤, 연구윤리규정 또
       는 직무규정을 위반한 행위가 적발된 경우 징계 등 조치를 신속하게 **취**
       할 계획을 밝혔습니다.

       또 연구기관의 조사·검증 또는 처분이 미진한 경우에는 재조사 요구
       와 함께 기관평가 반영, 정부 R&D 참여 제한 등 기관 단위 제재 또는 불
       이익 부여도 **검토하기로 했습니다.**

예문 | 야당은 부실기업 구조조정 방안과 재원 조달 문제, 그리고 실업 대책 등
3 | 에 대한 정부의 생각을 듣고 대안을 **제시한다는 방침입니다.**

바로 | 야당은 부실기업 구조조정 방안과 재원 조달 문제, 그리고 실업 대책 등
쓰기 | 에 대한 정부의 생각을 듣고 대안을 **제시하기로 했습니다.**

예문 | 정부는 이런 내용을 통해 10년 안으로 서울의 공기 질을 파리와 런던 등
4 | 유럽 주요 도시 수준으로 **개선한다는 계획입니다.**

바로 | 정부는 이런 내용을 통해 10년 안으로 서울의 공기 질을 파리와 런던 등
쓰기 | 유럽 주요 도시 수준으로 **개선할 계획을 내놨습니다.**

예문 3을 보자. '제시하다'의 주어는 '야당'이다. '방침입니다'의 주어는
무엇인가? 어색하고 불편하다. '야당은 ~제시할 방침을 밝혔습니다'
또는 '야당은 ~제시하기로 했습니다' 정도로 쓰면 된다. '~할 방침입
니다'는 그래도 좀 낫다. '~한다는 방침입니다'는 보도자료나 발표문,
언급 따위를 인용해 쓰면서 생긴 엉터리 표현이다.

방송기사는 눈으로 읽는 글이 아니라 입으로 읽는 글이다. 직접인용
은 옳지 않다. 따옴표가 무의미하다. 굳이 따옴표를 써 직접인용을 하
려거든 '야당은 "~제시한다"는 방침을 밝혔습니다'로 써야 맞다. '~한
다는 계획입니다'도 마찬가지다. 모두 버리자.

더 좋은 글 쓰기

1. 서울시는 사업시행자·강북구청과 함께 '사업 정상화 지원 전담반'을 꾸려

올해 안에 사업 재개 계획을 마련하기로 했습니다. 내년 안에 인허가를 마치고 착공해 2020년까지 공사를 마무리할 계획입니다.

- '태스크포스'(task force)는 본디 특수임무를 맡은 특별 편제의 기동부대를 뜻하는 군사 용어이다. 요즘엔 기업이나 정부 조직 등에도 흔하다. 특정 목표를 위해 임시로 모여 활동하다가 임무를 마치면 사라진다. 정부나 기업 등이 '태스크포스', 'TF'란 용어를 쓰더라도 방송에서 그대로 받아쓰면 곤란하다. '특별 작업반', '전담반', '기획단' 따위로 상황에 맞게 고쳐 쓰자.

2. 과학기술정보통신부와 교육부는 연구기관마다 특별위원회를 구성해 부실 학회 참가자를 조사하고 검증하게 할 예정입니다. 연구윤리규정이나 직무규정을 어긴 사실을 적발하면 징계 등의 조치를 빠르게 내리게 할 계획입니다.

또, 특위가 조사와 검증, 처분을 제대로 못 하면 재조사를 요구할 예정입니다. 기관평가에도 반영해 정부 R&D 참여 제한과 같은 제재와 불이익을 주는 방안을 검토하기로 했습니다.

- 문장이 너무 길다. 주체와 객체가 제대로 드러나지 않아 전달하려는 내용이 혼란스럽다. 조사와 검증, 조치는 과기부와 교육부가 직접 하지 않는다. 연구기관마다 특위를 구성하게 해서 그 특위가 하도록 하겠다는 얘기이다. 문장을 나눠 가며 각 행위의 주체를 분명히 밝혔다.
- '미진한', '경우', '취할', '부여'는 쉬운 우리말로 고쳐 썼다.

7-9. 파문이 일다

예문 1 | 곡성군수가 항의 표시 대신 오히려 지역 인지도를 높이겠다는 역발상의 글을 기고해 SNS에서 **잔잔한 파문을 일으키고** 있습니다.

바로 쓰기 | 곡성군수가 항의 표시 대신 오히려 지역 인지도를 높이겠다는 역발상의 글을 기고해 SNS에서 **화제가 됐습니다.**

예문 2 | 다음 주 오바마 대통령의 히로시마 방문을 앞두고 사건 **파문이 확산되**자 아베 총리는 당혹감 속에 서둘러 항의 성명을 발표했습니다.

바로 쓰기 | 다음 주 오바마 대통령의 히로시마 방문을 앞두고 사건 **파장이 커지자** 아베 총리는 당혹감 속에 서둘러 항의 성명을 발표했습니다.

예문 3 | 웨스트포인트, 미 육군사관학교 흑인 여생도들이 찍은 한 장의 **사진을 놓고 파문이 커지고** 있습니다.

바로 쓰기 | 웨스트포인트, 미 육군사관학교 흑인 여생도들이 찍은 한 장의 **사진이 논란거리입니다.**

예문 4 | 막말을 일삼아 온 미국 공화당 대선주자 도널드 트럼프가 이번에는 돈을 찍어서 미국의 빚을 갚겠다는 발언을 해 **파문이 일고** 있습니다.

바로 쓰기 | 막말을 일삼아 온 미국 공화당 대선주자 도널드 트럼프가 이번에는 돈을 찍어서 미국의 빚을 갚겠다는 발언을 해 **논란을 불렀습니다.**

'파문'은 원래 '수면에 이는 물결' 또는 '물결 모양의 무늬'이다. 여기서 나아가 '어떤 일이 다른 데에 미치는 영향'을 뜻한다. '파문이 일다', '파문이 확산되다'는 표현이 틀리지는 않지만 너무 많이 쓴다. 식상하다. 다양하게 다른 표현을 찾아보자.

더 좋은 글 쓰기 ✓

3. 웨스트포인트, 미 육군사관학교 흑인 여생도들이 찍은 사진 한 장이 논란 거리입니다.

- '한 장의 사진'은 번역 투 표현이다.

7-10. 정확한 원인을 조사하다

예문 1 | 경찰은 버스 운전기사와 승객 등을 상대로 버스에 고장이 있었는지 등 **정확한** 사고 원인을 조사하고 있습니다.

바로 쓰기 | 경찰은 버스 운전기사와 승객 등을 상대로 버스에 고장이 있었는지 등 사고 원인을 조사하고 있습니다.

예문 2 | 현지 경찰과 군 당국은 사고 해역에서 실종자 수색 작업을 벌이는 동시에 **정확한** 사고 원인을 조사하고 있습니다.

바로 쓰기 | 현지 경찰과 군 당국은 사고 해역에서 실종자 수색 작업을 벌이는 동시에 사고 원인을 조사하고 있습니다.

예문 3 | 경찰은 희생자들의 신원을 확인하는 한편 **정확한** 화재의 원인을 조사하

고 있습니다.

바로 쓰기 | 경찰은 희생자들의 신원을 확인하는 한편 화재 원인을 조사하고 있습니다.

예문 4 | 국토교통부는 대한항공 항공기 기장이 관제탑 지시를 어기고 활주로에 잘못 들어선 것은 아닌지 **정확한** 경위를 조사하고 있습니다.

바로 쓰기 | 국토교통부는 대한항공 항공기 기장이 관제탑 지시를 어기고 활주로에 잘못 들어선 것은 아닌지 경위를 조사하고 있습니다.

사고나 화재 원인 조사를 정확히 하지 않을 리가 있나? 틀에 박힌 상투어이다. 이 표현은 아직 원인을 밝히지 못한 채 규명 중인 상태에 쓴다. 이럴 때엔 진행형 표현을 피할 필요는 없다.

더 좋은 글 쓰기

2. 현지 경찰과 군 당국은 사고 해역에서 실종자를 찾고 있습니다. 사고 원인도 조사 중입니다.

- '수색', '진화', '구조' 따위에 '작업을 벌이다'를 붙여 쓰는 버릇도 고약하다. 그냥 '수색하다', '진화하다', '구조하다'로 쓰면 된다. 나아가 '찾다', '불을 끄다', '구하다'로 고쳐 쓰면 더 좋다.
- 나눈 앞 문장을 '~고 있습니다'로 끝내서 뒤 문장은 '중입니다'로 다르게 썼다.

3. 경찰은 희생자들의 신원을 확인 중입니다. 화재가 일어난 원인도 조사하

고 있습니다.

- '신원 확인'과 '원인 조사' 둘 다 진행 중이다. 예문은 모호하다. 성분끼리 호응과 일치를 따지자면 '신원을 확인하고 있는 한편'으로 써야 맞다. 이래도 저래도 어색한 문장이다. 나눠서 해결했다.

제 3 부

조심,
이 낱말!

방송기사를 비롯한 일상의 글에 자주 보이는 나쁜 낱말을 표로 정리했다. 앞서 제2부, 3장 6절 '적확한 낱말을 써라'와 4장 6절 '한자말을 가려 쓰자'에서 살펴 본 몇몇 낱말을 비롯해 잘못 쓰기 쉬운 낱말을 한데 모았다. *

국립국어원의 '순화어 및 표준화 용어'를 참고했다. 국립국어원은 원활한 의 사소통을 위해 낯선 외래어와 외국어, 어려운 한자어들을 쉬운 우리말로 다듬고 있다. '순화어 및 표준화 용어'는 현재까지 21,000여 개에 이른다. ** 그 모두를 그대로 받아들이기엔 무리가 있다. 예를 들어 '(베이비) 카시트'를 '(아이) 안전 의자'로 다듬었는데 영 마땅치 않다. 순화한 말만 놓고 보면 자동차 의자에 덧놓 아 어린이를 앉히는 보조의자임을 바로 알아차리기 어렵다. 외래어를 피하고 싶 어도 낱말이 가리키는 대상을 흐트러뜨리면 곤란하다. 언중이 이미 널리 쓰는 용어를 인정하지 않으려면, '(아이) 차 안전의자' 정도로 본뜻을 분명히 담아 고 쳐야 옳겠다. '파기(破棄) 하다'는 '깨 버리다, 없애 버리다'를 순화어로 제시했 다. '계약'이나 '조약'은 '깨 버리다'로 써도 좋다. 하지만 '문서를 파기하다'는 '문 서를 깨 버리다'로 쓰기 어렵다. '문서를 없애 버리다'로 써도 뜻과 말맛이 달라 진다. 본디 '파기'(破棄)는 '깨뜨리거나 찢어서 내버리다'란 뜻이다. 단지 없애 버림이 아니다. '순화어 및 표준화 용어'를 무조건 받아쓰기는 어려운 이유다.

맞춤법에 어긋나는 낱말, 일본에서 온 한자말, 우리말로 고치면 좋은 한자 말과 외래어를 두루 모았다. 차별 등의 우려가 있어 쓰지 말아야 할 낱말도 함 께 정리했다. 문법과 규정만 고집하지 않았다. 나름의 우리말 정서와 현실을 반영했다. 방송기사든 다른 글이든, 되도록 쉽고 아름다운 우리말로 쓰자.

---

* 소리는 같으나 다른 뜻이 있는 한자말은 괄호 안에 한자를 썼다.
** 2018년 10월 현재 기준이다.

잘못 쓴 말	바로 쓴 말	해설
ㄱ		
가감(加減)	더하고 **빼기** / 더하고 **뺌**	일본어 투 말이다.
가건물	임시 건물	역시 일본어 투 용어이다.
가계약	임시 계약	마찬가지로 일본어 투 말이다.
가교(假橋)	임시 다리	일본어에서 온 낱말이다.
가교(架橋)	다리 놓기 / 다리 놓음	어려운 한자말이다. '다리를 놓음. 또는 그런 일'이란 뜻이다.
가급적	되도록	'~적'이 붙은 한자어를 피하자. 부사 '가급적'은 '할 수 있는 대로, 또는 형편이 닿는 대로'이다.
가디건	카디건	비표준어다.[1]
가석방	임시 석방	어려운 법률용어이다.
가압류	임시 압류	일본에서 온 한자말이다.
간질	뇌전증	장애를 나쁘게 보는 인식을 내포한 용어이다.
감안(勘案)하다	고려하다 / 살피다	쉽게 바꾸자. '감안'은 '여러 사정을 참고하여 생각함'이다. 한자어도 '고려하다'가 쉽다. 대부분 '살피다'로 충분하다.

---

1 스웨터의 한 종류. 명칭은 영국 카디건 백작의 이름에서 유래했다.

잘못 쓴 말	바로 쓴 말	해설
개이다	개다	피동을 잘못 썼다. '궂은 날씨가 맑아지다'는 뜻의 표준어는 '개다'이다.
갭	간격 / 차이	외래어 남용이다. 모든 외래어를 우리말로 다듬기는 어렵다. 하지만 대체할 수 있는 우리말이 있는데도 남용하지는 말자.
게이트	의혹사건	마찬가지로 외래어 남용이다. 우리말로 정착되지 않은 외래어는 되도록 우리말로 쓰자.
결손가정	한부모가정	'결손'은 불완전하고 모자라다는 뜻이다. 옳지 않다.
고충(苦衷)	어려움	괜히 어려운 한자말이다.
골자	뼈대 / 주 내용	어려운 한자어는 쉽게 쓰자. '골자'의 뜻은 '중심이 되는 줄기를 이루는 것'이다.
교란(攪亂)하다	어지럽히다	쉽게 써도 뜻이 다르지 않다.
교부(交付/交附)하다	내주다	한자말은 쉽게 풀어 쓰자. '교부'는 '내어 줌'이다.
과반수 이상	과반수 / 반수 이상	'과반수'는 '절반이 넘는 수'이다. 그 뒤에 '이상'을 덧붙이면 같은 뜻을 겹쳐 쓰는 꼴이다.

잘못 쓴 말	바로 쓴 말	해설
관할	담당	일본어에서 온 행정·정치 용어이다. '일정한 권한으로 통제하거나 지배함. 또는 그런 지배가 미치는 범위'이다.
구애(拘礙)받다	얽매이다 / 거리끼다	한자어를 쉽게 풀자. '구애'는 '거리끼거나 얽매임'이다.
구입(購入)하다	사다 / 사들이다	역시 순화해야 할 한자말이다.
글로벌	국제 / 세계 / 지구촌	상황에 알맞은 우리말을 쓰자.
금명간	곧 / 오늘 내일 사이	일본어 투이다. 순화하자.
금새	금세	'금시에'가 줄어 '금세'가 되었다. '금새'는 틀렸다.
급기야	결국 / 마지막에는 / 마침내 / 끝내	일상에서는 잘 쓰지 않는 한자말이다. 쉽게 바꾸자.
기간 동안에	기간에 / 동안에	'기간'과 '동안'은 같은 뜻이다. 겹쳐 쓰면 안 된다.
기로(岐路)	갈림길	한자어 대신 쉬운 말로 쓰자.
기여(寄與)하다	이바지하다	'도움이 되도록 이바지하다'의 뜻이다. 역시 괜히 어려운 한자말이다. 그냥 '이바지하다'로 쓰면 된다.
기포(氣泡)	거품	순화하면 예쁜 우리말이다.

잘못 쓴 말	바로 쓴 말	해설
ㄴ		
나대지	빈 집터	일본어에서 온 용어이다. '지상에 건축물, 구축물이 없는 대지'라는 뜻이다.
난조(亂調)	엉망 / 흐트러짐	마찬가지로 일본에서 온 말이다.
날인하다	도장 찍다	공연히 어려운 한자어는 쉽게 쓰자. '날인'은 '도장을 찍음'이다.
남발(濫發)	마구 냄 / 함부로 함	일본어 투 용어이다.
납득하다	이해하다 / 알아듣다	역시 일본어에서 온 한자어이다.
낯설은	낯선	잘못된 활용이다. '낯설다'는 '낯설어', '낯서니', '낯서오', '낯선' 따위로 활용한다.
내역(內譯)	명세 / 내용	일본어 투 낱말이다.
내조 / 외조	배우자의 도움	아내와 남편을 안과 밖으로 구별하지 말자.
노임	품삯	일본어 투이다. '기본노임'은 '기본급', '기본 품삯', '체불노임'은 '밀린 품삯'으로 쓰자.
노후(老朽)하다	낡다	괜한 한자말은 피하자. 본뜻은 '제구실을 하지 못할 정도로 오래되고 낡다'이다. '낡다'로만 써도 넉넉하다.

잘못 쓴 말	바로 쓴 말	해설
누설(漏泄/漏洩)	새어 나감 / 흘림	괜히 어려운 한자어이다. 본뜻은 '기체나 액체 따위가 밖으로 새어 나감'이다. '새어 나감'만으로 충분하다. '비밀이 새어 나감'의 뜻으로 쓸 때에는 '흘림' 정도로 써도 좋다.
뉘앙스	느낌 / 말맛 / 어감	프랑스어 'nuance'에서 왔다. '음색, 명도, 채도, 색상, 어감 따위의 미묘한 차이. 또는 그런 차이에서 오는 느낌, 인상'이다. 상황에 맞는 우리말로 바꾸자.
늦장	늑장	'느릿느릿 꾸물거리는 태도'는 '늑장'이다.

ㄷ

잘못 쓴 말	바로 쓴 말	해설
다반사	예삿일 / 흔한 일	일본에서 온 한자어이다. '보통 있는 예사로운 일을 이르는 말'이다. '차를 마시고 밥을 먹는 일'에서 왔다.
담합	짬짜미	역시 일본어 투 표현이다. '서로 의논하여 합의함'이다. 주로 바람직하지 않은 상황에서 쓴다.
당분간	얼마 동안	일본어 투 한자어이다.

잘못 쓴 말	바로 쓴 말	해설
당초(當初)	애초 / 맨 처음	'당초'보다는 '애초', '애초'보다는 '맨 처음'으로 쓰자. 한자어를 줄이자.
당혹	당황	역시 일본에서 온 한자어이다. 워낙 많이 쓰지만 잘못이다.
대다수	대부분	일본어 투 한자어이다.
대지(垈地)	집터	'집터로서의 땅'이다. 괜한 한자어를 피하자.
댓가	대가	'일을 하고 그에 대한 값으로 받는 보수', '노력이나 희생을 통하여 얻게 되는 결과, 또는 일정한 결과를 얻기 위하여 하는 노력이나 희생'은 '대가'(代價)가 맞다. 사이시옷은 쓰지 않는다.[1]
더 이상	더는 / 이제는 / 다시는 / 절대	'더'와 '이상'의 뜻이 겹쳤다.
더우기	더욱이	잘 틀리는 맞춤법이다.
덩치값	덩칫값	사이시옷이 빠졌다.

---

1 사이시옷은 순우리말 또는 순우리말과 한자어를 더한 합성어의 앞말에 붙여 쓴다. 그런 합성어 중에서 앞말이 모음으로 끝나고 뒷말의 첫소리가 'ㄱ', 'ㄷ', 'ㅂ', 'ㅅ', 'ㅈ' 으로 시작할 때, 뒷말 첫소리가 별다른 이유 없이 된소리로 날 때, 뒷말의 첫소리가 'ㄴ', 'ㅁ'이나 모음일 때, 'ㄴ'이나 'ㄴㄴ'소리가 덧날 때 쓴다. 옳게 가려 쓰자.

잘못 쓴 말	바로 쓴 말	해설
도합	**합계 / 모두**	일본어 투 낱말이다. '모두를 합한 셈'이란 뜻이다.
동일(同一)하다	**같다 / 똑같다**	한자어를 피하자.
동향(動向)	**움직임 / 움직임새**	국립국어원은 '움직임새'로 순화하라고 권한다. 하지만 '움직임' 정도가 낫다.
두개골	**머리뼈**	일본어 투 한자어. 순화해 쓰자.

ㄹ

잘못 쓴 말	바로 쓴 말	해설
램프(ramp)	**입체 교차로**	외래어보다는 우리말을 쓰자. '램프'는 나뉜 두 도로 사이의 진출입을 위한 경사도가 있는 보조도로이다. 정확히는 '입체 교차로의 경사진 면'인데, '입체 교차로'로 쓰면 된다.
로드킬	**찻길동물사고**	마찬가지로 우리말로 바꿔 쓰자.
로터리	**원형 교차로**	역시 바꿔 쓸 외래어이다. 가운데 교통섬이 있는 원 모양의 교차로이다. '환상 교차로'로 쓰기도 하는데 '원형 교차로'가 낫다.
리더십	**지도력**	외래어는 되도록 우리말로 쓰자.

잘못 쓴 말	바로 쓴 말	해설
리벤지 포르노	보복성 성관계 영상 / 개인간 성적 영상물	가해자 중심의 표현이다. 피해자가 복수를 당할 만한 잘못을 했다고 그릇 받아들일 우려가 크다. '포르노'라는 표현도 적절하지 않다. 애초에 보이려고 촬영한 영상이 아니다.
리허설	예행연습	우리말로 쓰자.

ㅁ

잘못 쓴 말	바로 쓴 말	해설
매년	매해 / 해마다 / 한 해 한 해	'매년'보다 '매해', '매해'보다는 '해마다'나 '한 해 한 해'가 낫다.
매도(罵倒)하다	꾸짖다 / 욕하다	쉬운 우리말로 순화하자.
매도(賣渡)하다	팔아넘기다	쉽게 쓰자. 우리말로 쓰면 다른 한자어인 '매도(罵倒)하다'와 헷갈리지도 않는다.
매립하다	메우다	일본어 투이다. 순화하자.
매몰되다	파묻히다	한자말은 쉽게 풀어 쓰자.
매몰(埋沒)하다	파묻다	마찬가지로 쉽게 쓰자. 사전은 이렇게 풀이한다. '보이지 않게 파묻히거나 파묻다.' 실제로 '파묻히다'라는 뜻으로 쓰는 일은 없다.

잘못 쓴 말	바로 쓴 말	해설
매물(賣物)	팔 물건 / 팔 것	일본어에서 온 한자말이다.
매수(買收)하다	사다/ 사들이다 / 끌어들이다	어려운 한자말이다. '물건을 사들이다'의 뜻으로 쓸 땐 '사들이다', '금품이나 그 밖의 수단으로 남의 마음을 사서 자기편으로 만들다'의 의미로 쓸 땐 '끌어들이다'로 바꾸자.
매스컴	대중 언론	우리말로 쓰자.
매입하다	사다 / 사들이다	쉽게 쓰자.
명백하다	뚜렷하다	역시 쉽게 써야 할 낱말이다.
명찰(名札)	이름표	일본어 투 한자어이다.
모포	담요	일본어에서 온 용어이다.
몰카 / 몰래카메라	불법 촬영	'몰카'는 불법 촬영이라는 범죄를 가벼운 장난처럼 느끼게 하는 용어이다.
미망인	유족 / 고인의 아내	'남편이 죽었는데도 아직 따라 죽지 못한 사람'이라는 고약한 뜻을 가졌다. 써서는 안 된다.
미혼	비혼	'아직 결혼하지 않음. 또는 그런 사람'이다. 결혼을 당연히 해야 한다는 뜻이 깔렸다. '비혼'은 그런 선입견을 버리고 새로 만든 낱말이다.

잘못 쓴 말	바로 쓴 말	해설
ㅂ		
바램	**바람**	동사 '바라다'의 어간 '바라'에 접미사 'ㅁ'이 붙은 명사이다. '바램'은 틀렸다.
보합세	**주춤세 / 멈춤세**	'거의 변동 없이 그대로 유지되는 시세'이다. 주식시장 상황을 묘사할 때 많이 쓴다. 쉽게 쓰자.
부각(浮刻)하다	**드러나게 하다 / 두드러지게 하다**	풀어 쓰자. '부각시키다'는 아예 쓰지 말아야 할 못된 표현이다.
부상(負傷) 당하다	**부상하다 / 다치다 / 상처 입다**	'부상당하다'는 피동이 겹쳐 잘못된 표현이다. '부상하다'에 이미 피동 의미가 있다.
부심(腐心)하다	**마음 썩다 / 애쓰다**	불필요하게 어려운 한자어다. '근심, 걱정으로 마음이 썩다', '어떤 문제를 해결하기 위한 방안을 생각해 내느라고 몹시 애쓰다', 두 뜻이 있다. 의미에 따라 각각 풀어 쓰자.
부여(附與)하다	**맡기다 / 붙여 주다**	역시 상황에 맞게 쉽게 바꾸자. '사람에게 권리, 명예, 임무 등을 지니도록 해 주거나, 사물이나 일에 가치, 의의 따위를 붙여 주다'는 뜻이다.

잘못 쓴 말	바로 쓴 말	해설
부여(賦與)하다	나눠 주다	쉽게 쓰자. '부여(附與)하다'와 구별하기도 더 쉽다.
불우이웃	어려운 이웃	'불우'(不遇)는 단지 처지가 딱하고 어렵다는 뜻에 더해 불운하고 측은하다는 느낌을 품은 낱말이다. 형편이 어렵다고 동정할 이유는 없다.
부지(敷地)	터	일본어 투 낱말이다. '건물을 세우거나 도로를 만들기 위하여 마련한 땅'을 뜻한다. 순화하자.
불구(不具)	장애	장애를 비하하는 어감이다.
불특정	임의의	'특별히 정하지 아니함'의 뜻을 지닌 명사이다. 흔히 뒤에 오는 명사를 꾸민다. 명사형이 아니라 '불특정한', '불특정의' 형태로 써야 정확하다. '임의의'가 좀더 편하다. 뜻은 같다.
붕괴하다 / 붕괴되다	무너지다	'무너지고 깨어지다'이다. 보통 건물 따위가 무너져 내렸을 때 쓴다. 쉬운 말로 풀어 쓰자.
브랜드	상표	외래어는 우리말로 대체하자.
브리핑	요약 보고	역시 우리말로 쓰자.
비로서	비로소	맞춤법을 틀리기 쉬운 낱말이다.

잘못 쓴 말	바로 쓴 말	해설
비방(誹謗)하다	헐뜯다	'남을 비웃고 헐뜯어서 말하다'는 뜻이다. 괜한 한자어를 우리말로 풀어 쓰자.
비전	전망	역시 우리말로 대체해야 할 외래어이다.

ㅅ

잘못 쓴 말	바로 쓴 말	해설
사단이 나다	사달이 나다	'사단'(事端)은 '사건의 단서나 일의 실마리'이다. '사고나 탈'을 뜻하는 낱말은 '사달'이다. 혼동하기 쉽다.
사칭하다	속여 말하다	쉽게 풀어 쓰자.
삭월세	사글세 / 월세	맞춤법을 자주 틀리는 낱말이다.
삼가하다	삼가다	역시 자주 헷갈리는 낱말이다.
샘플	본보기	우리말로 바꿔 쓰자.
선착장	나루 / 나루터	일본어 투 표현이다. 순화하자.
선출(選出)	뽑음 / 골라냄	편한 우리말로 쓰자.
설레이다	설레다	잘못 쓴 피동 표현이다. 명사형도 '설레임'이 아니라 '설렘'이 옳다.

잘못 쓴 말	바로 쓴 말	해설
세대(世帶)	가구(家口) / 집	세대(世代)와 다른 낱말이다. 세대(世帶)는 '주거와 생계를 같이하는 사람의 집단'을 뜻한다. 그 집단을 세는 단위인 '가구'와 같다. '한 세대(世帶)'라 쓰면 30년 남짓한 '한 세대(世代)'와 헷갈린다. 명확히 구별하기 위해서라도 바꿔 쓰자.
소위(所謂)	이른바	부사 '소위'는 '이른바'와 똑같다. 더 쉬운 표현을 쓰자.
소지(所持)하다	가지다 / 지니다	한자어는 편히 바꾸자.
수거(收去)하다	거두다 / 거둬 가다	마찬가지로 편히 바꿔 쓰자. '쓰레기 수거차량'을 '쓰레기를 거둬 가는 차량'으로 구구절절 쓸 필요는 없다. 서술어일 때, 풀어 쓰면 편할 때 풀어 쓰자.
수수(收受)하다	받다	보통 금품이나 뇌물 따위 뒤에 쓸 때가 많다. 쉽게 풀어 쓰자.
수순(手順)	순서 / 차례	순화해야 할 일본어 투이다. 문맥에 따라 '절차'도 괜찮다.
수취인	받는 사람 / 받는 이	'수취'(受取)는 '받음'으로 쓰자.
순번대로	차례로 / 차례대로	'순번'(順番)은 일본어 투 한자어이다.

잘못 쓴 말	바로 쓴 말	해설
습관	버릇	같은 뜻이다. 한자어를 피하자.
승부욕	승리욕	'승부'(勝負)는 '이김과 짐'이다. 욕심은 이김에만 부려야 맞다. '승부욕'과 '승리욕' 둘 다 사전에는 없는 낱말이다.
시리즈	연속물	우리말로 대체하자.
시사(示唆)하다	비치다 / 일러주다 / 귀띔하다	일본어에서 온 한자말이다. '어떤 것을 간접적으로 표현해 주다'의 뜻이다. '내비치다'와 같은 뜻을 가졌다. '일러주다', '귀띔하다', '암시하다'로 써도 좋다.
싯가	시가	맞춤법에 유의하자.
쓰나미	지진해일	우리말로 바꿔 쓰자. 본디 일본어로 '津波'(つなみ), 곧 나루의 파도라는 뜻이다. 영어로도 일본어 발음 그대로 'tsunami'라 쓴다. 우리말로는 '지진해일'로 고쳐 써야 좋다. 꼭 우리말을 고집하는 차원이 아니다. 뜻을 해치지 않을뿐더러 오히려 말뜻이 확실히 살아난다.

잘못 쓴 말	바로 쓴 말	해설
아직까지도	**아직도 / 아직**	'아직'은 어떤 일이나 상태 또는 어떻게 되기까지 시간이 더 지나야 함을 나타내는 부사이다. 어떤 일이나 상태가 끝나지 않고 지속됨을 뜻하기도 한다. '까지'와 '도'는 무엇을 포함하고 더함을 나타내는 같은 뜻의 보조사이다. 겹쳐 쓰면 무겁다.
안전불감증	**위험불감증**	언론이 만든 억지 낱말이다. '안전불감증'을 글자 그대로 풀면 '안전을 제대로 느끼지 못한다'는 뜻이다. 앞뒤가 안 맞는다. '위험을 경계하거나 대비하지 못한다'는 뜻으로 쓰려면 '위험불감증'으로 써야 한다.
애당초	**애초 / 맨 처음**	'애당초'는 '당초'를 강조한 말이다. '애초'도 같은 뜻이다. 한자가 없는 낱말이 낫다. '애시당초'란 낱말도 종종 쓰는데 사전에는 없는 말이다.

잘못 쓴 말	바로 쓴 말	해설
애로(隘路)	어려움	어려운 한자어이다. '좁고 험한 길'로, '어떤 일을 하는 데 장애가 되는 것'의 뜻으로 많이 쓴다. '어려움'으로 충분하다.
애매(曖昧)하다	모호하다	'애매'는 일본에서 온 한자어란 설이 우세하다. 되도록 논란이 없는 낱말을 택하자.
야기(惹起)하다	일으키다	괜한 한자말이다. '일이나 사건 따위를 일으키다'는 뜻이다.
야채	채소 / 푸성귀	국립국어원 《표준국어대사전》 '야채'를 '들에서 자라는 풀', '채소를 일상적으로 이르는 말'로 풀이한다. 표준어이긴 한데, 일본어 투라는 주장과 우리도 써 온 낱말이라는 주장이 엇갈린다. '야채'는 '사람이 재배하지 않고 들에서 자란 나물'이란 뜻이니 재배한 식물인 '채소'와 구별해야 한다는 주장도 있다. '채소'로 쓰면 논란이 없다. 순우리말인 '푸성귀'로 쓰면 더 좋다.
양도(讓渡)하다	넘겨주다	일본어 투 용어이다. '양도'는 '넘겨주기', '양도양수'는 '주고받음'으로 쓰자.

잘못 쓴 말	바로 쓴 말	해설
얼굴 표정	표정 / 낯빛	'표정'은 얼굴에 드러난다. '얼굴 표정'은 의미가 겹친 표현이다.
여지껏	여태껏	'여태'를 강조한 표현은 '여지껏'이 아닌 '여태껏'이다.
역대급	역대 최고 수준 / 사상 최고의	'역대'(歷代)와 '급'(級)을 억지로 더한 낱말이다.
연면적	총면적 / 전체 면적	일본에서 건너온 한자어이다. '건물 각 층의 바닥 면적을 합한 전체 면적'을 뜻한다. '총면적'도 좋지만 '전체 면적'이 더 편하다.
유모차	유아차 / 아기차	어린아이를 태운 수레를 엄마만 밀지 않는다. 익숙한 낱말이지만 성차별 성격이 있다. 어색해도 고쳐 써 보자.
열악하다	나쁘다	바꿔 써야 할 한자말이다. '품질이나 능력, 시설 따위가 매우 떨어지고 나쁘다'란 뜻이다.
예의주시하다	잘 지켜보다 / 눈여겨보다	'어떤 일을 잘하려고 단단히 차리는 마음'의 뜻을 가진 '예의'(銳意)와 '어떤 목표물에 주의를 집중하여 봄'의 의미를 가진 '주시'(注視)를 합한 낱말이다. 바르지 않은 조어이다.

잘못 쓴 말	바로 쓴 말	해설
오지(奧地)	두메	일본어에서 온 표현이다. '해안이나 도시에서 떨어진 대륙 내부의 땅'이라는 의미이다. '두메산골'로 바꿔 써도 좋다.
우선(于先)	먼저	'어떤 일에 앞서서'란 뜻을 가진 부사다. 공연한 한자 표현이다.
운임	찻삯 / 짐삯	일본어 투 한자어이다. '운반이나 운수 따위의 보수로 받거나 주는 돈'을 뜻한다. '운송료', '운송비' 따위도 나쁘지 않다.
윗층	위층	사이시옷은 필요 없다.
육안(肉眼)	맨눈	우리말이 더 예쁘고 편하다.
윤락	성매매	'여자가 타락하여 몸을 파는 처지에 빠짐'이란 뜻이다. 성매매의 잘못을 여성에게만 미루는 말이다.
이수(履修)하다	마치다 / 밟다	'해당 학과를 순서대로 공부하여 마치다'이다. 쉽게 '마치다'로 쓰면 된다. '과정' 뒤에는 '밟다'를 써도 좋다.
이슈	쟁점	외래어는 우리말로 대신하자.

잘못 쓴 말	바로 쓴 말	해설
인도(引渡)하다	넘겨주다 / 건네주다	어려운 한자어다. '사물이나 권리 따위를 넘기다', '물건에 대한 사실상의 지배를 이전하다'는 뜻이다. 의미에 따라 우리말로 바꿔 주자.
인도(引導)하다	이끌다 / 안내하다	역시 괜한 한자말이다. '이끌어 지도하다', '길이나 장소를 안내하다'이다. 쉽게 바꿔 쓰면 다른 한자어인 '인도(引渡)하다'와 헷갈릴 일도 없다.
인상(引上)	값 올림 / 올림	일본어에서 왔다. '인하'(引下)도 마찬가지다.
인센티브	보상 / 유인책	우리말로 쓰자.
인양하다	끌어올리다	'끌어서 높은 곳으로 옮기다'란 뜻이다. 쉽게 풀어 쓰자.
인터체인지	나들목	외래어보다는 우리말을 쓰자. 인터체인지는 고속도로와 일반 도로를 연결하는 시설이다. '진출입로'로 부르기도 하는데 '나들목'으로 통용한다.
인하(引下)	값 내림 / 내림	일본어 투 용어이다.
일각(一角)	한 부분 / 한쪽	괜한 한자말이다. 쉽게 쓰자.
일단(一旦)	먼저 / 잠깐 / 한번	문맥에 맞게 편히 쓰자.

잘못 쓴 말	바로 쓴 말	해설
일제시대	일제 강점기	'일제시대'는 예전 용어이다. '일제가 통치한 시대'라는 뜻으로 강제 점령 상황을 가볍게 여기는 태도가 담겼다.
일찌기	일찍이	틀리기 쉬운 맞춤법이다.
입장(立場)	처지 / 견해	일본어에서 온 표현이다. '처지'로 순화해야 한다. 문맥에 따라 '견해'로 써도 좋다.
잇딴	잇단 / 잇따른	'잇달다'와 '잇따르다'에서 나온 낱말이다. '잇딴'은 틀렸다.
잇점	이점	사이시옷은 쓰지 않는다.

ㅈ

잔고	나머지 / 잔액	일본말에서 온 한자어이다. '나머지 금액'을 의미한다.
장애우 / 장애자	장애인	'장애우'는 '장애'에 '친구'(友)를 붙인 말이다. 보통 장애인보다 완곡한 표현으로 여겨 쓴다. 장애인단체는 이 용어가 오히려 도와야 할 사람이라는 인식이 담겨 차별이라고 주장한다. 한편 '장애자'는 '놈'(者) 자를 붙인 말이어서 쓰지 않는다.

잘못 쓴 말	바로 쓴 말	해설
전화 통화	**통화**	'통화'는 '전화'의 의미를 포함한다. 겹쳐 쓰지 말자.
정신분열증	**조현병**	2011년부터 '조현병'이 공식 명칭이다.
저감	**낮추기 / 줄이기**	한자어를 피하자.
저촉하다 / 저촉되다	**거슬리다 / 어긋나다**	쉽게 쓰자. '저촉'은 '서로 부딪치거나 모순됨', '법률이나 규칙 따위에 위반되거나 어긋남'이란 뜻이다.
저출산	**저출생**	인구 문제의 책임을 여성에게 돌리는 듯한 표현이다.
전가(轉嫁)하다	**떠넘기다**	한자어를 쉽게 바꿔 쓰자. '전가'는 '잘못이나 책임을 다른 사람에게 넘겨씌움'이다.
전격(電擊)	**갑자기 / 급히**	'번개처럼 격렬하게 일어남', '번개같이 급작스럽게 들이침'이다. 역시 우리말로 쉽게 쓰자.
정신지체	**지적장애**	장애를 안 좋게 보는 인식을 내포한 용어이다.
제고(提高)하다	**높이다**	'제고'는 '쳐들어 높이다'란 뜻이다. '높이다'면 충분하다. 괜한 한자말 사용을 피하자.

잘못 쓴 말	바로 쓴 말	해설
제지(制止)하다	못 하게 하다 / 막다	'제지'는 '말려서 못 하게 함'이다. 한자어를 되도록 피하자.
조달(調達)하다	대주다 / 마련하다	역시 한자어는 쉽게 순화하자. '조달'은 '자금이나 물자 따위를 대어 줌'이다.
조만간	머잖아 / 곧	공연한 한자어 표현이다.
조선족	중국동포	중국에 사는 우리 겨레를 조선족이라고 부른다. 중국 안에 있는 여러 민족 중 우리 겨레를 구분하는 이름이다. 대륙 중심에 한족이 있다는 중국 쪽 시각이 깔렸다.
종지부	마침표	일본어에서 온 한자말이다.
주력(住力)하다	힘쓰다 / 힘 쏟다	한자어를 피하자.
즉	다시 말해 / 바로	편히 풀어 쓰자.
지불(支拂)	지급 / 치름	일본어 투 용어이다.
지탄(指彈)	손가락질	'잘못을 지적하여 비난함'이란 뜻이다. 순화할 한자어이다.
진정성	진실함	'authenticity'를 번역한 말이다. 사전에 없다. '진실하고 참된 성질'인데 '진실함'이 더 편하다.

잘못 쓴 말	바로 쓴 말	해설
ㅊ		
차출하다	**뽑다 / 뽑아내다**	일본어에서 온 표현이다.
처녀작	**첫 작품**	'처음으로 지었거나 발표한 작품'이다. 성차별 용어이다.
체결하다	**맺다**	'얽어서 맺다', '계약이나 조약 따위를 공식적으로 맺다'는 뜻이다. 의미가 같은 우리말로 편히 바꿔 쓰자.
체류하다	**머무르다 / 묵다**	'체류'는 '객지에 가서 머물러 있음'이다. 어려운 한자어를 쓸 이유가 없다. 쉽게 쓰자.
촛점	**초점**	맞춤법을 틀리기 쉬운 낱말이다.
추월(追越)하다	**앞지르다**	풀어 쉽게 쓰자.
추후에	**뒤에 / 나중에**	'추후'(追後)는 '일이 지나간 얼마 뒤'이다. '후에'도 좋지만 '뒤에'나 '나중에'가 더 낫다.
ㅋ		
카리스마	**권위**	우리말로 바꿔 쓰자.
캐디	**경기 보조원**	골프채를 나르고 조언을 하는 경기 보조인을 가리킨다. 역시 우리말로 고쳐 쓰자.

잘못 쓴 말	바로 쓴 말	해설
캐스팅보트	결정권 / 결정표	우리말로 순화해 써야 한다.
커미션	수수료	마찬가지로 우리말로 쓰자.
커브길	굽이길	외래어보다 우리말이 곱다.
코너	모퉁이 / 구석	흔히 쓰는 외래어이지만 우리말로 쓰면 더 예쁘고 좋다.

ㅌ, ㅍ

태스크포스	전담반 / 기획단 / 특별작업반	상황에 맞는 우리말을 찾자.
통털어	통틀어	맞춤법을 자주 틀리는 낱말이다.
판매하다	팔다	행정 용어이다. 순화해 쓰자.
펀드	기금	우리말로 대체하자.
편도(片道)	한쪽 길	쉽고 편한 말로 쓰자.
편부모	한부모	'편부와 편부를 아울러 이르는 말'이다. 우리말로 쉽게 쓰자.
편모 / 편부	한부모	'편'(偏)은 '치우치다, 궁벽하다, 기울다'의 뜻이다. 사망이나 이혼 등으로 홀로 있는 어머니나 아버지를 꾸미는 말로 적당하지 않다.

잘못 쓴 말	바로 쓴 말	해설
폐기(廢棄)하다	버리다	쉽게 풀어 쓰자. 단, '조약, 법령, 약속 따위를 무효로 하다'의 뜻일 때는 '폐기하다'가 낫다.
표명하다	보이다 / 밝히다 / 나타내다	흔히 '우려', '유감', '난색', '의사' 등과 쓴다. 쉽게 쓰자.
프로젝트	연구과제	우리말로 대체해 쓰자.

ㅎ

잘못 쓴 말	바로 쓴 말	해설
하마트면	하마터면	맞춤법을 자주 틀리는 낱말이다.
하마평	물망	오랜 행정 용어이다. 순화하자.
학부형	학부모	'아버지와 형', 남성 위주의 표현이다.
할당하다	나누다 / 배당하다 / 배정하다	쓰임에 맞게 쉽게 쓰자.
하루종일	온종일 / 종일	'하루'와 '종일'은 뜻이 같다. 의미가 겹친다.
핸드폰	휴대전화	우리말로 순화해 쓰자. 다른 순화어인 '손전화'는 아무래도 어색하다.
허브	중심	외래어를 우리말로 대체하자.
헛점	허점	맞춤법을 바로 쓰자. 사이시옷은 필요 없다.

잘못 쓴 말	바로 쓴 말	해설
호스피스	임종봉사자	우리말로 대체해 쓰자. 뜻도 더 잘 와 닿는다.
환승하다	갈아타다	한자어를 피하자.
회동	모임 / 만남	역시 쓸모없는 한자어이다.
흡입하다	빨아들이다 / 들이마시다	쉽게 풀어 쓰자.

참고한 책과 글

《고종석의 문장》, 고종석, 알마(2014).

《글쓰기의 공중부양》, 이외수, 동방미디어(2006).

《나의 한국어 바로 쓰기 노트》, 남영신, 까치(2002).

《말을 잘하고 글을 잘 쓰려면 꼭 알아야 할 것들》, 리의도, 석필(1997).

《말하는 글》, 이준삼, 한울(2009).

《바른말 고운 말》, KBS 한국어연구회, 대교출판(1998).

《바른말 고운 말 2》, KBS 한국어연구회, 한국방송출판(2006).

《방송 글, 방송 말》, 김기덕, 나남(2011).

《반드시 바꿔 써야 할 우리말 속 일본말》, 박숙희, 한울림(1996).

《방송 뉴스의 어휘 선택》, 김희진·정희창·박용찬, 한국방송기자클럽(2007).

《방송보도 기사쓰기》, 류희림, 글로세움(2012).

《방송뉴스문장 갈고 다듬기》, 강성곤, MJ미디어(2008)

《보도 가치를 높이는 TV뉴스 문장 쓰기》, 국립국어원·MBC, 시대의창(2006).

《스케치 글쓰기 특강》, 이준삼, 해냄(2010).

《안정효의 글쓰기 만보》, 안정효, 모멘토(2006).

《우리가 정말 알아야 할 우리말 바로 쓰기》, 이수열, 현암사(2004).

《유시민의 글쓰기 특강》, 유시민, 생각의길(2015).

《유혹하는 에디터》, 고경태, 한겨레출판(2009).

《일본어 투 용어 순화 자료집》, 박용찬, 국립국어원(2015).

《KBS 9시뉴스 원고 검토 보고》, KBS 보도본부 국어자문단(2000)

《TV뉴스 취재보도 실무》, 임장원, 한국언론재단(2010).

대통령 연설문과
우리 글 바로 쓰기
김대중부터 문재인까지

최정근(KBS 기자) **지음**

대통령 연설문으로 배우는 품격 있는 글쓰기

베테랑 기자가 대통령 연설문을 통해 글쓰기 전략을 전수하는 책. 30여 년간 KBS 기자로 일한 저자는 대통령 연설문을 교본 삼아 글쓰기 수업을 진행한다. 김대중부터 문재인까지 다섯 대통령의 명연설을 고치면서 기본기를 다지고, 연설문 작성 과정을 살펴보며 다양한 글쓰기 전략을 제시한다. 또한 각 정권의 시대정신을 담은 10대 연설을 소개하여 한국 현대사의 흐름도 한눈에 파악할 수 있도록 구성했다.

신국판 · 양장본 | 372면 | 20,000원

형! 뉴스 좀 똑바로 하세요
방송기사 바로쓰기

최정근(KBS 기자) **지음**

못난 뉴스에 신물 난 현직 기자
좋은 글 쓰기의 모범을 제시하다!

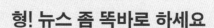

방송뉴스에 등장하는 잘못된 언어습관을 바로잡고자 현직 방송기자가 팔을 걷었다. 저자는 방송 3사의 TV뉴스 원고를 찾아 읽고 흔하게 쓰인 표현 85가지를 골라 정리했다. 또한 '기사를 쓰는 기자'가 아닌 '기사를 읽는 기자'의 목소리를 들을 수 있는 흔치 않은 기회를 전한다. 칼럼에 이어 칼럼의 주제와 그 장에서 소개할 틀린 표현이 포함된 기사 인용문을 실어 자연스럽게 바른 말 설명으로 넘어가는 것 역시 이 책의 장점이다.

신국판 | 264면 | 12,000원

단상, 혹은 연상 낯선 기억의 재구성

윤기호(제3비전 대표)

휴먼 다큐멘터리의 금자탑인 〈인간극장〉을 연출, 감독하는 그가 이번에는 펜을 들고 이야기를 꾸린다. 이 책은 보통사람의 삶을 고스란히 영상으로 담아왔던 저자의 사색과 명상, 통찰을 담은 에세이집이다. 생활의 한 걸음 한 걸음 가운데에서 발견한 보석 같은 이야기를 밀도 있는 글과 재치로 전해 준다.

신국판 변형·올컬러 | 406면 | 25,000원

한국방송 뉴스룸

이화섭(전 KBS 보도본부장) **지음**

KBS 보도본부장을 지낸 저자가 30여 년간 방송 현장에서 겪은 생생한 경험을 체계적으로 정리하여 뉴스룸을 꿰뚫는 저작을 내놓았다. 솔직하게 털어놓는 사적인 내용과, 언론의 올바른 방향을 제시하는 날카로운 통찰이 종과 횡으로 엮였다.

신국판·양장본·올컬러 | 436면 | 32,000원

세상을 보는 뉴스

김종국(전 MBC 사장) **지음**

MBC에서 30여 년간 방송현장을 지켜온 저자의 특별한 노하우를 담은 책. 저자는 취재 및 리포트 제작법을 체계적으로 설명하는 데 그치지 않고 TV뉴스의 가치와 본질에 대한 철학도 함께 제시한다. 독자는 이 책을 통해 참된 저널리즘 구현을 위한 저널리스트의 자세와 함께 뉴스의 본질을 파악하는 통찰력을 얻을 것이다.

신국판·양장본·올컬러 | 332면 | 24,000원

방송뉴스 기사쓰기

임흥식(MBC C&I 대표이사) **지음**

방송기자를 꿈꾸는 미래 저널리스트라면 반드시 읽어야 할 필독서. 저자는 성실한 취재와 진실규명 의지도 필요하겠지만, 모범 포맷을 갖고 기사를 작성하는 기술 또한 매우 중요하다고 강조한다. 30년 가까운 방송기자 경험을 바탕으로 '방송뉴스 기사쓰기'에 관하여 기자가 알아야 할 노하우를 담았다.

신국판·양장본 | 344면 | 18,000원

누구를 위한 뉴스였나
기자 김상균의 방송뉴스 돌아보기

김상균(방송문화진흥회 이사장) **지음**

영상뉴스 다변화 시대에 '공중파 방송'이 맡아야 할 역할은 무엇일까? 그리고 다양한 형식 속에서도 지켜야 할 '뉴스의 본질'은 무엇일까? 32년간 MBC 기자로 재직한 저자는 그 답을 찾기 위해 자신 그리고 방송이 걸어온 길을 되돌아본다.

신국판·양장본 | 456면 | 25,000원

사진을 쓰다

곽윤섭 지음

〈한겨레〉 사진기자 곽윤섭의 '사진이 있는 에세이'. 국내외 여행의 기록들, 30여 년의 기자 생활에 얽힌 추억들, 사진에 대한 생각들까지, 저자의 시선은 날카롭기보다 따뜻하고 사람 냄새가 난다. 더불어 책 곳곳에 자연스럽게 녹아 있는 사진에 대한 짧지만 깊은 조언에서는 저자의 내공이 새삼 느껴진다.

신국판 변형 | 278쪽 | 19,000원